基于核心素养下的
高中化学教学

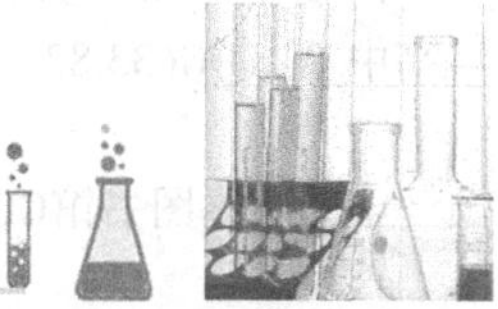

何贵明 / 主编

吉林文史出版社

图书在版编目（CIP）数据

基于核心素养下的高中化学教学 / 何贵明主编. —
长春：吉林文史出版社，2020.7
ISBN 978-7-5472-7011-0

Ⅰ. ①基… Ⅱ. ①何… Ⅲ. ①中学化学课—教学研究—高中 Ⅳ. ①G633.82

中国版本图书馆CIP数据核字（2020）第115558号

基于核心素养下的高中化学教学
JIYU HEXIN SUYANG XIA DE GAOZHONG HUAXUE JIAOXUE

主　　编：何贵明
责任编辑：程　明
封面设计：姜　龙
出版发行：吉林文史出版社有限责任公司
电　话：0431-81629369
地　址：长春市福祉大路5788号
邮　编：130117
网　址：www.jlws.com.cn
印　刷：北京政采印刷服务有限公司
开　本：170mm×240mm　1/16
印　张：16.25　　　　字　数：293千字
印　次：2022年6月第1版　2022年6月第1次印刷
书　号：ISBN 978-7-5472-7011-0
定　价：45.00元

前言

FOREWORD

围绕学生发展核心素养的《普通高中化学课程标准（2017 年版）》（以下简称“新课标”），于 2018 年 7 月正式颁布，随着“新课标”的发布，标志着基础教育改革正式迈入核心素养的新时代。高中化学作为一门必修课程，在高中教学体系中的地位举足轻重，在新课改的大环境下，教学有效性得到明显提高。高中化学学科核心素养是学生发展核心素养的重要组成部分，是高中生综合素质的具体体现，反映了社会主义核心价值观下化学学科育人的基本要求，全面展现了学生通过化学课程学习形成的关键能力和必备品格。

在高中化学课堂教学过程中，教师应以学生的生活背景为基础，以学生更容易理解和接受的形式讲授化学教学内容，将生活经验化学化，化学知识生活化，实现化学源于生活、用于生活。通过创设化学生活化的课堂环境，激发学生将生活经验应用于化学问题，帮助其理解化学知识，解决化学问题，掌握化学方法，了解化学语言，熟悉化学思维。从而提高化学教学效率，保障学生熟练掌握化学知识，提高学生对化学概念的理解和记忆，提升学生的化学思维能力和实践能力，调动学生学习的积极性和主动性，鼓励学生将所学化学知识应用于实际生活，用化学思维思考生活，解决生活问题，发现化学乐趣，提高化学应用水平。

新形势下，基于化学学科核心素养下的高中化学教学还存在诸多问题亟待解决。本书重点探讨基于化学学科核心素养的课堂教学策略，并配有基于核心素养下的高中化学教学案例，有理论，有实践，深入指导教师要高度重视培养学生独立思考、合作探究的能力，实现理论与实践教学的高度结合，充分发挥学生的创造性思维，解决生活、工作和学习中的实际问题，培养学生的综合能力，实现学生的全面发展。

就目前高中化学教学而言，如果想要更好地培养学生的化学素养，应当以学科核心素养理念为指导，从学科核心素养方面入手，积极选择合理的策略实施高中化学课堂教学，从而使学生能够形成良好的学科核心素养，最终可使学生的化学综合能力及素质得以有效提升，使高中化学教学及学生能力均能够得到更好发展。

本书在写作过程中，广泛参阅了相关问题的研究成果，借鉴了一些专家学者的观点和看法，在此谨向他们致以敬意和谢意！由于作者水平有限，书中难免存在疏漏，还请读者朋友批评指正！

编　者

2019 年 7 月

目录

CONTENTS

第一章

化学学科核心素养概论

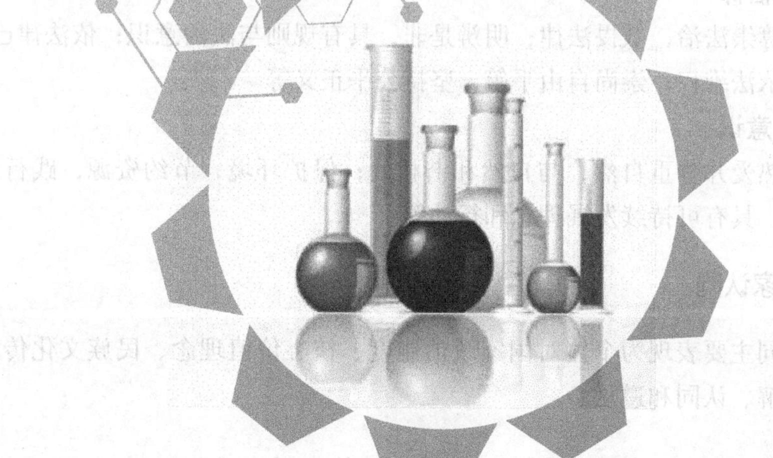

化学学科核心素养的提出背景

学生发展核心素养，是指学生应具备的、能够适应终身发展和社会发展需要的必备品格和关键能力，综合表现为9大素养，具体为社会责任、国家认同、国际理解、人文底蕴、科学精神、审美情趣、学会学习、身心健康、实践创新。

一、社会责任

社会责任主要是个体处理与他人（家庭）、集体、社会、自然关系等方面的情感态度和行为表现。

1. 诚信友善

重点是自尊自律，诚实守信；文明礼貌，宽和待人；孝亲敬长，有感恩之心；热心公益和志愿服务等。

2. 合作担当

重点是积极参与社会活动，具有团队合作精神；对自我和他人负责；履行公民义务，行使公民权利，维护社会公正等。

3. 法治信仰

重点是尊崇法治，敬畏法律；明辨是非，具有规则与法治意识；依法律己、依法行事、依法维权；崇尚自由平等，坚持公平正义等。

4. 生态意识

重点是热爱并尊重自然，与自然和谐相处；保护环境，节约资源，践行绿色生活方式；具有可持续发展理念和行动等。

二、国家认同

国家认同主要表现为个体对国家政治制度、核心价值理念、民族文化传统等方面的理解、认同和遵从。

1. **国家意识**

重点是了解国情历史，维护民族团结、社会稳定和国家统一；热爱祖国，认同国民身份，对国家有强烈的归属感；自觉捍卫国家尊严和利益等。

2. **政治认同**

重点是热爱中国共产党；理解、接受并自觉践行社会主义核心价值观；具有中国特色社会主义共同理想，有为实现中华民族伟大复兴中国梦而不懈奋斗的信念和行动等。

3. **文化自信**

重点是了解中华文明形成的历史进程；承认和尊重中华民族的优秀文明成果；理解、欣赏、弘扬中华优秀传统文化和社会主义先进文化等。

三、国际理解

国际理解主要表现为个体对国际动态、多元文化、人类共同命运等方面的认知和关切。

1. **全球视野**

重点是具有开放的心态；了解人类文明进程和世界发展动态；关注人类面临的全球性挑战，理解人类命运共同体的内涵与价值等。

2. **尊重差异**

重点是了解世界不同文化；理解、尊重和包容文化的多样性和差异性；积极参与多元文化交流等。

四、人文底蕴

人文底蕴主要是个体在学习、理解、运用人文领域知识和技能等方面表现的情感态度和价值取向。

1. **人文积淀**

重点是积累古今中外人文领域基本知识和成果；掌握人文思想中所蕴含的认识方法和实践方法等。

2. **人文情怀**

重点是以人为本，尊重、维护人的尊严和价值；关切人的生存、发展和幸福等。

五、科学精神

科学精神主要是个体在学习、理解、运用科学知识和技能等方面表现的价值标准、思维方式和行为规范。

1. 崇尚真知

重点是学习科学技术知识和成果，掌握基本的科学方法，在真理面前人人平等等。

2. 理性思维

重点是尊重事实，有实证意识和严谨的求知态度，理性务实，逻辑清晰，能运用科学的思维方式认识事物、解决问题、规范行为等。

3. 勇于探究

重点是有百折不挠的探索精神；能够提出问题、形成假设，并通过科学方法检验求证、得出结论等。

六、审美情趣

审美情趣主要是个体在艺术领域学习、体验、表达等方面的综合表现。

1. 感悟鉴赏

重点是学习艺术知识、技能与方法；具有发现、感知、欣赏、评价美的意识和基本能力；具有健康的审美价值取向；懂得珍惜美好事物等。

2. 创意表达

重点是具有艺术表达和创意表达的兴趣和意识；具有生成和创造美的能力；能在生活中拓展和升华美，提升生活品质等。

七、学会学习

学会学习主要表现为个体在学习态度、方式、方法、进程等方面的选择、评估与调控。

1. 乐学善学

重点是有积极的学习态度和浓厚的学习兴趣；有良好的学习习惯；能自主学习，注重合作；具有终身学习的意识等。

2. 勤于反思

重点是对自己的学习状态有清楚的了解；能够根据不同情境和自身实际，选择合理有效的学习策略和方法等。

3. 数字学习

重点是具有信息意识；有数字化生存能力；主动适应“互联网 +”等社会信息化趋势等。

八、身心健康

身心健康主要是个体在认识自我、发展身心、规划人生等方面的积极表现。

1. 珍爱生命

重点是理解生命意义和人生价值；具有安全意识与自我保护能力；掌握适合自身的运动方法和技能，养成健康的行为习惯和生活方式等。

2. 健全人格

重点是能调节和管理自己的情绪；有积极的心理品质，自信自爱，坚韧乐观；积极交往，有效互动，建立和维持良好的人际关系等。

3. 适性发展

重点是能正确判断与评估自我；依据自身个性和潜质选择适合的发展方向；有计划、高效地分配和使用时间与精力；具有达成目标的持续行动力等。

九、实践创新

实践创新主要是个体在勤于实践、敢于创新方面的具体表现。

1. 热爱劳动

重点是具有积极的劳动态度；广泛参加各种形式的家务劳动、生产劳动、公益活动和社会实践；具有动手操作能力等。

2. 批判质疑

重点是具有好奇心和想象力，敢于质疑；善于提出新观点、新方法、新设想，并进行理性分析，做出独立判断等。

3. 问题解决

重点是善于发现和提出问题；有解决问题的兴趣和热情；能依据特定情境和具体条件，选择并制订合理解决方案；具有创客意识，能将创新理念生活化、实践化等。

化学核心素养的内涵与认识

高中化学教学的目标不仅仅是应试，更重要的是让学生具备较完备的学科知识体系和学习能力，并在此基础上培养学生的学科素养。如果在平时的教学中，教师有意识地培养学生的化学学科素养，特别是核心素养，将极大地提升学生在化学学科的学习能力，并为将来化学专业的学习奠定坚实的基础。

一、化学学科核心素养的内涵

之所以提出发展学生核心素养这一命题，其中的一个重要原因就是要解决由于“应试教育”导致的“有知识，无素养”的问题。为了应试，学生通过记忆而不是建构来习得知识。学生头脑中的知识多是浅表性的而不是本原性的，多是散点式的而不是结构化的。这样的知识只具有考试答题价值，而不具有迁移应用价值，在真实问题解决中难以发挥作用。因此，本次课程改革着力解决的关键问题是如何将知识转化为素养。

所谓素养是指一个人在完成一件工作或解决一个问题时所表现出来的能力和品格。具备素养的人，在社会中可以产生“正能量”，也可以带来“负能量”。这也就是说，素养是有价值取向的。新课标中所提出的化学学科核心素养，反映的是“社会主义核心价值观下化学学科育人的基本要求”。

所谓化学学科核心素养是指学生通过化学学科学习而逐步形成的正确价值观念、必备品格和关键能力。“正确价值观念”属于价值取向，“必备品格”主要属于非智力因素，“关键能力”属于智力因素。三者的关系如图 1－1 所示。

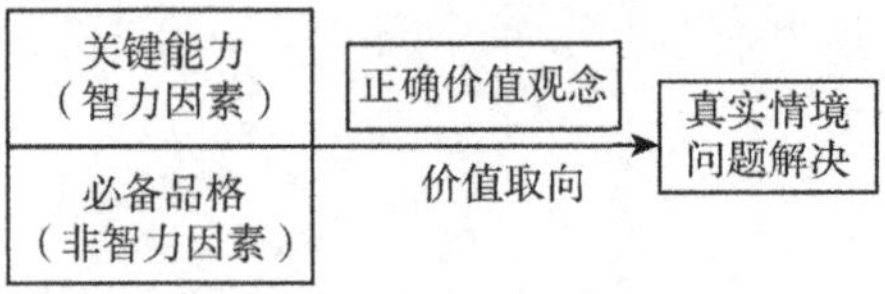

图 1－1　化学学科核心素养的内涵

二、化学学科核心素养与科学素养的关系

有了科学素养，为什么还要提化学学科核心素养？二者之间具有怎样的区别和联系？这是学习新课标，使化学学科核心素养落地必须从理论上首先解决的重要问题。

1. 化学课堂教学的圈层结构

在化学教学中可以发现，当一个化学知识进入课堂时，我们实际上给这个知识穿了两层“衣服”，一层是“认识层”，一层是“教学层”。例如，“通过这些实验事实，你能得出什么结论？大家讨论一下”。实验事实和结论，是化学知识，属于“知识层”；“你能得出什么结论”，启发学生运用归纳推理的方法得出结论，属于“认识层”；“大家讨论一下”，运用了“讨论法”，属于“教学层”。我们将化学课堂教学中知识层、认识层和教学层普遍存在的这种圈层关系，称之为化学课堂教学的圈层结构，如图 1-2 所示。

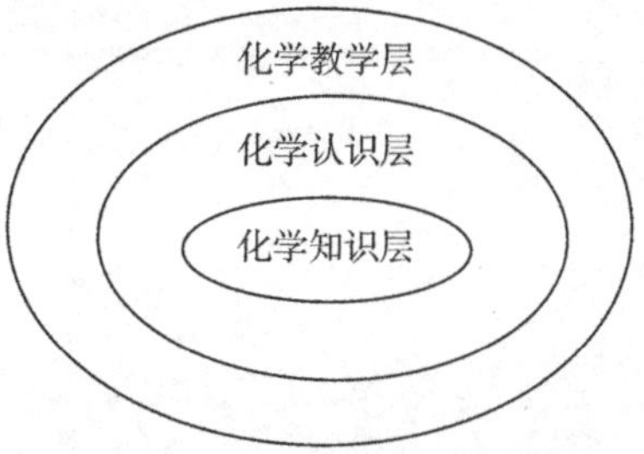

图 1-2　化学课堂教学圈层结构

化学认识层回答的是如何认识化学科学知识，即认识方式方法问题；化学教学层回答的是如何有效地认识化学科学知识，即教学方式方法问题。在化学课堂教学中，只有认识层和教学层有机融合，才有可能保证教学的有效性。圈层结构模型给我们的一个重要启示是，要重视化学认识层的深入研究，化学认识层更具有化学学科特质。

2. 认识的层级结构及其与教育、素养之间的对应关系

从认识论来看，认识具有不同的层级。站在化学教育的立场上，按照认识的抽象概括程度，可分为 3 个层级，即哲学认识、科学认识和化学认识。它们与教育、科学教育、化学教育、核心素养、科学素养和化学学科核心素养具有对应关系，如图 1-3 所示。

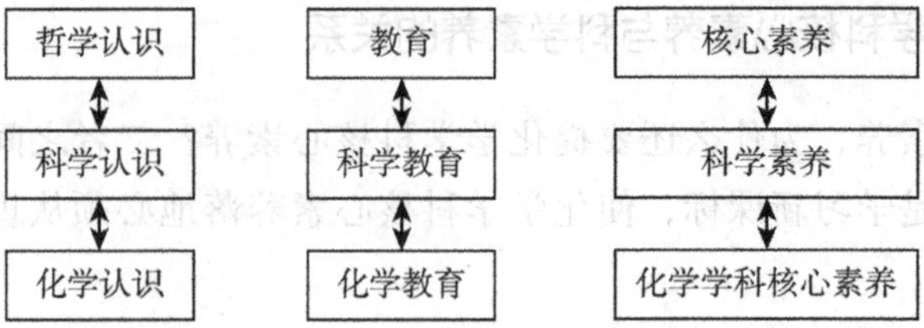

图 1－3　认识的层级结构及其与教育、素养之间的对应关系

3. 化学学科核心素养是对科学素养的深化和具体化

从图 1－3 可以看出，化学学科核心素养是具有化学学科特质的科学素养，“是学生必备的科学素养”。化学学科核心素养是从化学学科层面来落实科学素养的，因此，它是科学素养的深化和发展；同时，它又反映和体现了化学学科特质，因此，它也是科学素养的具体化和化学学科化。从这个意义上说，化学学科核心素养理论是科学素养理论的重大发展和深化。这也是新课标先进性和创新性的重要标志。

基于化学学科核心素养的教学评价

在新课标的实施中，根据新课标的培养目标和标准，面对具体的教学实际，教学评价应该评什么、怎样评，如何把教学评价作为课程改革的导航器、助推器，如何利用教学评价引导教师主动接受新课标理念、自觉改革教学思想及策略等，都是需要探讨的新问题。

化学教学评价作为化学教学系统的重要组成部分，它虽然不能直接使学生产生创新能力，但它的内容和形式对创新教学的开展、学生创新能力的培养起着重要的促进或阻碍作用。然而从当前化学教学评价的现状看：在形式上是近乎单一的分数评价方式；在内容上也是基本上只注重认知领域的评价。从而使得“教师为分而教、学生为分而学”的现象严重地存在于今天的化学教学中，这种现状不利于学生创新能力的培养和创新素质的养成，已经难以适应中学化学创新教学的新要求。因此，必须对其进行改革，以确保我们的化学创新教学尽快落到实处。笔者仅对化学教学评价中的学生评价的改革取向谈点自己的见解。

在化学教学评价的诸多方面中，对学生的评价是其重心所在，其评价内容和方式在很大程度上决定着教师的教和学生的学。中学化学创新教学的实施，要求对学生的评价从以下几方面做相应改革和优化：

一、注重评价内容的全面性

化学教学目标是多元的，目前被普遍认同的教学目标的分类基本上是布卢姆的教学目标分类法。该法将教学目标分为认知、情感和动作技能三大领域。中学化学创新教学的教学目标也不例外，它的多元化的教学目标也主要反映在以上三大领域。多元化的教学目标需要全面的化学教学评价才能确保该目标的实现，然而在我们的化学教学中由于长期以来只重视认知目标的评价，考什么教什么，怎么考怎么教，把难以量化的情感目标和动作技能目标基本排除在被评价目标之外，从而导致教学评价和教学目标严重脱节。这种现象是与中学化学创新教学的先进教学思想极不适应的。化学创新教学在目标上的多元性要求化学教学评价应该是全面的，而不是片面的；是和其教学目标相吻合的，而不是脱离的，即中学化学创新教学下的教学评价应该对学生的化学基础知识和基本技能的掌握情况、观察能力、实验能力、创新能力等能力的发展状况以及学生的创新意识、创新精神、对学习化学的兴趣等情感状况做出全面客观的评价。

二、注重评价方法的多样性

中学化学创新教学目标的多元化理应要求多样化的评价方法与之相对应，唯有如此才能使全面的化学教学评价落到实处。一般来说，化学创新教学的常用评价方法主要有以下几种。

1. 考试（笔试）

在化学创新教学的诸多教学评价方法中考试仍然是极其重要的一种，在我们大力呼唤创新能力、倡导创新教学的同时又大肆批评单一的笔试评价方式不利于化学创新教学开展的时候还论及考试，或许会给人一种不协调的感觉。其实考试与化学创新教学在本质上并不排斥，而问题的关键是考什么、如何考的问题，不好的考试会阻碍创新，而好的考试完全可以为学生的创新服务。为体现创新精神、引导化学创新教学实施，我们必须对化学考试进行改革，对试题要以由知识立意转变为能力立意为指导，着力从以下方面进行优化：

（1）增大主观题的比重。常见的试题类型大致可以分为主观性试题和客观性试题两种。在化学考试的试题类型中常见的客观性题型主要有选择题、填空题、简答题等；常见的主观性题型主要有计算题、论文题等。两种类型虽各有长短，但比较而言主观性的试题在检测学生的组织综合能力、灵活运用所学化学知识解决新问题的能力及学生的创新能力方面有着独特的优势，所以我们要在化学考试的试题中适当增大主观性试题的比重。

（2）开发体现创新精神的新题型。在当前的化学考试的试题中，一般情况下以化学知识立意的试题较多，以能力立意的试题较少。为改变这一现状，体现创新精神，引导化学创新教学的开展，在化学考试中可尝试开发以下类型的试题：

①“开放性和情景性”试题。开放性试题是指试题的条件是开放的、内容是开放的、思维过程是开放的以及结论是开放的，这种试题可以有效提供给学生自由展现个人才能的机会，能够充分利用所学的化学知识解决生活中的一些实际问题，增强化学学科教学中的理论和实践的有机结合，对培养学生的创造

思维和创新精神很有好处。

②“跨学科知识”型试题。纵观当今的许多重大学科研究成果，绝大多数是学科之间知识的综合，所以我们的化学试题要注重开发不同学科知识之间相互渗透的试题，以此加强化学学科和其他相关学科的联系，综合运用所学的知识解决问题。同时该种试题类型的开发与当今推广的全国高考的“3 + X”模式在精神上是一脉相承的，如要求学生利用物理原理设计一个化学实验证明浓硫酸的脱水性就是这种题型极好的例证。

2. 档案袋评价法

该法是适应化学创新教学对化学教学评价提出的新要求而采用的一种新的评价方法。它是为每个学生建立一个化学档案袋，然后将学生在化学教学中所有体现创新精神和创新能力的行为和成果都一一记录在案，主要包括一些化学学习策略卡、化学小论文、课外小制作、小实验尤其是家庭实验和微型化学实验以及一个很好的化学解题思路，等等。通过这种方式，经过一段时间，每个学生的创新精神和创新能力都会从档案袋中反映出来。

3. 观察法、调查法及谈话法等

对于化学教学目标中难以量化的情感领域和动作技能领域的教学目标如学生的化学学习兴趣、创新意识、爱国主义情感以及辩证唯物主义观点等方面可以通过观察法、调查法及谈话法等一些定性的方法进行评价。

三、注重评价标准的科学化

教学评价从评价的标准来分通常可以分为绝对评价法、相对评价法和个体内差异评价法三种形式。绝对评价法是在被评价对象集合之外确定一个标准，然后将评价对象与之相比较而进行的评价，它的最大的特点就是它的教育性，被评价者通过评价后看到自己的进步会激发其继续前进的斗志；相对评价法是以某一集合的平均状况为基准，再把被评价对象与之相比较来评价每个被评价对象在该集合中的相对位置，它往往容易造成学生之间的激烈竞争，尤其是对后进生的发展不利；个体内差异评价法是以评价对象——学生自身为参照物进行的评价，由于是跟自我相比较，充分考虑了学生之间的个体差异，所以较绝对评价法更能体现出它的激励性，它的这一特点对化学创新教学尤其重要，因为它有利于增强学生的自信心和创新能力的培养。从三种评价标准的优缺点可以看出，化学创新教学在开展教学评价时，应该灵活运用绝对评价法，允许不同的学生按不同的速度达到化学创新教学的目标，慎重运用相对评价法，大力提倡以往化学教学评价中常常缺少的个体内差异评价法。

四、注重学生的自我评价

教学评价从评价的主体来分可以分为他人评价和个人评价两种形式。在目前的化学教学评价中几乎是清一色的他人评价，其中，教师是对学生打分数的权威，学生只能处于被动的被评价的地位，这使得学生的主体性得不到应有的体现。现代教学评价认为，应该充分认识到学生个人开展的自我评价的重要意义，它不仅能够让学生发现自己在学习中存在的问题，及时了解自己的学习状况、增强学习的自信心，而且更重要的是能够增强学生的自我评价能力，充分发挥学生的主体性和创造性。因此，化学创新教学在进行教学评价时不仅要做好以他人为主的外部评价，更要注重学生自己的自我评价，使二者达到完美的有机结合。

总之，在新课程改革的形势下，教学评价呈现出多样化特点：评价方式的多元化、评价内容的多元化、评价主体的多元化。不管是教学的哪种评价，教师作为教育的研制者和实施者，都必须体现新课程评价改革的思想，关注评价的教育功能和正确导向功能，发现和发展学生身上多方面的潜能。教师一定要充分认识到化学教学评价在化学教学系统中的重要地位和统率作用，同时还要认识到当今化学教学评价中学生评价方面的弊端及其对开展化学创新教学的阻碍作用，从而增强我们对化学教学评价中学生评价方面的责任感。

化学学科核心素养和课程目标

一、化学学科核心素养

1. 化学学科核心素养概要

高中化学学科核心素养是学生发展核心素养的重要组成部分，是高中生综合素质的具体体现，反映了社会主义核心价值观下化学学科育人的基本要求，全面展现了学生通过化学课程学习形成的关键能力和必备品格。它是学生在化学认知活动中发展起来并在解决与化学相关问题中表现出来的关键素养，反映学生从化学视角认识客观事物的方式与水平，其要素包括“宏观辨识与微观探析”“变化观念与平衡思想”“证据推理与模型认知”“科学探究与创新意识”“科学态度与社会责任”5个维度。这5个维度充分体现了化学学科特征的独特性，凸显了化学是从微观层面认识物质，以符号形式描述物质，在不同层面创造物质的特征。

（1）学科基础知识是学生发展化学学科核心素养的载体

化学学科基础知识是化学课程的主体。化学课程标准根据学生的认知能力、水平和学生个性化发展需要确定课程的主题、模块和系列，这些主题、模块和系列都依托化学基础知识将其科学、有效地融合在一起。学生在学习化学基础知识的进程中，逐步形成并发展其化学学科核心素养。例如，“宏观辨识与微观探析”要求学生能从宏观和微观相结合的视角分析和解决实际问题。学生通过必修《主题3：物质结构基础和化学反应规律》的学习，建立“宏观辨识与微观探析”的基本意识；在选修《物质结构与物质》模块的学习中，提升“宏观辨识与微观探析”的发展水平；在选修《有机化学基础》模块对官能团的认识中，能够应用“宏观辨识与微观探析”解决实际问题。

（2）学科能力是学生发展化学核心素养的保障

化学学科能力是指学生在化学课程学习过程中表现出来的比较稳定的心理

特征和行为特征。根据《2017 年考试大纲》对化学学习能力“三点七条”的要求，可以将化学学科能力概括为理解能力、推理论证能力、实验探究能力和综合分析能力，其中理解能力是发展化学核心素养 5 个要素的基础，推理论证能力的高低决定“变化观念与平衡思想”“证据推理与模型认知”的发展水平，实验探究能力和综合分析能力的层次决定“科学探究与创新意识”“科学态度与社会责任”的发展水平。学生在化学课程的学习过程中，不仅仅是学习化学基础知识，更需要提升其学习能力，促进其化学核心素养不断发展。

（3）学科思想方法是化学核心素养的实质

化学学科思想是人们在认识化学的实践活动中形成的一种思维方法和思想意识，是对化学的本质、特征与学科价值的基本认识。化学是在原子、分子水平上研究物质的组成、结构、性质、变化及其应用的一门基础学科。其学科思想极为丰富，主要包括：物质运动思想，即物质是运动的、物质运动是有规律的；物质分类思想，即树状分类、交叉分类；物质守恒思想，即质量守恒、电荷守恒、电子得失守恒、能量守恒；动态平衡思想，即化学平衡、电离平衡、水解平衡、沉淀溶解平衡；唯物辩证思想，即对立统一、量变与质变、现象与本质、一般与特殊；绿色化学思想，即绿色发展、环境友好。化学学科核心素养的发展实质就落实在化学学习过程中，使用“宏观—微观—符号”来认识物质及其变化，帮助学生树立正确的世界观，形成科学的方法论。

认同物质世界的客观性和可认知性，是探索物质世界的前提；证据的判断、推理和探究能力，是学习、研究化学学科的必备品格和关键能力；从宏观现象入手，在原子、分子水平上分析研究，并运用化学符号模型进行表征，是化学学科的基本认知方式；掌握物质化学变化和能量转化的基本规律，能运用逻辑思维对物质及其变化现象进行分析推理，是认识、创造新物质的基础和途径；在研究、利用、创造新物质的过程中，能自觉遵循科学原理，具备社会可持续发展的观念，具有交流合作意识，是现代社会对人才的基本要求。

2. 对高考化学试题考查化学核心素养的分析

高考化学试题以化学学科最新科研成果和社会热点问题为背景，创设客观、真实的试题情境，实现对化学学科主干知识、学科能力和核心素养的考查，促进学生认识化学与人类生活的密切关系，关注人类面临的与化学相关的社会问题，培养学生的社会责任感、参与意识和决策能力。注重对思维过程的考查，强化科学探究，促进学习方式的转变，培养学生的创新精神和实践能力。体现出知识与能力以及能力与素养相互依存、相互促进的辩证关系。高考化学试题遵循如图所示的命题基本框架。

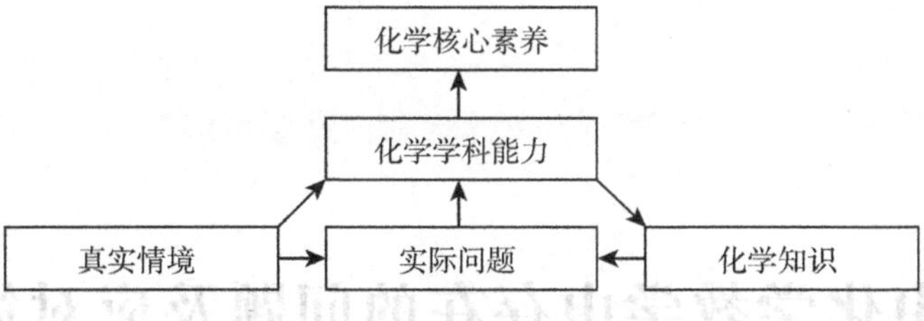

图 1－4　高考化学试题命题基本框架

高考化学试题基于对知识点的考查需要，创设真实的试题情境，逐层递进地设置有价值的实际问题。“真实情境”服务于“实际问题”的提出，“化学知识”服务于“实际问题”的解决，考查学生在解决“实际问题”过程中的理解能力、推理论证能力、实验探究能力和综合分析能力，实现对化学学科核心素养的测试。

3. 围绕发展学生核心素养，贯彻考试招生改革的理念，有效实施高中化学教学

2001 年课程改革以来，高中化学教学围绕三维目标展开，促进学生掌握最基本的化学知识和技能，了解化学科学研究的过程和方法，形成积极的情感态度和正确的价值观，提高学生的科学素养和人文素养。新一轮课程改革将围绕学科核心素养展开，化学教学应该有效地处理好化学学科的三维目标与化学学科核心素养的关系，把知识和技能的教学提升到化学观念的层面，将过程与方法的教学发展为科学探究和学科思维，使情感态度与价值观转化为科学态度与社会责任，发展学生的化学学科核心素养。

二、课程目标

2003 年实验版：课程目标体现在知识与技能、过程与方法、情感态度与价值观三个维度。

2017 年版：根据化学学科核心素养对高中学生发展的具体要求，提出高中化学的课程目标。

2017 年版的课程目标更加突出化学学科的核心素养的要求，体现化学学科的特点，且更加具体和清晰明了。并且在本标准中，化学学科核心素养不仅通过内涵、目标来描述，而且对 5 个方面的素养进一步划分出 4 级水平，便于在教学和评价中具体实施。

高中化学教学中存在的问题及应对策略

如今，高中化学的新课改已经推行多年，但是新课程的教学观与传统的教学理念、教学模式等方面都存在着很大的差异，导致很多化学老师在教学的过程中遇到一些教学问题，为了让学生能够更好地提高学习效率，我们必须创新教学方法，努力提高高中化学的教学质量，为学生的高考做足准备。

自新课标改革以来，高中化学教学就不断地接近实际生活，要求理论与实际相结合，并且对师生也有了相应的要求。首先，教育工作者要在实际的化学教学中注重于培养学生的学习兴趣；其次，学生也要在学习的过程中把理论运用于实际生活。简言之，新课标改革后，高中化学教学更加强调培养学生的综合发展。因此，在课改后，必须要求教学理念、教学条件以及教学需求等能够适应课改后的教学。然而在实际教学中，这些方面都存在着一定的问题，需要做出相关的改进。

高中化学课改的主要目的是，培养学生的探究意识，提高学生的创新能力。问题是学生探究思考的动力来源，在很大程度上能够提高学生思维的活跃程度，培养学生质疑的勇气。因此，在高中化学教学中，教师要设定一定的化学问题来促进学生思考，在提高学生掌握化学知识的同时，培养学生的探究意识与创新能力。

下面就高中化学教学中存在的问题和应对策略谈点体会。

一、高中化学教学中存在的问题

1. 美育功能在高中化学教学中的重视度偏低

兴趣是最好的老师。在课堂教学中，激发学生对学科的兴趣，有利于各种难题迎刃而解。自然是丰富多彩的，处于不断地变幻之中，109 种元素的不同组合，形成了具有复杂性与多样性的物质世界。在化学教学中，有些教师认为学好化学主要靠死记硬背，学生也感觉化学枯燥乏味，对化学没有学习兴趣，忽视了化学中存在的内在美。

2. PPT 课件在高中化学教学中应用的效率不高

随着信息技术的发展，互联网的普及，PPT 课件作为教学辅助设备已经成为司空见惯的事情。现在，很多地区学校的公开课或者省市级的示范评优课中，PPT 课件几乎成了不可或缺的手段。然而，PPT 课件的使用，究竟给学生或者教师带来了多大的实效，这个问题值得探究。在现阶段的高中化学教学中使用 PPT 课件，还存在许多的偏差和误区。例如，在 PPT 的制作方面，有的教师为了吸引学生的注意，故意在 PPT 里加入多彩的图片、震撼的音乐或视频、幽默滑稽的动画等，这样，学生的注意力都集中到了这些事物上，自然留在化学知识上的注意力就大为减少，降低了教学效果。

3. 化学实验在高中化学教学中的实践较少

戴安邦说："化学实验教学是实施全面化学教育的一种最有效的形式。"李政道说，"实验无论怎样强调都不过分"。现在我们国家大力提倡素质教育，化学实验教学显得更加重要。但是，化学实验教学的实践却不尽如人意。很多学校高中的班级人口基数偏大，达到 60 ~ 70 人，加大了实验室的管理难度，很多需要做化学实验的环节，都被教师的口头讲解取代。一些难度比较大的复杂的化学实验，教师为了避免出现安全事故或者实验室不易协调，往往自己单独演示，让学生观看。这样，不利于培养学生的动手能力，也不利于提高教师教学效果。在一些经济不发达的地区，由于条件有限，实验设备不完善，学生根本没有亲自动手做实验的机会，再加上应试教育思想的影响，教师不重视化学实验，教出来的学生只会纸上谈兵。

4. 教育工作者不能适应教学教材

为了适应学生多样化的需求，新课改以后，高中化学教材的大部分内容都有所调整，尤其是知识模块的建立，各模块之间相互独立但又有着逻辑上的联系，每个模块都有着独立的教学目标，这就要求采用多样化的教学方式。另外，教学教材知识更加偏向于人文教育，已经淡化了原来的知识教育，这就会在某些方面引起教师的不适应。除此之外，新课标下的教学教材内容不易把握，尤其是教学课本中，必修与选修的重复内容较多，复杂性较高，导致师生难以掌握其真正的重点难点。课本中对于相关知识的介绍情况详略不得当，也使得师生在教学和学习中易失去针对性，难把握重点。

5. 教学理念较落后

新课标改革后，对原有的教学方式方法产生了很大的挑战，尤其是课改后教学更加注重培养学生的自主创新能力，注重提高学生的实际操作能力，在教材上也做出了相应的改变，这就使得原有的教学理念处于滞后状态，不能适应新课改的需求。比如，教师的教学方法依旧偏重于科学知识教育，而不是新课改要求的人文教育；教学目的依旧是一种应试教育，而没能更加切合于培养学生的综合发展；教学理念不能够适应新时期的教学要求，影响了正常教学的开展。从高中化学教学来讲，这方面的问题更加严重。化学教师仍旧只是盲目地教育学生学好课本知识应对考试，而没有注重于指导学生实际操作，其教学理念满足不了新课改的要求。

6. 教学模式较为僵化

在现实生活中我们不难发现有些教师会以不变应万变。他们以自己原有的经验为基础，十分注重对课本知识的讲授。在原来的教学模式下，老师是以讲为主。讲课本知识，讲课后习题，再加以辅助手段练习。久而久之，这已经成为一种较为常见的教学模式，被广泛应用。但在课改后的教学时，教师仍旧把这种模式带入现在的教学中，虽然这种教学模式能够在短时间内对学生掌握知识能力起到立竿见影的效果，但是并不能够很好地培养学生的素质教育。在现代高中化学教学中，这种现象也是较为常见的。因此，这种较为落后的教学模式已不能适应新时期的高中化学教学。

二、对高中化学教学中存在的问题的应对策略

1. 改变传统的教学模式，向着多元教学转变

随着教学改革的深入，以往的单一教学已经不能适应当代高中化学教学的要求，教师应该打破传统教学的束缚，向着多元化教学模式转变，提高高中化学教学质量。伴随科学技术的进步，多媒体教学条件的成熟，新课程理念被许多教师接受，实施多元化教学模式是符合时代特点和要求的。在化学教学中，教师要利用现代教学技术和各种教学资料，实现提高高中化学教学效果的目的。教师可以使用图片、视频、文献资料、专家讲座等多媒体资源，培养学生的学习兴趣，提高化学教学质量。

2. 重视化学实验教学，培养学生的探究精神

化学实验教学的主要目的是让学生感受到日常生活、工农业生产中有趣的化学现象，让学生通过探究式的化学实验，对化学知识产生兴趣，使学生乐于探究，并在实验过程中验证所学的理论知识，加深对理论知识的理解，从而培养学生的探究精神。

3. 促进实验在高中化学教学中的运用

首先，要更新观念，重视化学实验，要注重培养动手能力强的高素质学生。

通过学生亲手做实验，激发学生对化学的兴趣，在实验中形成相关化学概念，提高观察能力和创新能力，培养学生科学的、严谨的、实事求是的学习态度。

其次，构建稳定的校外化学实践基地。校外化学实践基地能够充当学校和社会的桥梁。在实习过程中，学生的实践能力和各方面素质都会得到提高。

最后，要加强实验室的安全教育和管理。要建立健全相关的安全制度，培养学生的实验安全意识。

总之，针对当前高中化学教学中存在的问题，教师需要深入思考，如何在新课改要求下提高高中化学教学质量。高中生具有明显的时代特点，活泼机灵，乐于探索。在高中化学教学中，教师要根据学生的特点，优化教学方式，使其符合学生的认知规律，体现学生的主体地位。教师要重视实验在化学学习中的作用，善于利用现代教学工具，激发学生学习化学的兴趣，从而提高化学教学质量。

核心素养下的高中化学课堂教学艺术

学习是学生的活动，学生是主体，但是，学生能否学得生动有趣，能否得到发展，教师的主导作用是不能忽视的。教师主导作用表现在要激发学生强烈的学习兴趣，使学生爱学；培养学生良好的学习习惯，使学生能学；教会学生掌握科学的学习方法，使学生会学。教师要把这一主导作用的三个重要组成部分贯穿于教学的全过程，包括教学前的准备（备课等），教学中的讲、做、练，教学后的考核、评估、反馈。

学习兴趣、学习习惯和学习方法之间是有机联系的，但是具有不同层次的要求。兴趣是学习入门的向导，习惯是学习意志的表现，方法则是学习能力的综合。

一、乐学——激发化学学习兴趣

利用化学知识素材，千方百计地激发学生强烈的学习兴趣和求知欲是化学教师的重要责任，也是化学教师必须具备的基本素质。不能想象学生会在不感兴趣和不乐意学习的情况下学好功课，所以，为了让学生学好，必须使他们好学。要激发学生学习兴趣，鼓舞学生学习热情，启发学生学习愿望，让学生爱学自己所教的化学课程。

1. 良好开端是成功的保证

学生对起始年级的化学学科或是教学内容的最初阶段总是具有强烈的好奇心和新鲜感，这是教学的极有利条件。要引导学生了解化学是一门非常重要又非常有趣味的学科，让学生一开始就产生学习兴趣，具有学习的愿望。因此，教师要重视联系学生日常生活中所接触的事物，并结合教材内容介绍一些化工生产概况、化工产品的应用、三大合成材料发展的前景以及化学在高科技上的应用等科技新成就的信息。例如，最近研制成功的 C_{60} 在医学上的应用；偏二甲肼作为运载火箭的燃料在研制、发射人造卫星时的应用。再如，日常生活中雕白块、苏丹红等食品添加剂的危害。这样，利用知识应用实例，既激发了学生学习的兴趣，又开阔了学生的眼界，使学生寻找到化学知识的生长点，增强了求知欲。

2. 巧妙设计教学过程，激活化学知识

教师对教材要悉心钻研，正确理解，认真分析，科学处理，在此基础上精心设计每章每节的不同教法，以突出重点、分散难点。要充分发掘教材内在的兴趣因素，采取启发、引导、讨论的方法进行教学。例如节日夜晚的焰火为什么是五光十色、绚丽多彩的？为什么石油被称为黑色金子？为什么用聚乙烯做的渔网能捕得更多的鱼？等等。对于教材中一些概念或规律，如摩尔、电子云的形状、分子结构、同分异构体等，看来既抽象又乏味，要通过生动的语言、形象化的比喻并辅以磁性黑板、图表、模型、电视录像以及多媒体等现代化教学手段，把知识讲活，使枯燥乏味的知识变得生动有趣。对教材中的重点和难点要进行化解，以易于理解和掌握。例如，氧化还原反应、离子方程式、化学计算等，常因题目变化多端而造成学习上的困难。究其实质，所谓变化多端实质上只是题型与题意的变化，而所涉及的基本概念和基础知识是不变的。为了分解难点，减少学生心理上的压力，可采用精讲多练的方法，精讲即讲清概念，分析清题意；多练即加强课内外练习，把这些练习贯穿于整个化学教学的全过程，使之由浅入深、不断深化而达到牢固掌握的目的。

3. 创设实验，展示化学的魅力

化学是一门以实验为基础的自然科学，在化学教学中充分发挥实验的作用，是培养学生兴趣、获得知识、发展能力的十分重要的手段。因此，要精心组织和设计每一个演示实验和学生实验。在演示实验过程中创设一些奇特现象，引导学生观察，使学生产生好奇心，进而围绕现象组织大家讨论（教师要不时提出问题诱导思维）。例如，在学习焰色反应时，教师在燃着的酒精火焰里依次撒入锂盐、钠盐、钙盐、钡盐、铷盐、铜盐、钾盐和锶盐，然后引导学生观察火焰颜色的变化，依次出现紫红色、黄色、砖红色、黄绿色、紫色、绿色、浅紫色和洋红色。学生观察时目不转睛连声叫好，效果极佳。学生在很短的时间内，在十分轻松愉快的气氛中很自然地就掌握了某些阳离子的鉴定方法。学生亲自实验对学生更具魅力，教师除了讲清实验目的、操作要求外，还要特别注意在操作过程中提出更多的“为什么”，随着实验现象的变化激发学生探究知识的兴趣。

4. 确立新的评价主体，活跃评价形式

教学评估是教学的重要环节，也是学生既害怕又企求的教学活动。因此，如何组织考试，对培养学生的学习兴趣，调动学生的学习积极性，正确评估学生学习成果是至关重要的，它起着极为重要的导向作用。考试形式多样、生动活泼，学生也就学得既有兴趣又很主动。化学考试的笔试题应主要考查学生的理解能力，题目既要紧扣大纲、教材，突出双基，又要注重综合性和灵活性；既有新意又不出偏题、不搞文字游戏或数学游戏。题目要密切联系生产、生活实际，要重视基础理论知识和它的应用，也要注意引进新的科技知识。通过考试要使学生感受到成功的喜悦。除笔试外每学期还要举行一次实验考试，实验考试应组织得生动活泼，在实验考试中培养学生的学习兴趣，调动学生的学习积极性，达到复习知识、巩固知识、考查成果的目的。实验考试一般按准备、复习、考查、讲评四个阶段进行。即先由教师公布考题，学生全面准备。复习课上挑选个别学生抽题后上讲台进行操作演示，全班同学按该题评分要求进行讨论并指出错误，给予初评。教师再针对操作及讨论情况进行讲评，并给予准确评分。考查时采取每位学生抽一题先操作后口试的办法，教师详细记载实验情况，作为评分依据。最后针对考查情况由教师逐题进行讲评。通过实验考试培养学生强烈的动手实验的欲望，让学生体验到成功的喜悦。

二、善学——培养学生良好的学习习惯

要培养具有扎实基础的有用人才，不能仅仅停留在培养学生的学习兴趣上，教师还要下大力气培养学生良好的学习习惯，这是更高层次的非智力因素。教育家叶圣陶先生说过，“教育就是培养习惯”，可见“习惯”对培养人的重要作用。在学校时使学生养成良好的学习习惯对他们以后的成长是极有好处的。

1. 培养学生严谨的科学学习习惯，强化化学思想

科学是严谨的，不论是现在的学习活动，还是今后参与社会的生产和服务活动，都必须具有强烈的事业心和社会责任感。因此，在学校读书时就应该培养学生养成严谨的、科学的、一丝不苟的学习习惯。这种学习习惯的培养必须贯穿于教学的全过程，包括课前、课内、练习、作业、实验、考试各个方面。课前有预习的习惯；课内有抓关键的“字”与“词”理解概念和定义的习惯；分析问题具有逻辑性的习惯；回答问题语言简练具有针对性和准确性的习惯；及时发现问题有举手发言或发表不同意见的习惯；课外作业要有字迹端正、解题规范的习惯；对错误的不符合要求的作业有严格订正或重做的习惯；实验课内有严格按照实验操作规范进行实验、真实记录实验现象的习惯；做实验有整理仪器的习惯；仪器损坏，有主动赔偿爱护公共财物的习惯；等等。这些习惯

的培养要建立在教师对学生严格要求的基础上，更多的是教师言传身教的影响。因此，要求教师在课前要提出明确的预习要求；讲课时要富有逻辑性，语速时快时慢，语调抑扬顿挫；演示实验时步骤简明，干净利落，操作规范，现象明显，结果准确，桌面保持整洁；批改作业、试卷细致认真，不放过每一个错误，乃至一个小数点、一个错别字或标点符号。每次作业和试卷的批改情况要做好详细记录，认真讲评。教师的这种严以律己的精神必将在学生的思想上起到潜移默化的作用，使学生在学习上逐步养成一丝不苟的良好习惯。

2. 培养学生自觉自愿学习的习惯，强化化学意识

学习是十分艰苦的脑力劳动，在学习过程中会遇到不少干扰和种种意想不到的困难，这就要求教师要着力培养学生专心致志学习和克服困难的习惯。学生应当学会在某一特定的时刻摆脱周围的一切干扰，以便集中精力克服困难达到教师或自己制订的学习目标。应当使学生懂得学习就要努力开动脑筋，深入钻研，无论如何都不能让学生感觉一切都轻而易举，不知道什么叫困难。所以，在教学中要注意向不同对象提出不同的学习要求，对不同程度的学生设置不同层次的问题，但都要通过独立思考才能解决，以帮助他们树立学习的信心，并培养他们的求知精神。课外作业要有一定的难度，强调学生独立完成，但允许学生自己找参考书，错了订正，直到做对为止。培养他们在无人监督的情况下能通过自己的努力，孜孜以求，克服困难完成学习任务。

3. 培养学生进行有效学习的习惯，强化学习效果

教师要在日常的教学活动中培养学生重质量讲效率的习惯，这不仅是学习的需要，也是对人才素质的要求。学习上的高质量、高效率体现在学生思维的敏捷性上，扎实的基础知识是达到思维敏捷的保证。所以教师一定要把基本原理、定义、知识的基本规律等讲清讲透，使学生全面系统地掌握，不仅知其然还知其所以然。课堂问答要讲究效率、讲究准确性，特别是要通过精心选择作业去训练学生的这种习惯。正确高速的解题是高质量、高效率学习的重要标志之一。要达到这一要求，必须把培养学生的审题习惯和审题能力放在重要的位置，且贯穿于整个教学过程中。经常选择一些典型例题做示范分析，理解题意，剔除解题中的误区，找出解题的关键，理出解题思路，然后得出解题的正确方法。对于一些难度较大的综合题，要引导学生仔细阅读题目，分析题目中所涉及的知识的内在联系，有时可应用图表分析，彻底弄清题目中的已知和未知条件及它们之间的关系，启发学生从不同方位、不同角度进行思考，以寻找不同的解题方法，并选择最佳的解题方法。还可以选择一些一题多问、一题多变、一题多解、多题一解的例子，引导学生多角度思考问题，培养学生思维的敏捷性，正确地高效率地完成学习任务。

三、会学——注重学法指导

教师的任务不仅是传授知识、使学生掌握知识，更重要的是要教会学生如何运用已有知识去认识问题和解决问题，也就是教导学生由学会到会学。使每个学生都具有科学的学习方法和学习能力，这是更高层次的要求，学生将终身受益。

1. 引导学生看书，培养自学能力

正确指导学生阅读课本和课外的参考书，教会学生看书的方法，是培养学生自学能力的重要途径，也是学生会学的重要标志。如何指导学生看书，特别是教科书？首先，应该重视布置学生预习课本内容，教师根据大纲和教材的要求，从学生的认识水平出发编制自学提纲，让学生通过自学画出重点，发现难点，提出疑点，思考解决问题的途径，然后带着问题和疑点听课。其次，在课内，有针对性地指导学生阅读课本，对于一些化学概念和定义，特别是容易混淆的概念，指导学生学会紧扣有关概念的字、词、句进行分析比较，找出概念间的联系和差异，从而形成正确的概念。对于那些属于同类知识内容的教材，教会学生把前后知识串联起来一起阅读，以掌握知识的内在联系。对于口答及练习中普遍存在的说理不清的问题，有针对性地阅读教材中简明扼要的准确的表达方法。此外，还要重视指导学生正确阅读和运用参考资料。现在各种参考资料泛滥成灾，学生手头有大量的参考资料，参考资料不可不看，但要指导学生如何阅读和选择使用，要系统地培养学生学会在参考资料中寻找问题的答案，以扩大知识面和提高综合运用知识的能力。

2. 诱导学生思考，培养思维能力

发现问题，提出质疑，勤于思考是学生深入理解教材、牢固掌握知识的表现，是积极思维、具有创造力的表现，教师应该在教学过程中培养学生的这种能力。现在学生知识与能力脱节的一个重要原因就是思维能力不强。因此，要有意识地培养学生的思维能力，教师在教学中应该指导学生学会自学与思考同时进行，练习与思考同时进行，实验与思考同时进行，记忆与思考同时进行，回答提问与思考同时进行，养成思考的习惯，锻炼思维的能力。练习是学生展开积极思考的好时机，因此一定要让学生独立完成作业，在独立解题中积极思考问题，进行运用知识能力的训练。要教会学生处理记忆与思考的关系，要指导学生哪些应该记住，哪些应该理解，应该怎样记忆，应该怎样理解，启发学生思考问题的思路。应该指出，基本概念一定要理解记忆，否则思维会混乱，

思考问题容易没有基点，必要的记忆是需要的，但是绝对不能用记忆代替思考。教师在讲解时不能把有些内容一讲到底，而应该运用教材内容去引导学生进行积极思考。

3. 注重知识的升华，培养理解能力

要学生把知识学活，就要使学生善于综合分析，善于运用已有知识，使知识处于运动之中，使知识变为思维的工具，达到理解知识充实自己的目的。所以教师在教学过程中，应该重视训练学生对已有知识的综合分析能力，借以培养学生的理解力。在化学教学中，不少知识都有一个由感性到理性的过程，要指导学生对实际事物和多次实验的观察研究，通过认真综合分析，掌握因果关系和规律性，得出概括性的概念、结论和判断。在一般情况下，不能把现成的结论立即告诉学生。教师要注意学生理解知识有一个过程，要运用对比、联想等方法引导学生自己去分析，去理解，有时还可以采取共同讨论的方法引导学生学会综合分析，加强对知识的理解，起到举一反三的作用。如何指导学生学会综合分析？在课堂教学中应根据不同的教学阶段进行设计。在新课教学中指导学生将教材中的个别对象和个别现象的各个属性综合成一个统一的整体去认识。例如，通过硝酸性质的分析综合得出它既具有酸的通性又具有独特性，并与盐酸、硫酸的性质进行对比，以加强对酸的认识。讲完一章复习时，指导学生抓住本章主线，纵横联系归纳概括，把知识串联起来。例如，学习摩尔一章以后，引导学生以物质的量为主线，分析综合物质的量与物质的微粒数、摩尔质量、气体摩尔体积、气态方程式以及物质的质量和物质的量浓度之间的关系及有关计算，概括串联成图，反映出一章内容的清晰脉络。单元学习结束时，指导学生在复习知识的纵横联系时，更应突出知识的横向联系，运用对比、归纳、分析、综合等逻辑手段，揭示规律，使前后知识系统化。例如，学完有机化学烃及烃的衍生物以后，指导学生将前后知识分析归纳得出官能团之间的衍变规律，使学生所学知识得到巩固。

4. 规范实验操作，培养动手能力

要充分发挥化学教学实验性的优势，通过各种实验活动，让学生受到实际操作的锻炼，培养学生的动手能力。在课堂教学中教师规范化操作的演示实验十分重要。要说明为什么如此操作，操作规范是什么，要注意什么问题等。教师的演示实验要为学生操作做出良好的榜样。还要充分运用学生上实验课的机会，由学生在自学的基础上自己设计实验，自己动手操作。教师要仔细观察学生的每一个实验是如何操作的，对个别学生操作上存在的问题进行个别指导，对学生中存在的普遍问题必须在实验结束时向全班学生指出，或让学生上台重现其错误操作，然后教师进行规范化的演示，以加深学生的印象。为了使学生有更多的实验操作机会，得到动手能力的训练，除了学生实验课外，还可开展形式多样的课外兴趣小组活动，尽量使学生有更多的实验时间。课外活动的形式可以多种多样，例如，组织班级间开展化学实验操作表演赛，提出一些研究性的课题开展实验活动，指导学生进行探索性的实验等。

第二章

基于化学学科核心素养下的有效教学策略

基于化学学科核心素养下实施有效教学的基本观点

一、国外学者对实施有效教学的基本观点

有效教学的理念源于20世纪上半叶西方的教育科学化运动，在美国受实用主义哲学和行为主义心理学影响的教学效能核定运动后，引起了世界各国教育学者的关注。20世纪以前，在西方教育理论中占主导地位的教学观是“教学是艺术”。随着20世纪以来科学思潮的兴起，以及心理学，特别是行为科学的发展，人们意识到，“教学也是科学”，即教学不仅有科学的基础，而且还可以用科学的方法来研究。于是，人们开始关注教学的哲学、心理学、社会学的理论基础，以及如何用观察、实验等科学的方法来研究教学问题，有效教学就是在这一背景下提出来的。

美国教授鲍里奇认为，有效教学包括5种关键行为。

1. 清晰授课

教师在授课过程中语言应清晰精练、重点突出、逻辑性强，使学生能按逻辑的顺序逐步理解。教师表达不清，学生自然也学不明白，教师的表达能力是一项重要的基本功。

2. 多样化教学

教师能多样地、灵活地呈现教学内容，并让学生积极参与教学活动，如用挑战性的问题，热情的赞扬，多样化的视觉媒体（多媒体的画面、实验演示）、听觉媒体（优美的歌声等）、触觉媒体（动手实验或实践）等。

【案例】在学习卤族元素［新编高中《化学》必修（人教版）第一册P96］时，可增补锌和碘的实验，既能激发学生兴趣，又能体现化学实验绿色化思想。

（1）装置图（如图2－1所示）

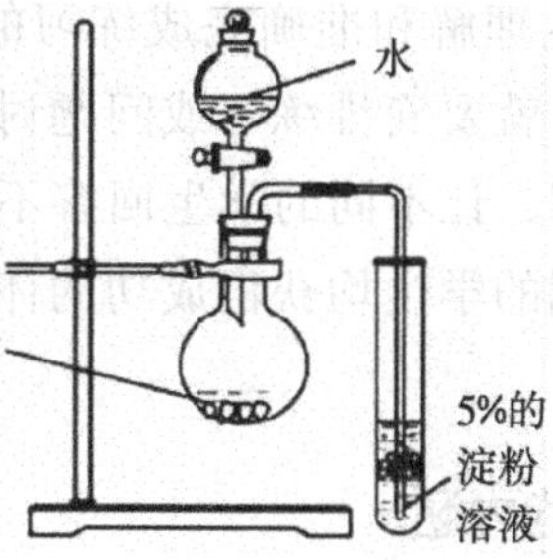

图2－1　改进后的装置图

（2）操作

先称取1 g锌粉和1 g碘粉在干燥、洁净的研钵中研磨，使之混合均匀，然后用纸槽把混合物小心送入圆底烧瓶底部，再把带分液漏斗的双孔塞与烧瓶连接，固定在铁架台上。打开分液漏斗的活塞，让水慢慢滴下，最多加入1 mL水。这样即可观察到烧瓶底部冒出大量气泡，且瓶中紫色蒸气不断升腾，盛淀粉溶液的试管中溶液颜色变蓝。最后取下烧瓶让学生用手接触，有十分明显的烫手的感觉，说明该反应是放热的。

（3）注意事项

① 取用的烧瓶要干燥，否则还没加水便可发生反应，从而影响实验效果。

② 加水时速度要慢，便于观察。

③ 烧瓶中的药品反应完毕后，让学生用手触摸烧瓶，证明该反应是放热的。

本案例告诉我们，想要使教学的有效性增强，作为教师要充分开动脑筋，进行创造性劳动，让学生进行有效学习。

3. 任务导向

教师授课应有明确的任务目标，让学生在迫切要求下学习，在学生缺乏动机、兴趣和追求的情况下开展的教学活动，一定是低效的，甚至是无效的。

4. 引导学生投入学习过程

教师要引导学生主动参与教学活动（积极思考、动手操作、讨论交流），没有学生的主动参与，就没有成功而有效的课堂教学。深圳市南山区多所学校均使用了学案教学，其基本出发点在于引导学生“动手”填学案、“动脑”思问题、“动口”进行表达交流，并辅之以相应的实验手段，让学生在课堂学习中完成一定的学习任务。

5. 确保学生成功率

学生成功率是指学生理解和准确完成练习的比率。教师要在有限时间内，让学生获得更多的发展，就要安排练习或问题讨论，使大多数学生获得成功的体验。其包括：分层提问，让不同的学生回答不同的问题，使其均获得不同的发展；分层练习，让不同的学生均获得成功的体验；分类指导，让不同的学生获得不同的发展。

二、有效课堂教学的内涵

有人将课堂教学效益定义为“经过一段时间的学习后，学生获得的具体进步与发展”。但这只是一个比较模糊的说法。

有效课堂教学包括以下三个方面的内涵——“三有”：有效果，有效益，有效率。

1. 教学效果好——有效果

有效果即课堂满意度高，其课堂教学目标、形式和内容达到和谐的统一，达到过程与结果的完美结合，学生的学业成绩有提高（外在表征），学生的认知有进步（内在要素），学生的学习态度有变化（产生积极的学习愿望），学生的自主学习能力和核心素养得到有效培养。

2. 课堂效益高——有效益

有效益即有效用，经济学上把商品能够满足人的主观意愿的能力叫作效用或效益，强调的是学生学到的东西能够为学生所用（有益处）。教学效益指的是教学及其结果与社会和个人发展的需求是否吻合以及吻合的程度如何。“是否吻合”是对教学效益质的规定，“吻合程度”是对教学效益量的把握，即课堂上学生学习兴趣是否浓厚，行为习惯是否良好，能力提升是否快速，素质发展是否健全。苏霍姆林斯基认为，“阅读、书写、观察、思考、表达”是学生学习上的五把“刀锯”，学生要学会学习，学会应用，学会做人，必须掌握这五把“刀锯”。

课堂效益高表现为教学活动的收益、教学活动价值的实现，具体来说是指学生习得的知识、能力和素养是有用的。教学的有效性不仅是预期教学目标的实现，还必须考虑教学的投入和价值的实现。

3. 教学效率高——有效率

有效率即课堂达成度高，学生对知识掌握得扎实，课堂检测成绩好，以最少的付出获得最大的收获。值得指出的是，学习是一个循序渐进的过程，每一节课的学习有其近期目标，作为高中生在成长的过程中需要达成相应的课程目标，达成相应的育人目标。

$$教学效率=\frac{教学产出（效果）}{教学投入}=\frac{有效教学时间}{实际教学时间}\times 100\%$$

提高学习效率（单位时间内所完成的学习任务）的途径主要有增大分子（教学效果好），减小分母（减少教学投入）。从教师层面来讲，要选取最好的教学方法、合适的教学内容、在互动中产生生成性效果；从学生层面来讲，学习应有较大的进步与发展、应学得快乐与舒心、有成就感和幸福感。

以上三个方面的内涵是相互关联的，具有内在的统一性。学习时间是前提，投入一定的学习时间并提高学习效率是增进学习效果和强化学习体验的基础；学习结果是关键，学业进步和学力提升不仅能促进学习效率的提高，也能强化学生学习的积极体验；学习体验是灵魂，积极的学习体验和态度会促使学生乐于学习，提高学习效率，增进学习效果。

基于化学学科核心素养下如何围绕核心概念展开教学

随着我国国民素质的不断提高，我国教育水平得到明显提升，实现素质教育是我国现阶段教育事业的主要目标。新形势下，在教学过程中，教师不仅要高度重视提高学生学习质量、学习成绩，还要重视培养学生的学科核心素养，如此，才能有效提升学生综合素质，从而提升国民整体素质。笔者根据自身多年的工作经验，谈谈化学学科核心素养下的课堂教学策略。

一、化学学科核心素养概述

学科素养是新课程标准下的产物，指在学习和实践某一学科知识过程中所形成的以该学科特征为基础的理论知识、专业技能、品质以及学习经验的综合。这不是简单的知识积累和叠加，而是渗透了学生的主观意识，将其成功转化为一种思考方式。

高中化学核心素养在某种程度上表明了新形势下化学学科的教学目标、育人要求，将化学知识转化为一种具体的能力用以解决生活、工作和学习中的具体问题。笔者认为，化学学科的核心素养主要有：宏观辨识与微观探析、变化观念与平衡思想、证据推理与模型认知、科学探究与创新意识、科学态度与社会责任五大方面（图2-2）。这五个方面的内容具体如下：

第一，宏观辨识与微观探析，旨在引导学生全方位、多层次、多角度地去认识物质的多样性，从而对物质进行有效分类；旨在引导学生从元素、原子、分子的角度去分析物质的结构和性质，得出“结构决定性质”的观念；旨在引导学生站在宏观和微观的高度去解决遇到的实际问题。

第二，变化观念与平衡思想，旨在引导学生正确认识物质的运动和变化规律，明白物质产生化学变化是基于一定的基础，并遵循相关的规律；旨在引导学生认识到化学变化的本质是伴随一定的能量转化，从而生成新的物质；旨在引导学生从多角度去分析化学反应，充分利用化学原理去解决实际问题。

第三，证据推理与模型认知，引导学生树立证据意识，利用证据对物质组成、结构、变化提出相关的假设，通过层层分析、逐步推理来证实自己的假设，处理好观点、证据、结论之间的关系；引导学生利用分析推理法来认识研究对象的本质特征、构成要素以及它们之间的关系，建立模型，从而引导学生利用模型来解释化学现象、化学本质及化学规律。

第四，科学探究与创新意识，引导学生树立正确的科学探究意识，在科学探究的过程中获得新的、有价值的发现；组织学生去明确探究目的、设计探究方案，并执行探究方案，在探究中独立思考、合作交流，对于“异常”现象，要勇于说出自己的想法。

第五，科学态度与社会责任，旨在引导学生树立严谨、求真务实的科研态度，树立勇于探索未知世界、崇尚真理的科学精神，树立可持续发展和绿色化学观念，对与化学有关的社会热点问题做出正确的价值选择和判断。

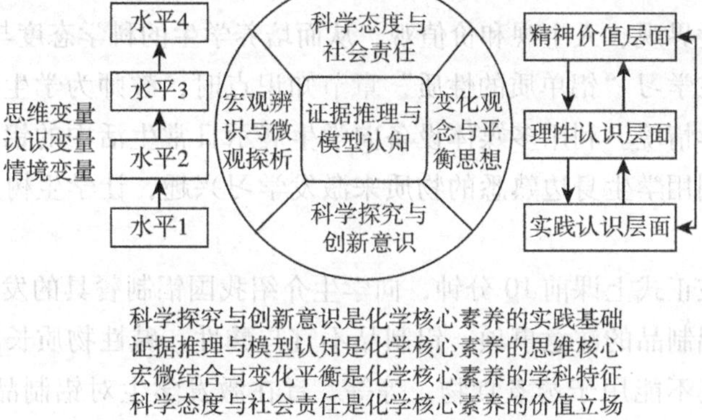

图 2－2　化学核心素养结构

二、提高化学课堂教学有效性的具体对策

1. 高度整合和利用教材内容

第一，随着新课程标准的实施，高中化学教师必须树立正确的教学观念，改变传统的课堂教学权威地位，转化为教学组织者、指导者，坚持以学生为主体，充分尊重学生的教学主体地位，充分发挥学生在教学中的作用，为学生创造足够的课堂表现时间。

第二，创新化学实验教学模式。化学实验教学是化学教学中的关键一环，对化学教学有效性影响非常大，教师必须予以重视。新形势下，化学教师在开展化学实验教学时，切忌过分依赖化学教材、过分依赖多媒体教学，应注重增加实验的趣味性，有针对性、有目的地选择学生感兴趣的内容，以此作为实验内容，加强实践教学，提高学生的动手操作能力，从而提高化学教学的有效性。

第三，作为化学教师，必须充分整合化学教材内容，创新使用小组合作学习模式，培养学生独立思考、合作探究的能力，在交流讨论的过程中充分发挥主观能动性，培养创造性思维能力。例如，在学习“二价铁与三价铁”章节知识点时，化学教师可组织学生自己预习、独立思考教师提出的问题、合作探究章节重难点和疑点，在学习的过程中记录自己不懂的知识，然后教师利用一定的课堂时间为学生答疑解惑，最后组织学生自己做二价铁和三价铁之间的转化实验，从而加强对所学知识的记忆和理解。

2. 培养学生的科学态度与社会责任

在开展化学教学活动时，教师应结合本课的具体知识来创设良好的教学情境，在教学情境中渗透社会主义核心价值观、最前沿的化学科研成果及与本章节知识有关的化学家的真实故事。在教学的过程中实现育人的目标，引导学生树立正确的世界观、人生观和价值观，从而培养学生的科学态度与社会责任。

例如，在学习“铝单质的性质”章节知识点时，教师为学生创设与教学内容相符的教学情境。利用多媒体设备向学生展示日常生活中的铝制品，如易拉罐等。旨在利用学生身边熟悉的物质来激发学习兴趣，让学生树立身边处处是化学的理念。

再如，在正式上课前 10 分钟，向学生介绍我国铝制餐具的发展历程，向学生介绍使用铝制品的注意事项：铝制品不宜与酸性、碱性物质长时间存放在一起，铝制餐具不能用于蒸煮食物，等等。旨在激发学生对铝制品性质的研究，从而主动去探究铝的物理性质和化学性质。

教师创设良好的、立足于实际的教学情境，旨在利用这些教学情境让学生认识化学、了解化学在我国经济发展、环保事业、人类健康中的作用，从而大大激发学生学习化学的热情与动力，从而在日常生活中，学会主动观察、关心人类发展、关心科技发展，从而组织学生去梳理和拓展化学教材中与人类发展、人们生活息息相关的物质的性质与用途。例如，氨气容易液化，因此用来做制冷剂；硅是半导体，可做太阳能电池；过氧化钠与二氧化碳放在一起能生成氧气；氧化铁能用作红色涂料；氢氧化铝由于能与盐酸产生反应，医学上用来治疗胃酸过多的患者；等等。在学生掌握这些知识后，教师就能利用这些知识来创设良好的教学情境，来培养学生的社会责任感。

3. 引导学生切身感受“化学学科本质与思想方法”

随着教育体制的改革、新课程标准的实施，近年来的高考化学始终围绕化学基础知识、核心知识出题。例如，物质结构、元素周期表、化学反应速率、化学平衡等。这些考点在日常化学教学中发挥了导向作用，无疑成为我们日常教学中的核心。因此，在化学教学过程中，教师必须重视引导学生全方位、多角度地构建知识体系，建立模型，利用模型来掌握知识。

综上所述，化学核心素养不是独立存在的，它渗透在化学学科知识当中，需要教师带领学生去发现、去挖掘。由此可见，在日常教学过程中，化学教师必须将学生对核心知识的理解、掌握作为教学的重点。例如，物质的量、化学反应中的能量变化、氧化还原反应、离子反应、盐水分解、电池、金属单质及其化合物、有机物的性质与结构等知识。学生只有牢记、理解、掌握了这些化学核心知识，才能实现素质教育，才能真正提高学生的化学能力，实现全面发展、终身发展。

基于化学学科核心素养下如何创设真实问题情境

随着课程改革的不断深入，传统的教学模式已不能适应时代的挑战，改革势在必行，创设问题情境有利于激发和促进学生的认知活动和实践活动，可有效地改善教与学。生动的教学情境不仅可以激发和促进学生的情感活动，情境创设是学生探究知识、提高能力的有效手段。教师要创设能激发学生探究意识的问题情境，培养学生的探究能力。那么，如何在高中化学教学中创设问题情境呢？

一、联系生活实际创设问题情境

化学是一门与人的衣、食、住、行联系最为密切的学科，生活中处处涉及化学，从化学在实际生活中的应用入手来创设情境，既可以让学生体会到学习化学的重要性，又有助于学生利用所学的化学知识解决实际问题。当学生能用化学知识解决一些日常生活中的问题后，他们就会产生成就感。学生的学习兴趣就会被激发，必然会产生进一步去了解、去认识化学的欲望，探究意识在这种欲望中也就自然形成。

二、通过化学实验创设问题情境

化学是一门以实验为基础的自然科学，化学实验是化学教学中设置问题情境的有利因素，各种化学实验以其直观性、形象性和变化性为学生提供了丰富生动的感性材料，教师精心设计的化学实验在带给学生惊奇、不解和矛盾的同时更能激发起学生强烈的好奇心和求知欲望。因此，利用实验内容来创设问题情境，可以充分发挥学生的主体性，有利于教师引导学生通过对实验的观察、研究和分析去思考问题、探索问题，从而揭示化学现象的本质，探究化学现象的内在规律。

三、利用认知矛盾创设问题情境

新、旧知识的矛盾，日常概念与科学概念的矛盾，直觉、常识与客观事实的矛盾等，都可以引起学生的探究兴趣和学习欲望，形成积极的认知氛围和情感氛围。

心理学研究也表明，只有当认知结构与外界刺激发生不平衡时才能引起学习的需要。因此，创设问题情境就是为了引起认知矛盾，在教材内容和学生求知心理之间制造一种“不协调”，把学生引入一个多疑、好奇的世界，从而让学生产生学习的需要。

在“钠”一节教学中，可以提出如下问题：“当发生火灾时，我们首先想到用什么灭火?”很多学生脱口而出：“水。”“今天，我却要用 H_2O 来点火，大家相信吗?”（教师用滴管向酒精灯灯芯上滴几滴水，结果酒精灯燃烧起来）俗话说：“水火不相容。”那么，水为什么能把酒精灯点燃呢?“反常”的实验现象充分调动起学生的热情，课堂气氛十分活跃。我趁机向学生解释，因为我事先在酒精灯灯芯里“藏”了一小粒金属钠。“钠为什么遇到水就能把酒精灯点燃?钠与水又是怎样反应的?”通过创设这样的问题情境，激起学生强烈的求知欲，然后在教师的引导和启发下，围绕提出的问题，学生就会主动地去探究。

四、利用化学史实创设问题情境

我国著名化学家傅鹰先生说过：“化学教育可以给人以知识，化学史更可以给人以智慧。”在化学课堂教学中巧妙地利用化学史实来创设问题情境，不但可以使教学不再仅仅局限于课本知识，而且可以在追溯知识的来源和演变的过程中让学生体验科学探究的过程，学习科学研究的方法，培养学生的科学精神与人文素养。

如学习“苯”这一节时，苯分子的结构是一个重点，也是理解上的一个难点。教师讲述时，可以结合苯的发现、苯分子式的确定以及苯的环状结构的建立过程来调动学生的学习积极性。在苯的分子式里，氢原子远远没有达到饱和，明显不具备前几节所学的几类烃的结构特点。这时可以讲述德国的化学家凯库勒“梦境”中发现苯分子结构的故事，既使学生认识到科学研究的曲折和艰辛，又激发了学生积极探究的欲望，加深了学生对有关知识的理解。

五、利用生动故事创设问题情境

激发学生学习兴趣的方法和手段很多，如生活中与所学知识有关的趣事，有趣味的化学故事、夸张的卡通图片或动画、生动的化学史料、适合学生言语习惯的文字对白等，都能激发学生的求知欲，点燃学生思维的火花，从而全身心地投入学习中，有效地提高课堂教学。因此，用化学故事创设情境是非常行之有效的方法。

总之，在化学课堂教学中，教师应该根据新课程标准的要求，准确掌握创设问题情境的目的和方法，并尽可能多地创设问题情境，激发学生的学习兴趣和探究意识，使他们轻松愉快地在情境中获取新知识，培养新技能，从而全面提高他们的综合素质。

基于化学学科核心素养下对“五实课”课堂的理解

我国学者叶澜教授认为，“扎实、充实、丰实、平实、真实”（五实课）的课就可以算是好课，可以成为有效的课堂教学。

一、扎实的课是有意义的课

学生既学到了知识，又锻炼了能力，且在过程中产生了良好的、积极的情感体验和进一步学习的强烈需求，越来越主动地投入学习中。

二、充实的课是有效率的课

大体而言，对全班学生中的绝大多数学生有效率，对好的、中的、有困难的学生均有可观的效率；如果没有效率，或者只是对少数学生有效率，这都不能算是一堂好课。

三、丰实的课是有生成性的课

这样的课不完全是预设的结果，在课堂上有师生之间真实的情感、智慧、思维、能力的投入，尤其思维是相当活跃的，在整个过程中既有资源的生成，又有过程的凸显。

具有创造性思维的学生善于对标准化的答案提出质疑，在讨论问题的过程中可能会打乱教师的精心设计，将课堂讨论导向一个非预设的方向。发散性思维是学生产生创造性思维的一个重要因子，在化学教学中，教师要善于要求学生在做出选择之前考虑多种选择与视角，培养学生的发散思维能力。

【案例1】一位年轻教师与一位学生的对话。

儿子：氧化还原反应是不是比复分解反应优先发生？

父亲（化学教研员）：怎么提这个问题？

儿子：老师布置一道化学作业题：Fe^{3+} + ________ + ClO^- – FeO_4^{2-} + Cl^-

$+H_2O$，空格中填上 OH^- 后，Fe^{3+} 和 OH^- 发生反应生成 $Fe(OH)_3$ 沉淀，$Fe(OH)_3$ 沉淀怎么和 ClO^- 反应呢？

带着这个问题儿子去问其年轻的化学教师。

年轻教师：氧化还原反应比复分解反应优先发生。

儿子对年轻教师的回答不信服。

父亲提供反例：乙醛与新制的氢氧化铜反应就是先发生复分解反应，再发生氧化还原反应。

儿子拿着找到的反例去问年轻教师。

年轻教师：两步反应的条件不同。

儿子的父亲查资料得出如下方程式：

$2Fe(OH)_3 + 3ClO^- + 4OH^- = 2FeO_4^{2-} + 3Cl^- + 5H_2O$

说明该反应是先发生复分解反应，再发生氧化还原反应。

还有：$PbO_2 + 4HCl = PbCl_4 + 2H_2O$　$PbCl_4 = PbCl_2 + Cl_2\uparrow$

当然，也有氧化还原反应优先发生的例子：

$Cu + 2HNO_3$（浓）$= CuO + 2NO_2\uparrow + H_2O$

$CuO + 2HNO_3 = Cu(NO_3)_2 + H_2O$

【评述】不要轻易回答学生提出的疑难问题，要讲究科学性。年轻教师犯了一个错误，在有些问题拿不准的情况下，凭想当然和将特殊案例推广到一般情况下，犯了以偏概全的错误。作为教师，首要讲究的是科学性。

另外，提供开放性试题对学生进行训练，不失为一种有效的方法。开放性试题就其类型而言，主要有内容开放、条件开放、过程开放、结论开放和答题权开放5类。开放性试题能够有效地考查学生的发散思维能力，是一种理想的题型。在化学教学中，适当训练学生的发散思维能力，能够促进学生思维能力的有效发展。

【案例2】（2004年深圳市中考化学题）学习和生活中常存在许多认识上的误区，学好化学可以帮助人们辨认清楚，如干冰不是冰，是二氧化碳；白金不是金，是金属铂。请问：类似的化学知识你还知道哪些？试举出两例：____、____。

显然，这是一道结论开放题，符合题意的答案很多。

参考答案：纯碱不是碱，是盐；磁铁不是铁，是四氧化三铁；黄铜不是铜，是铜锌合金；五水硫酸铜不是混合物，是纯净物；石墨不是墨，是碳；氨水不是水，是碱；臭氧不是氧气（O_2），是氧单质（O_3）；苛性钠不是钠，是烧碱……

四、平实的课是常态下的课

课堂里要有相互的讨论、思维的碰撞，在这个过程中，师生相互交流会生成许多新的东西。

五、真实的课是有待完善的课

任何课都不可能是十全十美的，这种课是真实的、不粉饰的，因此是值得反思的，需要去重建的。

【案例3】时间：2011年11月10日；地点：某高中学校高二（5）班。某教师进行原型启发：$CH_3COOH + NaOH \longrightarrow CH_3COONa + H_2O$，要求学生写出乙酰水杨酸与氢氧化钠溶液反应的化学方程式，某学生写为：

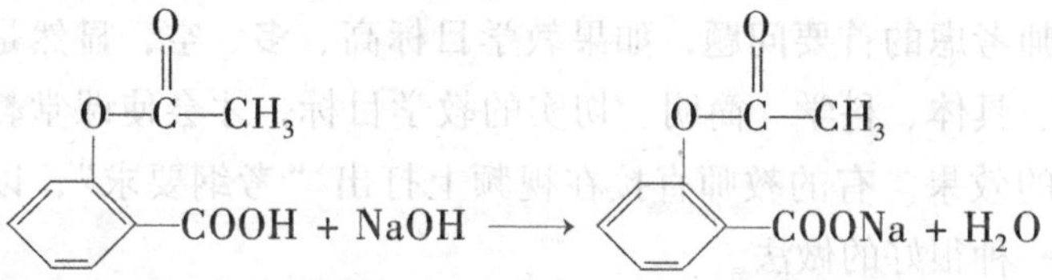

该教师没有发现错误，还给这个学生的答案打上了一个大大的红勾！真实的课是有待完善的课，而产生上述错误的原因在于教师的基本功不扎实，不知道氢氧化钠溶液除能与酸反应外，还能与酯发生水解反应，而忽视了后一个隐含的反应。

基于化学学科核心素养下课堂有效教学的七个标志

一、教学目标有效——科学简明

教学目标是教师考虑的首要问题，如果教学目标高、多、空，显然是难以完成的，只有明确、具体、科学、简明、切实的教学目标，才会使课堂教学有的放矢，收到良好的效果。有的教师直接在视频上打出“考纲要求”，以期引起学生注意，这是一种很好的做法。

二、教学容量有效——适量适度

教师要遵循教育规律和教学原则，科学地安排与搭配教材内容，合理地组织各部分的练习，不能“贪多忽效”，也不能“求少图便”。比如，对教学内容的把握，练习次数、时限的控制，哪些内容可以少讲精练，哪些内容可以机动处理等，这些教师都要考虑周到，不能随心所欲、盲目施教，应力求让学生主动参与，学而不厌。

三、训练定点有效——突出重点

在教学中，先讲什么，后讲什么，重点讲什么、示范什么，要解决什么问题，教师应心中有数。如果教师主次不分，“胡子眉毛一把抓”，想全面开花而不能，教学重点突不破，教学难点攻不下，那么教学就达不到预期的效果。

【案例 1】配制 250 mL 0.1 mol/L 的稀硫酸，需要密度为 1.84 g/cm^3、质量分数为98%浓硫酸多少毫升？

方法一：$V\times 1.84\ g/cm^3\times 98\% = 0.25\ L\times 0.1\ mol/L\times 98\ g/mol$

方法二：先求浓硫酸的物质的量浓度，再由稀释定律求浓硫酸的体积。

四、教学方式有效——选择恰当

教师要根据教材特点、学校条件及学生情况等，科学、切实、灵活有效地开展课堂教学。化学学科教学切忌“一刀切”，只注重理论，不考虑当前实际。实践证明，只有因地制宜、因材施教，教学方法贴切，才能让学生觉得有趣、有收获，才能实现教学目标。

只有根据教学内容和学生学情选择合适的教学方法，才能促进学生的有效发展。探究式的教学方式无疑是一种培养学生科学素养的重要方式，但探究式教学方式并非万能药，并非完全适合所有的教学内容。

（一）以教学内容确定教学方法

【案例2】同一周期元素的金属性与非金属性探究教学

教学方法为“科学探究式教学法”。

①方法导引。

判断元素的金属性和非金属性强弱的方法（媒体或投影）：

金属性强弱：
- 单质与水或非氧化性酸反应的难易；
- 单质的还原性或离子的氧化性强弱；
- 最高价氧化物对应的水化物的碱性强弱；
- 置换反应。

非金属性强弱：
- 与氢气反应生成气态氢化物的难易及氢化物的稳定性；
- 单质的氧化性或离子的还原性；
- 最高价氧化物对应的水化物的酸性；
- 置换反应。

②科学探究。

教师引导学生进行分组实验——探究同一周期元素性质的递变规律（以第三周期为例）。

◎ 实验探究

对照实验1

增补实验1：钠与水反应 $2Na + 2H_2O = 2NaOH + H_2\uparrow$（加入酚酞变深红色）

镁与热水反应的实验：$Mg + 2H_2O \overset{\triangle}{=} Mg(OH)_2 + H_2\uparrow$（加入酚酞变浅红色）

小结论：金属性 Na > Mg。

对照实验2

镁与盐酸反应的实验：$Mg + 2HCl = MgCl_2 + H_2\uparrow$ （快）

铝与盐酸反应的实验：$2Al + 6HCl = 2AlCl_3 + 3H_2\uparrow$ （较快）

小结论：金属性 $Mg > Al$。

教师设问：除了取其单质与水或酸反应能验证镁和铝的金属性强弱外，是否还有其他方法证明镁和铝的金属性强弱呢？

对照实验3

氢氧化物与碱反应的实验：

氢氧化镁与碱反应的实验：$Mg(OH)_2 + NaOH$——不反应（无现象）

氢氧化铝与碱反应的实验：$Al(OH)_3 + NaOH = NaAlO_2 + 2H_2O$ （氢氧化铝溶解）

小结论：金属性 $Mg > Al$。

联系对照实验1可得：金属性 $Na > Mg > Al$。

◎ **阅读探究**

联系“方法导引”，要求学生阅读课文并判断元素的非金属性强弱。

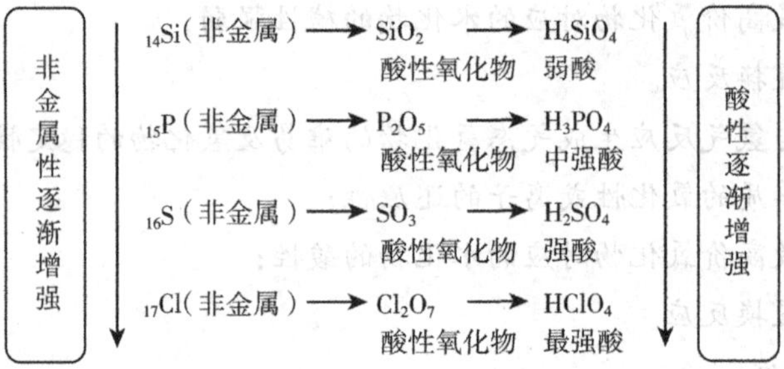

结论：非金属性 $Si < P < S < Cl$。

增补实验2：氢硫酸中加入少量氯水 $Cl_2 + H_2S = 2HCl + S\downarrow$

联系“方法导引”，通过置换反应同样可得结论：非金属性 $S < Cl$。

通过“实验探究”和“阅读探究”可得如下结论：

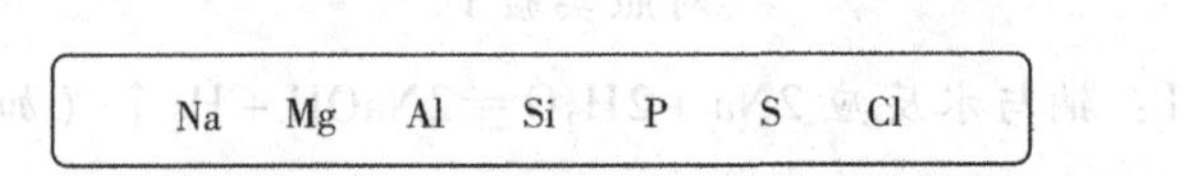

推论：同一周期从左至右，元素的金属性逐渐减弱，非金属性逐渐增强。这一推论的得出，是教师和学生共同探究的结果，实现了由特殊到一般的过渡。

【案例 3】 有机化合物的命名

教学方法为“讲授法”。

① 习惯命名法。

碳原子数在 10 以下的烷烃，用甲、乙、丙、丁、戊、己、庚、辛、壬、癸称作“某烷”，且甲、乙、丙、丁、戊、己、庚、辛、壬、癸分别对应汉字中的一、二、三、四、五、六、七、八、九、十。

碳原子数在十以上的，则用汉字来表示，称作“某某烷”。

② 系统命名法。

选主链（选含碳原子数最多的碳链为主链）、定编号（从离取代基最近一端开始用阿拉伯数字给主链碳原子依次编号；支链与端点距离相等时，从支链简单的一端开始编号；若支链与端点距离相等且都是简单的，就从支链位号和最小的一端开始编号，以确定取代基的位置）、写名称。如：

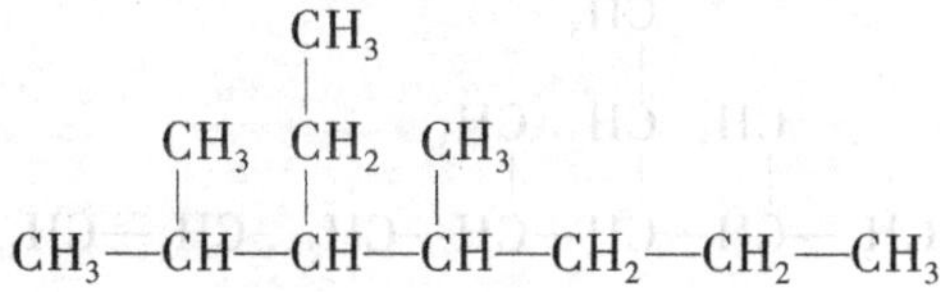

2，4－二甲基－3－乙基庚烷

好的讲授能够引起学生的注意。有的教师将十个天干字与十个中文数字以表格的形式进行对照，以期引起学生的注意。

甲	乙	丙	丁	戊	己	庚	辛	壬	癸
一	二	三	四	五	六	七	八	九	十

有的学生将“癸”读成“葵”，教师没有讥笑他，而是亲切地告诉学生这个字的正确读音，并与葵花的“葵”进行比较，学生不仅习得了一个汉字，而且理解了这个汉字的意义有与“十”相同的地方。

好的讲授总是保持一定的节奏，保持节奏也意味着让学生“自然生长”。保持与学生相适应的教学节奏，这种节奏既能使教师的讲授变得轻松，又能给学生留下思考问题的时间和空间，且能使学生借助某种暗示效应而更有效地理解某些知识并形成相应的价值观。

对于学习基础较差的学困生，可采用“小步子、多台阶、抓落实”的方法进行教学。如：

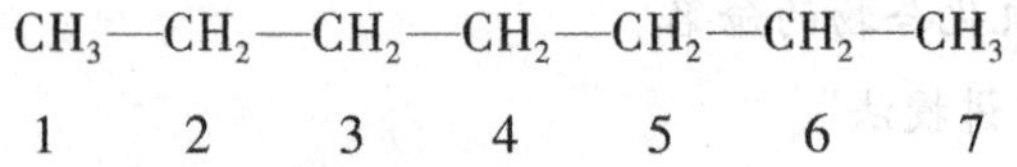

庚烷

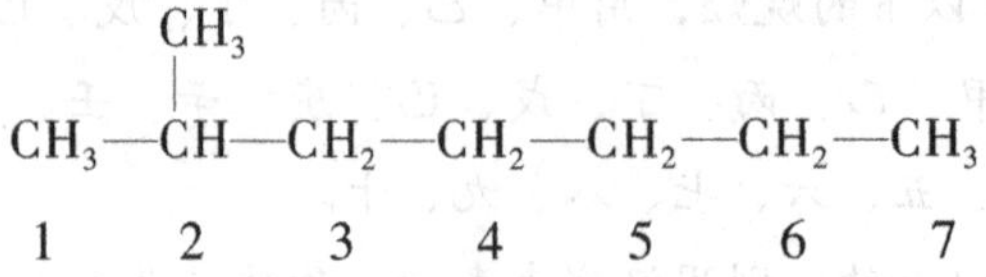

2－甲基庚烷

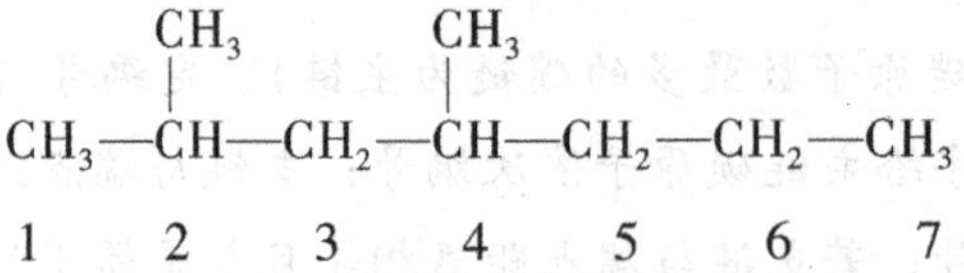

2，4－二甲基庚烷

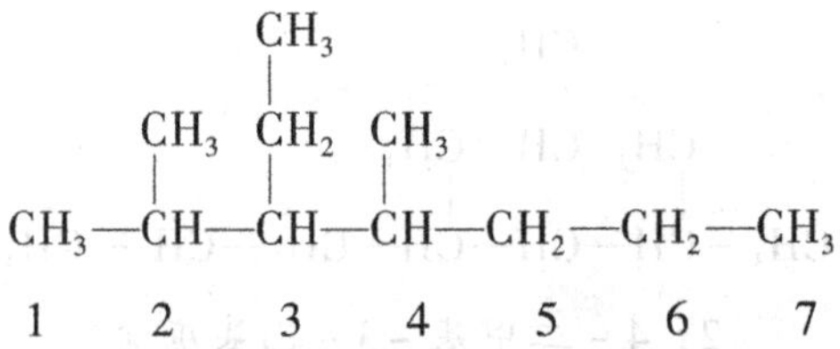

2，4－二甲基－3－乙基庚烷

小结论：烷烃命名三字经——“选主链，称某烷；链编号，定支链；支链数，值最小；支链同，要合并；支链异，简繁序”。

再辅之以适当的练习，则学困生对烷烃的系统命名法也能掌握得较好。

（二）以学生学习水平和学习能力选择教学方法

对于学习能力较强的学生可选择“科学探究式教学法”；对于学习能力较差的学生可选用“讲授法”进行教学，让学生获得更多的帮助和指导。当然，选择时也要考虑学习内容的可探究性。此外值得说明的是，探究式学习和接受式学习之间应保持一定的张力，因为学生所学习的“知识与技能”相当一部分属于间接经验，而这些间接经验是不可能也没有必要去进行探究和体验的。

【案例4】苯分子结构的教学

教学方法1：科学探究式教学法（针对学习基础较好的学生）

忍受模糊不清，几乎是创造性表现的必要条件。无法忍受模糊不清，就难以对经验开放，因为生活中总有迷惑、矛盾与模糊，创造过程本身也要求创造者能够忍受模糊不清。

某教师在引导学生研究苯分子的结构时，曾提出3种假设：

假设1：C_6H_6 呈链状结构［因苯的不饱和因子（又叫缺氢指数）$\Omega=4$，假设 C_6H_6 在二维平面内具有链状结构］

含1个炔键和2个碳碳双键（学生书写以下5种结构）：

$H-C\equiv C-CH=CH-CH=CH_2$　　(1)

$H-C\equiv C-CH_2-CH=C=CH_2$　　(2)

$H_2C=CH-C\equiv C-CH=CH_2$　　(3)

含2个炔键：

$H-C\equiv C-CH_2-CH_2-C\equiv C-H$　　(4)

$H-C\equiv C-C\equiv C-CH_2-CH_3$　　(5)

验证假设：实验探究——苯与溴水和高锰酸钾的酸性溶液混合（证伪）。

如果是上述5种链状结构，因有明显的碳碳三键或碳碳双键，则苯会使溴水（因发生加成反应）褪色，会使高锰酸钾的酸性溶液褪色，而实验结果与之相反，于是便产生了迷惑和模糊，链状结构的假设不成立。

假设2：C_6H_6 呈环状结构

假设在二维平面内呈三元环结构：

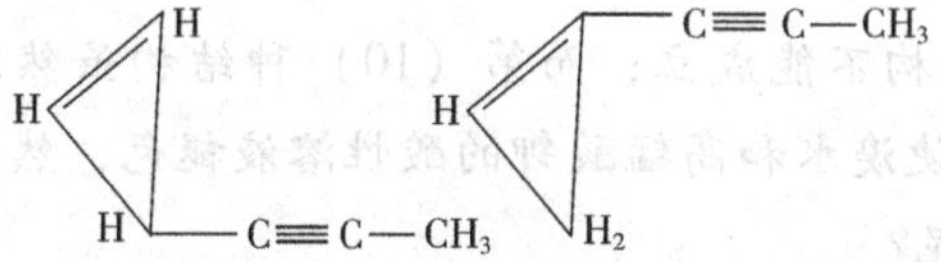

(6)

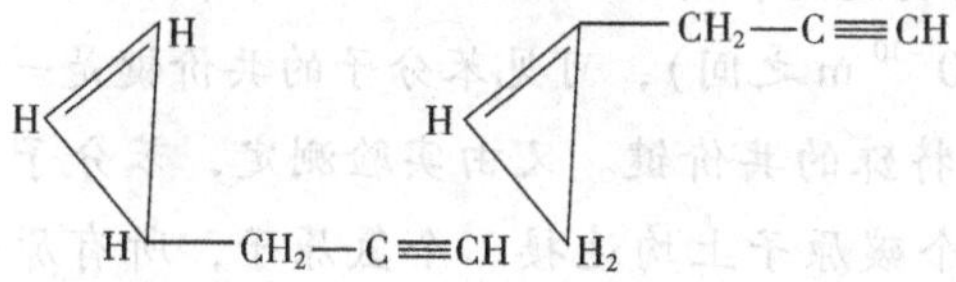

(7)

假设在二维平面内呈四元环结构：

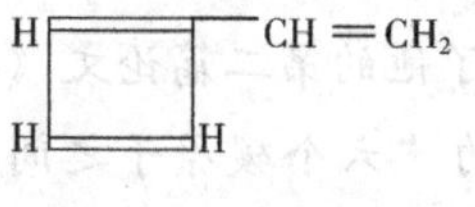

(8)

假设在二维平面内呈五元环结构：

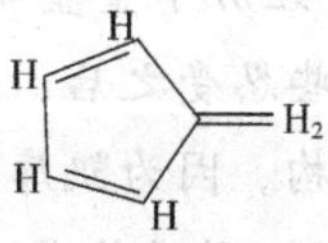

(9)

如果是上述（6）~（9）环状结构，也因有明显的碳碳三键或碳碳双键，则苯会使溴水（因发生加成反应）褪色，会使高锰酸钾的酸性溶液褪色，而实验结果与之相反，于是便产生了迷惑和模糊，上述三元环、四元环和五元环结构的假设也不成立。

假设在二维平面内呈六元环结构：

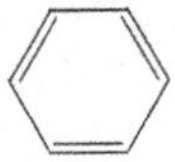

(10)

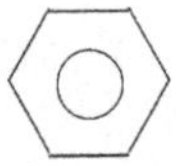

(11)

假设3：假设苯在三维空间具有一定的立体结构：

(12)

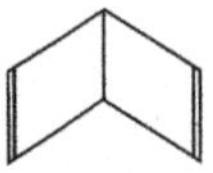

(13)

上述（10）~（13）结构中，第（13）种结构也因有碳碳双键而能使溴水和高锰酸钾的酸性溶液褪色，该结构不能成立；而第（10）种结构虽然满足$\Omega=4$的前提条件，从理论上讲也能使溴水和高锰酸钾的酸性溶液褪色，然而事实并非如此，这是一种什么样的键呢？

从键能数据来看，苯分子中碳碳键键长为1.40×10^{-10} m（介于碳碳单键1.54×10^{-10} m和碳碳双键1.33×10^{-10} m之间），可见苯分子的共价键是一种介于碳碳单键和碳碳双键之间的一种特殊的共价键。又由实验测定，苯分子中的6个碳原子构成平面六边形环，每个碳原子上均连接1个氢原子，所有原子均在同一平面上，且键角均为120°。这样，苯分子的正三棱柱结构被否定（其键长、键角均与实验事实不符）。

1865年，比利时根特大学的德国化学家凯库勒发表了他的第二篇论文《关于芳香族化合物的研究》。在该论文中他提出了苯分子中的“六个碳原子之间首尾相连成一个封闭的环，环上结合六个等同的氢原子……”的论点。从英国科学家法拉第发现苯（1825年）到凯库勒提出苯分子的结构模型，经历了整整40年时间。科学家们经历了太多太多的对模糊的忍受，而经历这些忍受之后，人们终于拨云见日，发现了苯分子的真实结构，即第（11）种结构。因为凯库勒式沿用已久，所以在目前的化学书籍和教辅资料中仍沿用第（10）种结构式。

教学方法2：讲授法（针对基础较差的学困生）

教师提出问题：苯的分子式为C_6H_6，从理论上讲，苯的不饱和因子（又叫缺氢指数）$\Omega=4$，应是一种十分不饱和的烃类物质，那么，它是否具有不饱和烃的性质呢?

实验事实：实验——苯与高锰酸钾的酸性溶液及溴水混合。苯不能使高锰酸钾的酸性溶液褪色，也不能使溴水因发生化学反应而褪色。

那么，苯是一种什么样的结构呢?

经过实验和大量研究表明，苯呈六元环结构（老师讲述凯库勒发现苯分子结构“蛇咬尾”的故事，以激发学生的兴趣）。

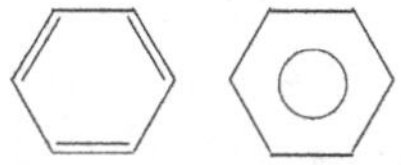

接着展示键能数据，说明苯分子中的碳碳键与烷烃分子中的碳碳单键和烯烃分子中的碳碳双键不同，是一种特殊的共轭大π键。至此，苯环的结构在学生的脑海中基本形成。

显然，后一种教学方法带有明显的注入过程，即苯分子就是这样一种结构，没有探究过程，学生的印象较为深刻。

五、教学过程有效——充分展开

教学效果来源于教学过程，一节优质课在组织教学、传知授技、学生练习、探讨交流等方面应独具特色，教师应既有“定向目标”，也有“拓展思考”。在教学各环节中，教师应善于洞察学生而“伺机展开，深挖细掘，见好就收”，做到“活而不乱”“导而不烦”“学而不厌”“乐而不纵”。

六、教学时间有效——恰到好处

对于教学各部分的时间分配，教师在备课时都应预设。一般来说，教学重难点、学生练习占用的时间较多。不言而喻，课堂教学在单位时间内完成任务越出色、浪费的时间越少、课的密度越大，教学质量就越高。因此，我们应该在有限的课堂内开展有效的教学活动。

七、全体学生有效——都有收获

教学要面向全体学生，要让所有的学生都有不同程度的进步。在实际教学中，切忌只重优等生，歧视后进生，偏爱对优等生的教育，放松对后进生的管理与指导。一位好的教师应该受到全体学生的尊敬与爱戴；一位好的教师应该使受教育者都受益，让每个学生都有收获和发展。

第三章

基于核心素养下的高中化学教学方法

核心素养导向下对高中化学教学设计的基本认识

经过修订专家组多年的辛勤工作，在凝聚了社会各方面智慧和力量的基础上，2018 年 7 月《普通高中化学课程标准（2017 年版）》（以下简称新课标）终于正式颁布，这是在我国基础化学教育界具有里程碑意义的重大事件，这一纲领性教学文件为构建具有中国特色的普通高中化学课程体系提供了关键指南和重要保障，我们非常期待新课标在一线课堂落地生根。

新课标从课程性质与基本理念、学科核心素养与课程目标、课程结构、课程内容、学业质量、实施建议等几个方面，集中阐述了对高中化学课程实施的基本要求与期望，这是对高中化学课程的价值规范与行动指南的高度凝练与扼要把握。

一、认识新课标

1. 源于实践，基于理论

新课标是对我国基础化学教育教学实践经验的继承和总结，由以前的主要基于经验向基于理论更基于经验和理论有机融合的方向的重大转变。与 2003 年版课标相比，2017 年版课标发生的显著变化主要有以下 10 个方面：

（1）对化学学科的特征进行了提炼。

（2）从化学课程目标、结构、内容、教学和评价 5 个方面概括了基于化学学科核心素养的课程理念。

（3）构建了化学学科核心素养的内容体系及其发展水平体系。

（4）构建了由必修课程、选择性必修课程和选修课程组成的“三层次”课程结构。

（5）构建了基于主题的课程内容体系，并对课程内容进行了增减。

（6）明确了必修课程和选择性必修课程的必做实验。

（7）构建了学业质量水平体系。

(8) 注重“教、学、评”一体化，提供了化学学科核心素养在课堂教学中落地的基本途径和策略。

(9) 注重“教、学、考”一致性，提供了基于化学学科核心素养发展的学业水平考试命题的原则和策略。

(10) 提供了体现“教、学、评”一体化的素养为本的化学课堂教学设计案例。

2. 理解本质，认识价值

对于化学学科的本质特征及其价值，一直是化学家、化学哲学家和化学教育家不断试图回答的重要问题，化学与物理学、生物学的本质区别究竟是什么？我们往往从认识论视角，认为“以实验为基础”是化学学科的本质特征。这一观点常被质疑，化学学科的“以实验为基础”，与物理学和生物学的“以实验为基础”有什么不同。2017 年版课标，首次正面回答了这一问题，凝练了化学学科的本质特征，即“认识物质和创造物质”。将这一特征加以展开，即“从微观层次认识物质，以符号形式描述物质，在不同层面创造物质”。“创造物质”是化学学科的独有特征，而“认识物质”的特征，却不仅仅只有化学学科具备。

2017 年版课标对化学学科的价值做了较为全面和深刻的阐释，反映了对化学学科价值的一些新的认识。概括起来，主要有以下特点：

(1) 全面性。新课标从学科价值、教育价值和社会价值 3 个方面，系统阐释了化学学科的价值。例如，化学“是材料科学、生命科学、环境科学、能源科学和信息科学等现代科学技术的重要基础”（学科价值），“是学生终身学习和发展的重要基础”（教育价值），“在促进人类文明可持续发展中发挥日益重要的作用”（社会价值）。

(2) 创新性。新课标站在 21 世纪科学发展的前沿，从打通物质世界和生命世界的高度，凝练了化学学科的独特价值——“是揭示元素到生命奥秘的核心力量”。这一观点进一步深化了对化学学科价值的认识。

(3) 时代性。新课标直面化学课程的当代责任和使命，明确提出化学课程是落实立德树人根本任务、发展素质教育、弘扬科学精神、提升学生核心素养的重要载体，对于科学文化的传承和高素质人才的培养具有不可替代的作用。

3. 理解化学学科核心素养的内涵及结构

所谓素养是指一个人在完成一件工作或解决一个问题时所表现出来的能力。所谓化学学科核心素养是指学生通过化学学科的学习而逐步形成的正确价值观念、必备品格和关键能力。化学学科核心素养是新课标的“魂”。如何理解化学学科核心素养的内涵是解决由于“应试教育”导致的“有知识，无素养”的问题。为了应试，还有相当一部分教师的课堂都是学生通过记忆而不是建构来习得知识。这种方式导致学生头脑中的知识，多是浅表性、散点式的，而不是结构化的。这样的知识只具有考试答题价值，而不具有迁移应用价值，在真实问题解决中难以发挥作用，所以我们的教学要思考如何将知识转化为素养。

对化学学科核心素养5个方面再细化。

（1）“宏观辨识与微观探析”：能从不同层次认识物质的多样性，并对物质进行分析；能从元素、原子、分子水平认识物质的组成、结构、性质和变化，形成“结构决定性质”的观念；能从宏观和微观相结合的视角分析与解决实际问题。

（2）“变化观念与平衡思想”：能认识物质是运动和变化的，知道化学变化需要一定的条件，并遵循一定规律；认识化学变化的本质特征是有新物质生成，并伴有能量转化；认识化学变化有一定限度、速率，是可以调控的；能多角度、动态地分析化学变化；运用化学反应原理解决简单的实际问题。

（3）“证据推理与模型认知”：具有证据意识，能基于证据对物质组成、结构及其变化提出可能的假设；通过分析推理加以证实或证伪；知道可以通过分析、推理等方法认识研究对象的本质特征、构成要素及其相互关系，建立认知模型，并能运用模型解释化学现象，揭示现象的本质和规律。

（4）“科学探究与创新意识”：认识科学探究是进行科学解释和发现、创造和应用的科学实践活动；能发现和提出有探究价值的问题；能从问题和假设出发，依据探究目的，设计探究方案，运用化学实验、调查等方法进行实验探究；勤于实践，善于合作，敢于质疑，勇于创新。

（5）“科学态度与社会责任”：具有安全意识和严谨求实的科学态度，具有探索未知、崇尚真理的意识；深刻认识化学对创造更多物质财富和精神财富、满足人民日益增长的美好生活需要的重大贡献；具有节约资源、保护环境的可持续发展意识，从自身做起，形成简约适度、绿色低碳的生活方式；能对与化学有关的社会热点问题做出正确的价值判断，能参与有关化学问题的社会实践活动。

如何理解化学学科5个方面素养及其相互关系呢？对这5个方面的素养，有人提出质疑，证据推理与模型认知、科学探究与创新意识、科学态度与社会责任，不仅仅只适用于化学学科，同样也适用于物理、生物等其他学科。这个问题的实质，郑长龙教授认为，实际上就是看待特殊性的哲学方法论问题。“宏观辨识与微观探析”，阐述的是“宏微结合”；化学是变化之学，“变化观念与平衡思想”，阐述的是化学变化中的“变”与“不变”问题，化学变化中的“不变”，是相对不变，存在动态平衡。因此，这两个方面的素养反映的是化学学科思维方式和化学学科思想。“证据推理与模型认知”，反映的是化学学科思维方法。化学科学思维方式和方法，属于化学科学认识范畴；“科学探究与创新意识”，属于化学科学实践范畴；“科学态度与社会责任”，重点强调化学科学的绿色应用和社会责任担当，属于化学科学价值范畴或化学科学应用范畴。郑长龙教授将5个方面结构化为：化学科学实践（科学探究与创新意识）—化学科学认识（宏观辨识与微观探析，变化观念与平衡思想，证据推理与模型认知）—化学科学应用（科学态度与社会责任）。5个方面之间的关系符合哲学认识论的一般过程：实践—认识—再实践（应用）。我们必须要理清它们之间的关系，才能更好地在教学实践中应用。

总的来说，学科核心素养是落实立德树人的根本任务（社会主义核心价值观），是学科育人价值的集中体现，体现了化学课程在帮助学生形成未来发展需要的正确价值观念、必备品格、关键能力中所发挥的重要作用。

二、积极主动开展课堂教学实践研究

发展学生化学学科核心素养的关键，是积极开展相关的课堂教学实践，主动探索有效课堂教学模式和策略。

从化学教育发展的历史来看，化学课堂教学的价值取向大体上经历了“知识取向”“能力取向”和“素养取向”3个阶段。

（1）“知识取向”。化学课堂教学的基本理念是“知识为本”，重视“双基”（化学基础知识与化学基本技能）的教与学。

（2）“能力取向”。化学课堂教学的基本理念是“能力为本”，在注重“双基”教学的同时，强调通过科学过程和科学方法发展学生的科学探究能力。

（3）“素养取向”。化学课堂教学的基本理念是“素养为本”，强调运用所学的“双基”以及科学过程和科学方法解决真实问题。

核心素养导向的教学应发生怎样的变化？余文森教授在《今日教育》2016年第3期撰文倡导教师要进行有高阶思维的深度教学，实现知识教学的丰富价值，使学生知识学习与思维能力实现同步发展。教师需要做出系统的改变，不能仅仅关注课标中课程内容的变化，需要教师不断学习实践，不断改进优化课堂教学。教师要不断优化专业发展，如丰富核心素养教学PCK。崔允漷教授提出，教学要能促进深度学习的发生（对立面：虚假学习、浅层学习），教学设计要看到整体，即从课时到单元的整体设计，对内容重组或教学化处理即知识结构化、条件化、情境化；强调学习方式与目标的匹配，即学什么、怎么学、学会什么；学科的学习方式，特有的学习活动；教—学—评一体化，即学科核心素养目标导向的教学设计。

素养导向的教学倡导真实问题情境的创设，开展以化学实验为主的多种探究活动，重视教学内容的结构化设计，激发学生学习化学的兴趣，促进学生学习方式的转变。

梳理并理解相关理论概念后，摆在我们面前的问题是：基于核心素养导向的化学课堂教学有哪些方式？目前郑长龙教授提出的板块化设计、王磊教授的基于项目式和基于主题式的教学设计，都给我们提供了很好的范本，我们主动完成理论的输入内化，然后在我们的教学实践中输出，形成了基于学科核心素养 PCK 的化学课堂教学设计，使新课标得以在教学的主阵地中落地。

核心素养导向下三维教学模式在高中化学课堂中的应用案例

一、“‘问题—探究—评价’三维教学模式”确定的背景

长期以来，高中化学教学普遍采用“传授式”课堂教学模式，以教为中心，过于强调接受学习特别是机械性接受学习，一味要求死记硬背、机械训练，教学方式、学习方式单一化，这严重阻碍了学生创造性的发展，导致学生实践能力匮乏。为了适应时代的要求，在以素质教育为核心的基础教育课程的改革中，我们应当努力实现以培养学生学会认知，学会做事，学会生活，学会生存为最终目标。在课堂教学中要倡导学生主动参与、乐于探索、勤于动手的习惯，培养学生收集和处理信息的能力、获取新知识的能力、分析和解决实际问题的能力以及交流与合作的能力，关注学生的学习兴趣和经验，引导学生不断创新，不断实践。为了去除旧的教学模式带来的弊端，以达到新时期对未来人才的需求，必须构建符合素质教育要求的新的化学教学新模式。基于以上共同的认识，我校化学科组教师根据我校学生的实际，对传统课堂教学模式进行改革，确定了以“‘问题—探究—评价’三维教学模式”为我科组的主要教学模式。

二、“‘问题—探究—评价’三维教学模式”的操作流程

“‘问题—探究—评价’三维教学模式”是以科学探究为主的教学模式，是在教师的引导下，以学生的独立自主学习和合作讨论为前提，以现行教材为基本探究内容，为学生提供充分自由表达、质疑、探究、讨论问题的机会，而学生可以通过个人、小组、集体等多种解难释疑方式尝试活动，将自己所学知识应用于解决实际问题的一种教学形式。

该教学模式的具体操作流程如图 3－1 所示：

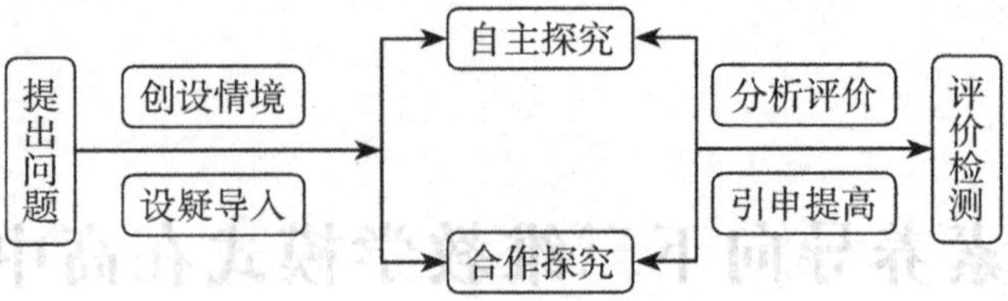

图 3－1　三维教学模式具体操作流程

三、“‘问题—探究—评价’三维教学模式”的具体案例

科学探究活动以发展学生的智力为本，注重培养学生的自学能力，力图通过自主探究来引导学生学会学习和掌握科学方法。学完有机化学选修内容后，为了巩固和落实有机化学的基础知识，同时为了培养学生科学探究的意识和能力，按照探究性学习的原则，我设计了《有机化学专题——由性质推导有机物的结构》教学。在教学设计上我做了大胆的突破，变“由结构认识性质”为“由性质探究结构”，变传授式教学为探究性教学，突出以知识为载体，培养学生的科学探究能力，让学生全程体验科学探究过程，提高科学素养。

【教学目标】

(1) 知识与技能：使学生掌握醛基、醇羟基等官能团的结构，学会分析有机物结构的基本方法。

(2) 过程与方法：通过对实验室中一种未知有机物结构的定性和定量分析，培养学生科学探究的意识，让学生了解科学探究的一般过程和方法，进一步了解观察、归纳、推理等方法在研究有机物结构方面的应用。

(3) 情感、态度与价值观：通过学生的实验探究，培养学生严谨求实的优良品质和不怕困难、勇于探索的精神。

【教学重点】

有机物结构的探究和分析问题、解决问题能力的培养。

【教学难点】

未知有机物分子结构中羟基数目的测定。

【学习方法】

推理、探究、实验相结合。

【教学用具】

实物投影仪、计算机、化学实验用品（包括葡萄糖固体和葡萄糖溶液、2%的硝酸银溶液、2%的氨水、10%的氢氧化钠溶液、2%的硫酸铜溶液、溴水、酒精、酸性高锰酸钾溶液、金属钠、石蕊试液、酒精灯、试管夹、试管、玻璃片、小刀等)。

【教学过程】

（一）创设情境，提出问题

引入：根据有机物的结构简式，如图 3－2 所示，你能说出它具有哪些含氧官能团吗？它还具有哪些化学性质？

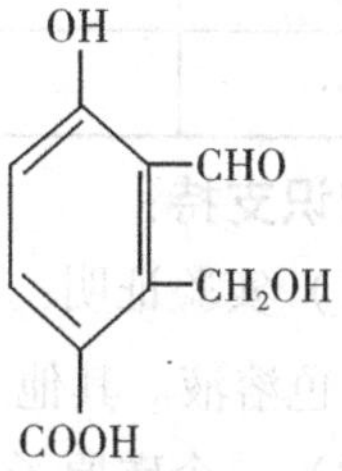

图 3－2　有机物的结构简式

学生：酚羟基、醛基、醇羟基、羧基。

教师：利用有机物的化学性质能否推导出该有机物的结构？

课堂探究一：

教师：在我校化学实验室的有机试剂橱柜里有一瓶标签残缺的白色固体（图 3－3），经过教师分析发现该有机化合物与过量的镁粉充分共热后，产生 H_2（标况）1.344L，C 0.72g，MgO 2.4g。又知该有机物的相对分子质量为 180，求此有机物的分子式。(限时 3 分钟)

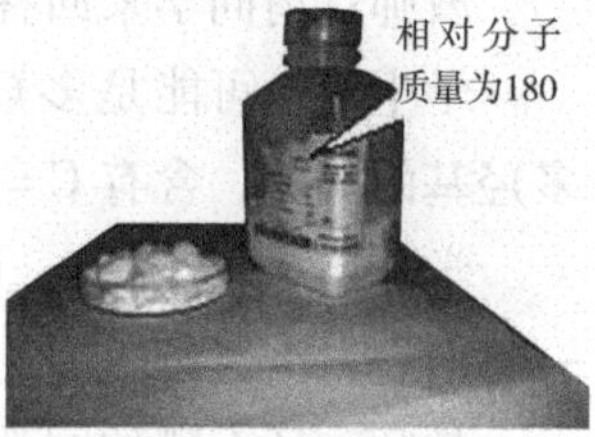

图 3－3　标签残缺的白色固体

学生甲：在黑板上写出计算过程并得出该有机物分子式为 $C_6H_{12}O_6$。

教师：根据该分子式，我们如何确定其结构？

（二）合作探究，发现新知

课堂探究二：

教师：已知某有机物的分子式为 $C_6H_{12}O_6$，我们该如何推导其结构？

学生乙：关键是设计实验，探究该有机物中的官能团。(其他同学向学生乙投去羡慕的目光，接着全班爆发出雷鸣般的掌声)

教师：刚才这位同学一语中的，现在请同学们设计实验证明该有机物中的官能团。请大家先独立思考，然后小组讨论，并将讨论的结果填写在下表中。(限时 15 分钟)

实验设计（猜想：$C_6H_{12}O_6$ 有何种官能团）。

实验步骤	假设官能团	实验及现象	结论
1			
2			
…			

知识支持：

(1) 实验证明：甘油（丙三醇）滴入新制的 Cu（OH）$_2$ 碱性悬浊液中，生成绛蓝色溶液。其他多元醇也有同样的现象。

(2) 一个碳原子上只能有一个羟基，否则该化合物就不稳定。

（学生热烈讨论，有些学生争论得面红耳赤，场面异常激烈，不知不觉已过 15 分钟。）

教师：请同学来回答自己推测出的结果。

学生丙：可能是多羟基的醛、多羟基的酮、多羟基的羧酸、多羟基的酯、多羟基的环醇、含有 C = C 的醇醚等。

学生丁：$C_6H_{12}O_6$ 可能有：—COOH、—CHO、—OH、C = C、—CO—、—COO—、R—O—R′、环。

教师：还有哪位同学要补充？

学生甲：由于该有机物分子的不饱和度为 1，因此，该分子只含一个双键，也就是说该分子只含有一个—COOH 或一个—CHO 或一个 C = C 或一个—CO—或一个—COO—或一个环，其他原子都是饱和的。

教师：刚才同学们从理论上推测了该有机物可能具有的官能团，那么该有机物究竟含有哪些官能团呢？请同学们用我们所提供的实验药品和以下信息进行实验探究。（限时 15 分钟）

（全班学生分为五个小组，分别探究有无—COOH、—CHO、—OH、—COO—、—CO—。教室里一片忙碌，有的学生在交流，有的在思考，有的在做实验，有的在纸上忙碌地记着什么，时间飞逝，转眼已过 15 分钟。）

教师：请同学们来汇报一下实验结果。

学生戊：我用药匙取了少量该有机物置于试管中，滴加足量蒸馏水溶解，然后在该有机溶液中，滴加紫色石蕊试液，溶液不变红。说明该有机物分子中无羧基（—COOH）。

学生甲：我也用药匙取了少量该有机物置于试管中，滴加足量蒸馏水溶解，然后向新制的 Cu（OH）$_2$ 悬浊液中滴加该有机物溶液 3 ~ 4 滴，生成绛蓝色溶液，加热后生成砖红色沉淀，结合老师提供的信息说明该有机物分子中有羟基

（—OH）和醛基（—CHO）。

学生乙：我也用药匙取了少量该有机物置于试管中，滴加足量蒸馏水溶解，然后向新制的银氨溶液中滴加该有机物溶液 3～4 滴，水浴加热后有银镜生成，说明该有机物分子中有醛基（—CHO）。

教师：该有机物有几个醛基和几个羟基？（转入定量研究）

学生甲：有一个醛基，因为根据分子式，葡萄糖分子中只有一个不饱和度。有几个羟基不能确定。

（学生又一次发出雷鸣般的掌声。）

教师：同学们能否设计实验来测定葡萄糖分子中羟基的个数？

（学生又一次热烈讨论，不知不觉已过 5 分钟。）

教师：请同学们来汇报一下讨论的结果。

学生甲：用葡萄糖和金属钠反应，通过测金属钠的量和葡萄糖的量来计算羟基的个数。

学生乙反驳：这个实验无法实现，因为选择什么溶剂溶解葡萄糖是一个难点，不好解决。

学生丙：通过酯化反应，测定酯的量和葡萄糖的量来确定羟基个数。

学生乙反驳：酯化反应有可逆性，葡萄糖不能完全反应，不能用于准确的定量测定。

（学生陷入了沉思……）

（三）分析评价，引申提高

教师：大家刚才提出的方案都很好，但是正如乙同学所说，这些实验方案在实际操作中会遇到不少困难，这些困难是因大家目前所学知识有限造成的。有没有准确测量有机物分子中羟基数目的方法呢？答案是肯定的，如以含有羟基的有机物与醋酸酐进行快速完全反应就可以确定羟基的个数，教师在课前经过实验测定，每摩尔该有机物含有 5 摩尔羟基。

学生探究过程汇总见下表：

实验步骤	假设官能团	实验及现象	结论
1	有无—COOH	在该有机溶液中，滴加紫色石蕊试液，溶液不变红	无—COOH
2	有无—CHO	在新制的 $Cu(OH)_2$ 悬浊液中滴加未知溶液，生成绛蓝色溶液，加热后生成砖红色沉淀	有—CHO 和多个—OH。无其他双键和环结构

续 表

实验步骤	假设官能团	实验及现象	结论
3	有几个—OH	信息 1：1mol 该有机物可与 5mol 乙酸发生酯化反应（教师提供）	有 5 个—OH
4	碳原子怎么排列	信息 2：1mol 该有机物和 1molH₂ 加成，还原成直链正己六醇（教师提供）	6 个碳连成一条链

教师：到此为止，我们知道该有机物的分子式为 $C_6H_{12}O_6$，同时知道每个该有机物分子中有一个醛基和 5 个羟基，那么，我们现在能否写出该有机物分子的结构简式？请大家独立思考，思考成熟后请回答。

（教室里鸦雀无声，学生都陷入了深思……片刻后，学生开始讨论，有的学生说能，有的说不能，此时教师一边巡视，一边提醒学生自己先写一下，学生不久就发现碳原子是怎么排列的。大家纷纷上讲台展示自己的结构式。）

学生丁： 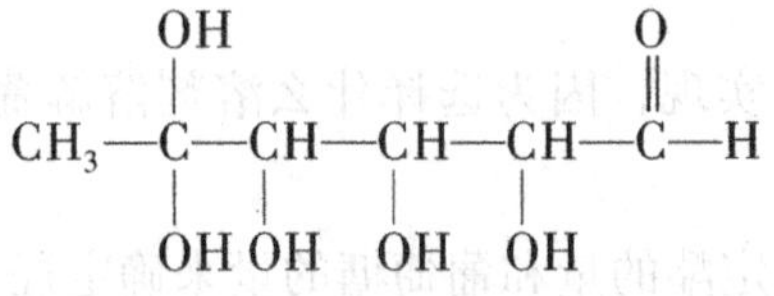
$$CH_3-\underset{\underset{OH}{|}}{\overset{\overset{OH}{|}}{C}}-\underset{\underset{OH}{|}}{CH}-\underset{\underset{OH}{|}}{CH}-\underset{\underset{OH}{|}}{CH}-\overset{\overset{O}{||}}{C}-H$$

学生戊： 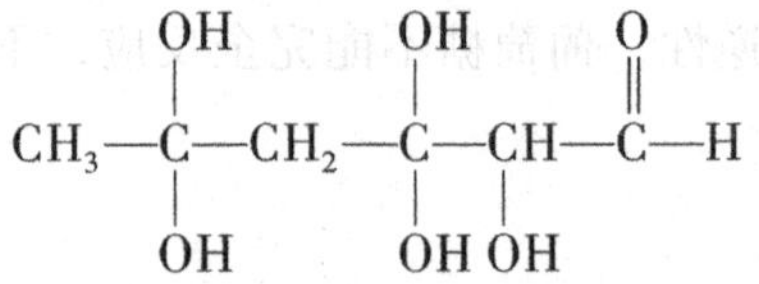
$$CH_3-\underset{\underset{OH}{|}}{\overset{\overset{OH}{|}}{C}}-CH_2-\underset{\underset{OH}{|}}{\overset{\overset{OH}{|}}{C}}-\underset{\underset{OH}{|}}{CH}-\overset{\overset{O}{||}}{C}-H$$

学生甲：他们俩写的结构式是不能稳定存在的，以前老师讲过，两个羟基连接在同一个碳原子上的分子不稳定！

教师：甲同学提醒得非常好！实验证明，该分子能和 H_2 发生加成反应生成直链的正己六醇。

教师：请同学们根据刚才的分析，写出该有机物的结构简式。

投影：展示学生写出的该有机物的结构简式。

学生乙：该有机物的结构简式为
$$\underset{\underset{OH}{|}}{CH_2}-\underset{\underset{OH}{|}}{CH}-\underset{\underset{OH}{|}}{CH}-\underset{\underset{OH}{|}}{CH}-\underset{\underset{OH}{|}}{CH}-\overset{\overset{O}{||}}{C}-H$$，原来

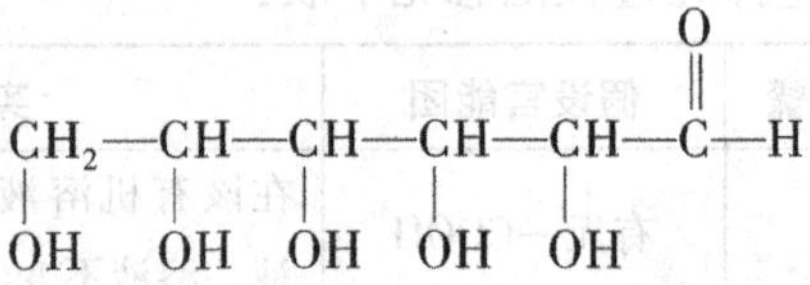

是葡萄糖！

【课堂探究结果】

教师：请同学们总结探究有机物结构的关键步骤。

（学生七嘴八舌讨论后，小组代表发言）

学生甲：根据性质推导有机物结构的步骤为：

设计实验，探究分子式 $C_6H_{12}O_6$→根据分子式，推测官能团→实验探究，确定官能团→综合分析，确定结构 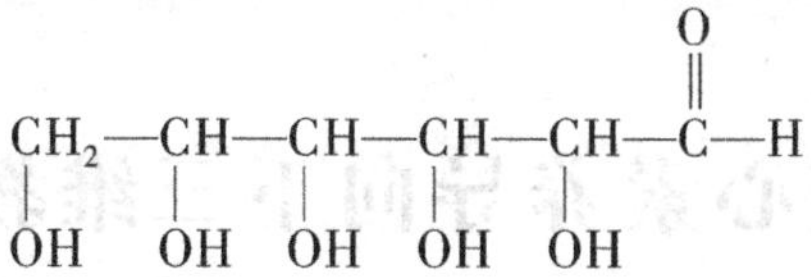 。

教师：谢谢甲同学的总结！在本节课中，同学们在老师的引导下，通过理论探究和实验探究终于得出了该有机物的分子结构，我们每个人也像科学家一样经历了一次科学探究之旅，虽然大家知识有限，我们的探究过程并不是很完美，但通过此次探究活动，同学们对科学探究的基本过程有了一定的了解，熟悉了科学探究的一般步骤和方法。这节课，同学们积极思维，热烈讨论，各抒己见，勇敢发表自己的观点，你们严谨求实的优良品质和不怕困难勇于探索的精神给老师留下了深刻的印象！希望同学们在以后的学习和生活中能时时用科学“探究”的方法去发现我们周围世界更多的奥妙！最后请同学们把最热烈的掌声送给这节课表现最棒的同学，好吗？

（同学们把目光都投向了学生甲，教室里又一次响起雷鸣般的掌声。下课铃声响了，一节充满激情的有机化学探究课落下了帷幕。）

核心素养导向下三维教学模式如何创设“问题情境”

“问题—探究—评价”三维教学模式是以科学探究为主的教学模式，即在教师的引导下，以学生独立自主学习和合作讨论为前提，以现行教材为基本探究内容，为学生提供充分的自由表达、质疑、探究、讨论问题的机会，让学生通过个人、小组、集体等多种活动方式尝试解难释疑，将自己所学知识应用于解决实际问题的一种教学形式。问题情境就是在化学课堂教学中，教师通过精心设计问题，立“疑”设“障”，从而创设激发学生进行积极思维的学习情境。新课程理念提倡探究性学习，即问题解决式的学习。探究式学习能培养学生发现问题、分析问题和解决问题的能力，从而使学生养成科学的探究能力。因此，这就需要教师在教学中将教学内容进行精心设计，巧妙地转化为问题情境。

一、创设问题情境的原则

新课程理念积极倡导学生主动参与、乐于探究、勤于动手，强调教师是学生发展的促进者、课程的开发和建设者、学生学习的引导者。化学课堂上创设问题情境是为了发挥教师引导者的功能，让学生在问题情境中想学、能学、会学，引导学生深刻理解所学的知识，了解问题的前因后果，进一步认识化学世界的本质，灵活运用所学的化学知识解决实际问题，提高应用能力。在设计、创设教学情境时，应注意以下三个要素。

1. 科学性原则

问题情境的科学性是指创设的问题要以化学原理为指导，以事实为依据，不能是虚构的。问题情境越真实，学生建构的知识就越可靠，越容易在真实的情境中加以运用，从而使教师达到预期的教学目的。教师需要对原始真实的化学素材进行分析、提取，舍弃无关的因素，重组成适合本堂课的问题情境。

2. 时效性原则

情境设计的时效性是指问题情境的设计不仅要针对学生发展的现有水平，

还要针对学生的最近发展现状，以进一步激发学生学习的动机，使学生产生强烈的学习欲望。

3. 合理性原则

学习过程不只是被动地接受信息，而且是理解信息、加工信息、主动建构知识的过程。问题情境的设计要考虑学生能不能接受，要设计好合适的“路径”和“台阶”，便于学生将学过的知识和技能迁移到情境中来解决问题。教师提供的问题情境，一定要合理、易接受，要精心地选择和设计，由近及远、由浅入深。只有在这样的情境中学习，学生才能学会知识与技能的迁移。

二、创设问题情境的方法

1. 关注生活、关注热点，联系实际创设问题情境

化学与我们的生活息息相关，我们的生活离不开化学。化学推动了科技的发展和社会的进步，但某些化学物质也会对社会造成一些负面影响，如由化学引起的环境问题。创设与生活、与自身密切相关的问题情境可以让学生感到学习化学知识的重要性，感到学有所用、学有所得；可以激发学生学习化学的兴趣，用辩证的观点来看待周围的人和事物。

【案例1】在讲述来自石油和煤的两种基本化工原料“乙烯”时，为引入“乙烯”这个概念，教师拿出事先准备的塑料袋，开场白是：这就是给我们带来无穷方便而又带来无穷烦恼的塑料口袋。为了能更好地利用它，今天我们来研究制造它的原料——乙烯。这样，一下子就把学生引入了新的情境中，学生的兴趣一下子就被吸引到“乙烯”的问题上了。

2. 用实验来创设问题情境

有无化学实验是化学课学得好坏的关键，没有化学实验的化学学生是不可能学好的，化学课没有化学实验是最大的遗憾。化学实验不仅可以直观、明了地说明问题，还可以最大限度地激发学生的好奇心和求知欲。把化学实验做成验证实验的过程，学生接触得较多，但如何把化学实验变成探究实验呢？这是新课程理念下对化学实验的一种倡导。

【案例2】在《化学·必修1》有关“离子反应和离子方程式”的教学中，在引导学生复习电解质的有关概念后，教师可以先演示（也可以指导学生做）：在 H_2SO_4 溶液中插入电极并通电——灯泡亮，然后慢慢滴加 $Ba(OH)_2$ 溶液——让学生观察实验中出现的现象。对于引出离子反应、离子反应的本质、离子反应的特征、离子反应方程式的书写等起着事半功倍的效果。同时可启发学生进行积极思维、积极探究。

3. 用一个故事、一个典故创设问题情境

有经验的教师会在新课前，利用一点小的手段很自然地引导学生进入教师设计的教学程序，比起一上课就直截了当地直奔主题要好得多。

【案例3】在《化学·必修1》的《物质的量》的教学中，学生对为什么要学习“物质的量”总感到不可理解，教师也普遍感到对进入教材难以下手。若这时从一幅画入手就会让人感到轻松许多。我在教学时先投影一幅《曹冲称象》的画，再让学生思考其中引出的思想含义。从曹冲利用“化大为小”的思想过渡到要研究的“化小为大”的问题情境：一个原子太小，质量太轻，无法称量，若我们取“一堆”（如碳原子）就可以称量了，从而引出一堆（摩尔）—物质的量—阿伏伽德罗常数。我觉得这样会更自然、流畅，学生也不会感到突兀。

4. 由新旧知识的碰撞而创设问题情境

高中化学新课程是由必修和选修两个部分构成的，大部分内容都呈现出螺旋上升的两个阶段或多个阶段，各个教学阶段也都有明显而具体的内容标准，因此，教师在进行教学设计时，应对相关内容在不同的模块中的分布采取不同的要求。例如，在《化学·必修2》对元素的原子核外电子排布规律的叙述中，教师只是强调了一些规律，只要学生记住就行了，而对于它的内在或更深层次的问题就不要再去展开了（有兴趣的学生可在课外去查阅相关资料）。

【案例4】在学习《化学·必修2》的“原子结构模型”中，我就利用新旧知识的碰撞来创设“问题情境”。例如，我们在《化学·必修2》中学过元素的原子核外电子排布规律。原子的最外层不超过8个电子、次外层不超过18个电子、再次外层不超过32个电子，为什么是这样呢？这个问题引发学生认识心理的矛盾与冲突，自然而然地要再深入地进行探究。这样形成的学习氛围可以促使学生产生学习完整科学理论、概念的欲望。

5. 利用科学发展的小插曲、小故事来创设问题情境

在人类社会的发展中、在某个科学理论的建立或发明的过程中，都有不少很动人的插曲和故事。从中学生可以学习到前人认真的科学态度与品质，也可以体会到一个科学知识与理论产生的艰辛。它能有效激发学生积极向上的学习热情，这些事例太多，教师要不失时机地进行把握。

【案例5】在教学“苯的结构”时教师可以讲述《跟随凯库勒一起探索——梦中发现之谜》的故事。“你很可能已经听过德国化学家凯库勒在梦中发现苯环结构的故事。这个故事的背景是这样的：苯分子（C_6H_6）只有6个氢原子，说明它的碳原子处于极不饱和的状态，化学性质应该很活泼。但是苯的化学性质却非常稳定，说明它和不饱和有机物的结构不一样。苯究竟有怎样特殊的分子结构呢？这个问题把当时的化学家难住了。凯库勒也对此百思不得其解。一天晚上，凯库勒坐马车回家，在车上昏昏欲睡。在半梦半醒之间，他看到碳链似乎活了起来，变成一条蛇，在他眼前不断翻腾。突然，它咬住了自己的尾巴，形成一个环……凯库勒猛然惊醒，受到梦的启发，明白了苯分子原来是一个六角形环状结构。凯库勒是在1865年发表有关苯环结构的论文的。一百多年来，众多心理学家在提出有关梦或创造性的理论时，都喜欢以此为例。据说它是研究创造性心理学文献中被推举得最多的一个例子。再如，醋的发明、氧气的发现、玻璃的发明等。”

6. 利用科学知识、科技成果创设问题情境

我们要让学生学习科学知识，反对伪科学，把学得的科学知识应用于社会、生活中。当今社会又是科技发展迅速、知识快速更新的时代，我们要引导学生关注高新科技成果，同时，教师要能以科技领域中的某些成果的背景与关联创设问题情境。

【案例6】将烧红的铜丝插入乙醇溶液中，既引出了乙醇的一条重要性质，又反对了伪科学——以黄铜假冒黄金。

【案例7】将乙酸及乙酸的两项重要性质（酸性与酯化）同生活中的两个小知识作为问题情境引入——暖瓶中的水垢为什么用醋可以洗净？为什么在烧制菜时加醋和料酒可以使菜肴味道更鲜美？

7. 通过多媒体课件、影像资料等创设问题情境

（略）

8. 通过实物、图表、模型等创设问题情境

（略）

9. 通过合作探究、小组活动创设问题情境

（略）

10. 通过报纸、广播、电视、互联网等各种媒体创设问题情境

例如，学习钠的性质时可运用2015年“8·12”天津滨海新区爆炸事故，及2001年7月7日至9日珠江“水雷”爆炸事故引入新课。

总之，在创设问题情境时一定要使问题对学生的学习有启发作用，使问题联系课堂实际，使问题有一定的深度（适合学生的学习能力）和梯度，同时，还要对即将展开的新课探究有直接的辐射作用。创设的问题情境要能够激发学生学习的兴趣，引起学生的认知冲突，要让学生产生问题意识，增强学习的针对性和有效性。

核心素养导向下三维教学模式如何让学生主动参与化学探究活动

在我校化学课程改革中，我们从教育学和心理学的角度对课堂教学的模式进行了一定的思考和研究，在学习和借鉴他人研究成果的基础上，提出了三维课堂教学模式。它主要包括提出问题、探究问题、评价三个环节。它是在教师的指导和启发诱导下，以学生独立自主学习和合作讨论为前提，以现行的化学教材为基本探究内容，以学生周围的世界和生活实际为参照对象，为学生提供充分的自由表达、质疑、探究、讨论问题的机会，让学生通过个人、小组、集体等多种活动方式尝试解难释疑，将自己所学知识应用于解决实际问题的一种科学的教与学的组织形式。它能最大限度地发挥学生的主体作用，使学生积极参与，乐学、会学，从而培养和提高学生的倾听能力、合作能力、探究能力、实践能力和创新能力。那么，在这种三维课堂教学模式下，如何激发学生探究的兴趣，让学生主动参与进来呢？

一、培养学生的主动参与意识

1. 创设问题的情境，让学生愿意参与

所谓创设问题的情境，就是教师在教学内容和学生求知心理之间创设一种“协调”，把学生引入所提问题的有关情境中，触发学生产生弄清未知事物的迫切愿望。让学生对新知识产生浓厚的兴趣，启动学生思维的闸门，并让学生养成对知识进行探究的习惯。

要创设问题的情境，就要求教师在教学中巧问善诱，不但教师要问，还要求教师指导学生多问善问，以激发学生的求知欲、探究欲。例如，在讲氯化氢的物理性质时，我先做了氯化氢的喷泉实验。然后问学生，压缩滴管的胶头，挤出几滴水，有什么现象发生？喷入烧瓶里的石蕊试液的颜色是否有变化，为什么？这样，学生的求知欲一下子就被激发出来了。因为学生观察到了这种有趣的实验现象后，就急于想知道为什么，对于给出的问题也就会积极地思考，

自己也会多提几个为什么。

2. 联系生活实际，让学生爱参与

化学本身就是与日常生活联系密切的学科，若在探究学习过程中，能经常联系生活实际，必将大大增强学生的参与意识。例如，在做化学实验课前准备时，有的学生就发现盛有氢氧化钙的试剂瓶周围有一层白色的物质。此时，我就及时提出“这种物质是什么”的问题，让学生讨论。有的学生说是氢氧化钙，是因为长时间放置，水分蒸发了析出来的；有的学生说是碳酸钙，是因为放置的时间长了，氢氧化钙与空气中的二氧化碳结合，所以才生成了碳酸钙这种白色沉淀。然后我再引导学生亲自动手实验，探究这种物质到底是什么。这样学生动手的兴趣就会高涨，从而也能明白化学就在我们身边的道理。

3. 创设参与的氛围，提供参与的途径

要想让那些习惯于接受式学习的学生向主动参与学习方式转变，这就要求教师在课堂上善于营造气氛，提供参与的途径。“如果你有一个思想，我有一个思想，彼此交换后，我们每个人就有两个思想，甚至多于两个思想。”课堂集体讨论或辩论，是启发学生积极思维，开发学生智力，培养学生创造能力的好方法。这样可以把不善于主动探究的学生分组，把辩论赛搬到课堂中来，并根据回答问题的具体情况进行量化。经过一段时间后，将学习测验与个人量化评比结果进行对照，会发现学生不主动探究学习与学习成绩差是成正比关系的，从而让学生明白主动参与探究的重要性。

4. 了解学生的个性差异，让学生能参与

任何一个班级都会有学习成绩较差的学生，这些学生并不是智商低、不可教，只是我们作为一名教师，还没有发现他们的强项、他们的优势。例如，在我曾教过的一个班中，有几名学生，他们属于头脑灵活但基础较差的学生。问他们为何不想学，他们说“不是不想学，而是不知道该怎么学”。在第二天的课堂上有道讨论题，如何配制 100 克 10% 的食盐水？我就先问这几个学习差的学生：“你们在家配过食盐水吗？”他们都说配过，就是把盐放在水里，然后再搅搅，就这么简单。我再问：“如果让你们再配 100 克食盐水，并规定咸度，你们怎么办？”这一下他们几个就犹豫了，这时我慢慢地引导他们……他们终于明白了。最后我又把整道题的解题过程系统地讲了一遍，并告诉他们其中未知的知识：食盐通常用托盘天平称量，水通常用量筒量取，然后放在烧杯中配制，在家中搅拌用筷子，在实验室里通常用玻璃棒。从那以后的每一堂课，我总会设置一些问题让他们解答，引导他们参与课堂教学。这样他们就会对所学的知识印象深刻，长此以往，学生学习化学的兴趣就会很浓。

二、培养学生的探究精神

探究精神是指敏锐地把握机会，敢于挑战、敢于付诸行动的精神状态。培养探究人才最重要的是如何创设一种有利于激发人的探究动机和发挥人的探究潜能的学习情境。那么，如何创设这样一种学习情境呢？

(1) 允许学生打断教师的讲话，或对教师的观点提出评价，随时讲出自己的探究体会或好的解题思路。这样让每一位学生都感觉到自己的重要性与成就感。

(2) 容忍那些与众不同、行为古怪、有独创性的学生。

(3) 鼓励学生指出教师的不足，修正教师的错误，超越教师，做到“青出于蓝而胜于蓝”。

(4) 有计划地提出问题，有意识地设计错误，让学生主动发现、探究，创设师生交互、生生交互的氛围。

总之，探究欲望的激发、探究精神的培养，可以让学生主动参与探究知识的过程，让学生形成科学的思维习惯和探究能力，去主动发现问题、解决问题，不但要在“学中做”，更要在“做中学”，使学生的学习方式由原来的“要我学”变为“我要学”。

三、更新教学理念，改变教学模式

要让学生主动参与化学探究活动，最重要的是教师要更新理念、改变教学模式，大胆改革教师的教学方式和学生的学习方式，变教师讲解式为探究式，变学生接受式为探究式，让学生自主学习、合作交流，这样，学生在学习知识和发现任务的同时，还可以习得让自己终身受用的科学方法。

例如，在“葡萄糖”一课教学中，传统的教法是由结构认识性质。根据教材给出的葡萄糖的结构式推测葡萄糖的化学性质，通过实验验证葡萄糖的性质。我将此教学方式变为“由性质探究结构”，变传授式教学为探究性教学，突出以知识为载体培养学生科学探究的能力，让学生全程体验科学探究过程，以提升学生的科学素养。我引导学生从葡萄糖的分子式（$C_6H_{12}O_6$）出发，让学生预测可能的官能团进行发散（—COOH、—CHO、—OH、—C ═ C—、—CO—、—COO—、R—O—R′、环），—由 $C_6H_{12}O_6$ 的不饱和度为 1 确定只含一个双键或1 个环进行收敛（范围缩小，该分子只含有一个—COOH，或一个—CHO，或一个—C ═C—，或一个—CO—，或一个—COO—，或一个环）—通过实验验证假设是否成立→否定了羧基的存在，证明有醛基和羟基的存在

（再收敛）—适时提出问题（有几个醛基和几个羟基?）—将定性分析转向定量分析—要求学生设计实验方案、评价实验方案、优选实验方案—最后通过探究确定了 $C_6H_{12}O_6$ 的链状结构。整个教学过程体现了科学探究的一般过程，即“提出问题—猜想假设—科学探究—得出结论—表达交流”，全体学生积极参与课堂学习，学生是课堂的主人，是学习的主人。

如果在教学过程中每位化学教师都能够精心设计教学模式，创设能激发学生学习兴趣和实践热情的教学情境，精心设计趣味化的化学实验，以现行的化学教材为基本探究内容，以学生周围的世界和生活实际为参照对象，重视指导学生用实验探索的方式去学习，调动他们主动学习的积极性，就一定会形成生动有趣、主动探究的学习气氛。

优化教学方法，提高教学效率

高中化学相比其他高中课程而言具有一定的难度，因此，需要教师和学生共同努力，学生才能将之全面掌握。教师在化学教学中，有很多的教学内容，尽管花费了大量精力反复进行讲授，将重难点逐一突破，还配合各种习题巩固加强，但部分学生最后还是难以掌握。造成这种现象的原因，归根结底是由于教学的有效性不高。以下结合化学学科自身的特点，以及教学经验，对如何提高高中化学课堂教学的有效性做出阐释。

一、合理安排教学内容，灵活运用教学方法

课堂教学要求教师要灵活应用教材，根据学生的年龄特点和接受能力，科学合理地安排教学内容，灵活运用教学方法。科学合理地安排教学内容，并不是要对教材做大调整。如前后相隔几节课对调是不科学的，这样会引起学生学习上的混乱，增加学生的心理负担，也会给学生复习带来不便。当然，一节课需要几课时完成，每课时内容如何分配，先讲什么，后讲什么，每节课讲多少内容，讲到什么程度，可根据学生情况而定，不可强求一致。例如，我们在讲授高中化学一、二单元的同时，可让学生每天适当记忆一些元素符号，以为后面化学式、化学方程式的学习打下一定的基础。

二、加强实验教学，提高学生的化学能力

化学本身就是一门以实验为基础的学科，加强实验教学是提高学生能力的重要环节。这就要求教师要认真做好教材上每一个演示实验，课前要认真准备，确保演示实验的成功。实验时要做到操作规范，并注意引导学生从形象思维上升到抽象思维。对教材后面的实验应要求学生做好预习，仔细观察实验现象，联系所学的知识进行分析、判断并认真做好记录，填好实验报告，养成良好的实验习惯。而其他几个选做实验和家庭小实验，教师应在课外指导或鼓励学生

做，培养他们综合运用知识和善于自学、勇于创新的意识。

三、精心设计课堂练习，夯实基础

课堂练习是学生掌握知识、巩固知识、形成基本技能、发展思维的重要手段，也是教师了解、检查学生对知识掌握情况的主要途径之一。因此，为了达到教学目的，教师必须提高课堂练习的质量和效果。

课堂练习应有针对性、实效性和趣味性，更应有层次性，对于不同层次的学生要有不同的练习要求。练习时要注意体现一定的梯度，遵循由易到难、由简单到复杂的原则，可设计基础练习、巩固练习及拓展练习，让不同的学生都能有所发展。另外，为了巩固学生的知识、检测学生对知识的掌握情况，教师还可以适当地对学生进行一些专项训练，如对学生提出疑问或一些有趣的问题，让学生课后通过实验、查资料、讨论等方法找到答案，并在恰当的时候检查学生的探究情况，提出自己的意见，进而培养学生探究性的学习方式，提高他们自主学习的能力。

四、理论联系实际，引导学生学以致用

化学是一门源于实践又要回归到实践中的学科。在化学教学中，教师要加强理论联系实际，有意识地在课堂上联系所学内容，介绍有关的化学知识及日常生活中所用到的化学知识，让学生用化学视角去观察问题和分析问题，使他们感受到生活之中处处有化学。例如，讲到“铁的锈蚀的条件”时，教师可以让学生想象家中的铁锅用过之后，如果里面有水没倒干净，很容易在铁锅与水面的交界处生成铁锈，以此让学生理解金属锈蚀的条件。在讲到一氧化碳的物理性质时，教师可以联系身边一氧化碳中毒的案例进行讲解，这样学生会感觉到课堂所学的知识就存在于现实生活中，而且非常有用，从而提高了学生的求知欲，使他们学会学以致用。

五、学会赏识学生，打造轻松的课堂氛围

在传统教学方式下，很多时候都是教师在唱独角戏，学生保持沉默，气氛极其沉闷。学生大都缺乏自信，不敢积极表现自我，生怕说错、说得不够好，甚至怕被别的同学嘲笑。针对这些情况，教师需要学会懂得赏识自己的学生。在学生心目中，教师是神圣的，教师一个甜美的微笑、一个赏识的眼神、一句鼓励的话语、一个稍有意味的手势，都可能对他们产生莫大的鼓舞作用，让他们找回信心。所以教师应该多对学生进行鼓励、表扬、欣赏和肯定。教育家周

弘曾经说过："哪怕天下所有的人都看不起你的孩子（学生），我们做老师的也要眼含热泪地欣赏他、拥抱他、赞美他，为自己创造的生命和祖国的未来而自豪。"教师还要善于用放大镜发现学生的闪光点，进行表扬和鼓励，使他们经常享受到成功的欢乐，打心眼里相信"我能行"。

总之，提高化学课堂教学的有效性是教师的永恒追求。在今后的教学工作中，我们应在新课程理念指导下，以学生发展为本，与时俱进，运用多种教学方法，调动学生的积极性和主动性，从而全面提高高中化学教学的有效性，促使学生培养良好的化学素养。

讲授法——促进学生智力发展

讲授法是课堂教学中常用的一种教学方法，是教师运用简明生动而富有逻辑性的口头语言，向学生传授知识，促进学生智力发展的一种行之有效的教学方法。它能在较短时间内简捷地传授大量知识，方便而又及时地向学生提出问题，指出解决问题的途径，特别是对化学教材中抽象的内容，必须通过教师启发性讲授以促使学生积极地思维。高中化学教学中一切其他的方法，都必须和讲授相结合。因此，讲授法是化学教学中最基本的教学方法。

一节好的教学设计是需要课堂上用教师的语言表达而呈现的。无论是教学的导入、教学情境的创设、课堂的提问方面，还是对学生学习方法的指导、学生合作学习的组织、课堂的调控等方面，都需要教师的讲授来实现。

例如，在人教版必修2《生活中两种重要有机物》第一部分乙醇的教学中，教师在引入新课前，创设了很有意思的情境，在古筝乐曲的背景下，教师吟诵了一首古诗："明月几时有，把酒问青天……"继而提问，什么东西无论人在狂喜还是失意时候都能借其抒怀呢？学生自然想到"酒"。教师不失时机又让他们说关于酒的其他古诗，学生七嘴八舌地开始说起来。说着说着，学生对酒这个生活中常有却又神奇的东西，它的组成、结构、性质、用途产生强烈的求知欲。"那我们就以一个化学者的身份对酒一探究竟吧！"教师自然而然将所有学生引入课堂。

讲授法是指教师以传授知识为主，学生以接受知识为主的教学方法，这种方法既有优点又有缺点，其优点是能够充分发挥教师的主导作用，使学生能够在短时间内获得大量的知识信息。条理清楚、层次分明、逻辑性强的讲授，有利于培养学生的抽象逻辑思维，严谨的讲解还有利于创造一种严肃的学习氛围。其缺点是学生相对被动，不能照顾学生的个体差异，学生如果以接受的形式学习知识，易于滋生学习的依赖性，产生学习上的惰性，教师容易偏重于教法，忽视对学生的学法引导，不利于学生学习主动性的发挥，学生独立获取知识的能力不容易得到锻炼。在高中化学教学中，运用讲授法必须符合以下四个基本要求。

1. 合乎科学，用语准确

讲授法要符合科学性。首先讲授的化学知识必须合乎科学原理，不能出现科学性的错误。这就要求教师要有较高的化学知识水平，能够深刻理解这些知识的内涵和外延。既做到深入浅出、通俗易懂，又不犯科学性错误。另外，教师应当尽可能使用科学、规范的专用术语，而不能使用那些违背科学的术语。

2. 合乎逻辑，严谨有序

讲授必须条理清楚，层次分明，重点突出，符合知识的逻辑。首先，要把讲授的内容放到整个知识体系中来研究它的上下之间的逻辑联系；其次，讲授化学知识要遵循科学探究的思路，激发学生的逻辑思维活动；最后，专业知识的叙述要有严密的逻辑性，不应任意颠倒。

3. 启发思维，培养能力

讲授不仅是简单地向学生传递知识，而且要激发学生积极思考，使他们在积极的思维活动中获取知识、培养能力、发展智力。因此，在运用讲授方法时，首先，要考虑学生的认知水平和学习情绪，要善于根据教学内容，结合生产和生活实际，运用富有启发性的教学语言，激发学生的求知欲望，引导学生积极思考。其次，教师可以用问题性的讲解方式来进行讲授，注意用问题来激励学生的思维活动。这就要求教师的讲授不能平铺直叙、强行灌输，而应该以饱满的精神，生动、形象、富有感染力的语言，在不断提出问题、分析问题、解决问题的过程中启发学生思考。学生在积极的思考过程中，不仅学到知识，而且能学到一些研究问题和处理问题的思路、方法和技能。最后，教师在讲授过程中，要做到“不愤不启，不悱不发”。讲授的语速要适中，要留有合适的时间让学生思考。

4. 简明生动，形象具体

生动形象的教学语言不仅可以激发学生的兴趣，唤起学生的感悟，促进学生的想象，而且有助于对抽象化学知识的理解和掌握，使学生在轻松愉快的气氛中学习。因此，教师在帮助学生形成抽象的化学概念时，应该能够结合常见的生活现象和生产实例，或化学史上典型化学事例，运用形象生动的语言，对化学问题进行透彻的分析和讲解。这既可以帮助学生形成正确的化学图景，理解抽象的化学概念，又可以活跃课堂气氛，从情感上拉近学生与化学的距离。

另外，高中化学教学中的讲授法，不只是教师用一支粉笔和一张嘴，按照化学课本中的叙述“照本宣科”，教师要能够恰当地利用观察、演示、挂图、板书、版画、多媒体课件和网络资源等各种辅助手段，创设化学情境，让听觉信息与视觉信息、动手与动脑协同作用。这既有利于丰富学生的感知，唤起他们原有的认识，又有利于学生以各种方式理解教学重点、突破教学难点，还可以激发学生的学习兴趣和积极性。

自主探究法——引导学生探索和解决问题

当今课程改革中，需要让学习成为学生的内在需要，让学生乐意参与到教学中来，拓宽视野，更主动地学习，改变课程过于注重知识传授，强调形成积极主动的学习态度，使获得知识与技能的过程成为学会学习和形成正确价值观的过程。要想实现这种三位一体的课程功能，自主探究性就是一个比较理想的载体。

自主探究教学法就是引导学生的自主学习以促使学生进行主动的知识建构的教学模式。自主探究学习不是让学生各学各的，而是使每个学生都积极主动地探索学习，并加强合作交流。而合作学习就是在教学中采用小组的方式，以使学生之间能协同努力，充分发挥自身及其同伴的学习优势。搭建合理的合作学习小组是成功进行合作学习的前提。在划分学习小组时，应遵循“组际同质、组内异质、优势互补”的原则，这样才能达到“组内合作，组间竞争，促进学生发展”的合作学习目标。而高中化学偏重于通过实验获得感知的东西比较多，因此自主探究教学法有利于高中化学的学习效果的实现。

例如，《金属钠的物理性质和化学性质》这一课题就非常适合探究教学。每一个学习小组内的学生通过对钠表面的观察，切开后的观察，加热，投于和水的反应等一系列[illegible]的实践活动，结合理性思考不难获得对金属钠性质较为全面的了解。学生通过主动体验探究过程，在知识的形成、联系、应用过程中养成科学的态度，获得科学的方法，小组内学生的实验操作能力、表达交流能力、团队协作精神都得到一定的提高。

又如，在学习“金属的性质”相关内容时，我们重点学习了金属钠与水的反应，但学完之后，我们提出新问题：金属 Na 与 $CuSO_4$ 溶液会发生怎样的反应？先让学生根据已有的知识分析会有什么现象发生。学生可能会根据金属的活动性分析说：Na 的金属性很活泼，所以会有红色金属 Cu 生成；还有的学生说有气体产生，因为 Na 与水反应会有氢气产生。此时，教师可以让学生进行一

自主探究法——引导学生探索和解决问题

当今课程改革中，需要让学习成为学生的内在需要，让学生乐意参与到教学中来，拓宽视野，更主动地学习，改变课程过于注重知识传授，强调形成积极主动的学习态度，使获得知识与技能的过程成为学会学习和形成正确价值观的过程。要想实现这样三位一体的课程功能，自主探究性就是一个比较理想的载体。

自主探究教学法就是引导学生的自主学习以促使学生进行主动的知识建构的教学模式。自主探究学习不是让学生各学各的，而是使每个学生都积极主动去探索学习，并加强合作交流。而合作学习就是在教学中采用小组的方式，以使学生之间能协同努力，充分发挥自身及其同伴的学习优势。搭建合理的合作学习小组是成功进行合作学习的前提。在划分学习小组时，应遵循“组际同质、组内异质、优势互补”的原则，这样才能达到“组内合作、组间竞争、促进学生发展”的合作学习目标。而高中化学偏重于通过实验获得感知的东西比较多，因此自主探究教学法有利于高中化学的学习效果的获取。

例如，《金属钠的物理性质和化学性质》这一课型就非常适合探究教学，每一个学习小组内的学生通过对钠表面的观察、切开后的观察，加热、设计和水的反应等一系列积极的和基于自主的实践活动，结合理性思考不难获得对金属钠性质较为全面的了解。学生通过主动体验探究过程，在知识的形成、联系、应用过程中养成科学的态度，获得科学的方法。小组内学生的实验操作能力、表达交流能力、团队协作精神都得到一定的提高。

又如，在学习“金属的性质”相关内容时，我们重点学习了金属钠与水的反应，但学完之后，我们提出新问题：金属 Na 与 $CuSO_4$ 溶液会发生怎样的反应？先让学生根据已有的知识分析会有什么现象发生，学生可能会根据金属的活动性分析说：Na 的金属性很活泼，所以会有红色金属 Cu 生成；还有的学生说有气体产生，因为 Na 与水反应会有氢气产生。此时，教师可以让学生进行一定尝试，然后观察现象。学生会发现既有气体产生又有蓝色沉淀物生成，但没有红色物质出现。观察现象之后，让学生通过思考、讨论，分析出现这种情况的原因，并写出相关方程式。如此一个完整的探究式教学过程能让学生学到化学理论知识和研究方法。

自主探究学习改变了传统课堂填鸭式教学模式，使学生真正成为课堂的主体，教师担任的是课堂的指导者和服务者。以下总结两点高中化学自主学习的教学策略。

1. 自主学习目标的确定

确立教学目标是备课的首要环节，只有制订了合理的、可操作的学习目标，才能使学生明确学习的具体任务、要求，从而规定学习行为取向和评定学习结果。我们根据新课标、教学内容和学生的实际情况，设计学生自主学习的学习目标，并以问题的形式展现给学生。

比如，在“环境保护”一部分内容的教学中，我们以“酸雨”为主线，设计了5个问题作为学生的学习目标：①什么是酸雨？它是如何形成的？②举例说明酸雨有什么危害。③我国酸雨分布的情况是怎样的？④如何防治酸雨？⑤写一篇小文章：“我能为防治酸雨做什么？”

2. 自主学习方法的引导

学习方法是在学习过程中获得经验方法的总和，是学生保证学习活动顺利进行的有关学习活动的经验系统。引导学生把握重要的化学学习方法，是自主学习得以进行的必要条件。学习方法既有外显的动作行为，又有内隐的心智活动，所以把握学习方法实际上既是掌握一套学习经验，也是在进行一种心智的训练。在平时的教学中，我们特别要注意训练学生阅读、观察、分析、做笔记、提问题、概括总结等化学学习常用的方法。而针对自主学习的内容，我们会利用学习目标提示学生这部分内容主要的学习方法。

总之，在传统教育中，教师注重知识的传授，把精力和注意力几乎都投向了知识学习和考试成绩上去，于是教师为教而教，学生为学而学，知识成了主宰。一味追求量的积累，使知识像大山一样压在学生头上。信息时代的现实表明，单纯追求知识的量是不可取的。一方面，知识更新速度加快，使得人们在数量上进行追逐已不可能；同时，信息时代人的重要素质是如何处理、利用信息，而不仅仅是积累的知识量的多少；另一方面，素质教育是以人为中心的，着眼于人的个性发展，注重于人的内在价值，强调人的主体存在和创造能力。为适应素质教育的要求，教师应积极探索自主学习的教学模式。

实验法——激发学生学习兴趣

化学是一门以实验为基础的学科，化学实验可以激发学生学习化学的兴趣，帮助学生形成化学概念，获得化学知识和能力，培养学生观察能力、实验能力，还有助于培养实事求是、严肃认真的科学态度和科学的学习方法。例如，利用实验法引导学生学习“铁和铁的化合物”。铁的化合物常有不同颜色，教学中注意引导学生观察，通过实验直接感受化学中的颜色美，会收到事半功倍的效果。用颜色证实物质的存在及检验物质的性质，也是化学学科的一个特色。

一、展示化学实验及其教学的功能

1. 促进学生化学学习兴趣的形成与发展

化学实验是一个集脑、手、眼、耳、鼻全面调动、协同合作的过程。它能积极反映实验者的个性心理特征。离开了实验，化学素养的培养和发展将是一句空话。在教学中要使学生保持旺盛的好奇心和求知欲，学生只有带着“为什么”从实验中去找答案，化学核心素养才能真正得到相应的发展。

2. 促进学生认知的发展

化学实验是学生发现与提出问题的重要来源，也是学生学习化学知识、技能与方法的重要载体。

3. 促进学生对科学本质的理解

培养学生科学素养是教育的终极目标，适当理解科学本质是科学素养的核心成分之一。帮助学生发展适当的科学本质已被大多数科学家认同；国务院颁发的《全民科学素养行动计划纲要（2006—2020 年）》中将“初步认识科学本质”作为行动目标之一。在新课标中提道，“通过科学教育使学生逐步领会科学的本质”“发展学生对科学本质的理解”。

4. 促进学生对科学精神的内化

科学精神是指人们在科学活动中形成的意识和态度，是科学工作者的意志、信念、气质、品质、责任感、使命感的总和。它建立在科学思想和科学观念之上，是对科学的产生和发展规律及其科学活动主题要求的一种理性升华，是促进科学活动的精神动力。内化本是心理学概念，其含义是指社会意识向个体意识的转化。学生在教育实践中接受科学精神，通过心理的中介作用内化后，才能转化为科学素养的组成部分。

5. 能够创设生动活泼的化学教学情境

所谓化学实验教学情境就是指在化学实验教学中能够激起学生学习积极性的各种情境。情境可以是真实的，如铜锌原电池实验；也可以是模拟的或虚拟的，如模拟原子微观结构的动画。情境可以是具体的，能够摸得着、看得见，如将一勺氯化钠放到水中，搅拌后氯化钠不见了；也可以是描述的，虽然不能够摸得着、看得见，但却是能够体会到的，如为什么人们在离桂花树较远的地方就能闻到桂花的香味。然而，并不是所有的情境都可以成为化学实验教学情境，只有能够调动学生的学习积极性，激起他们的实验探究兴趣和求知欲望的情境，才能称为化学实验教学情境。

二、展示化学实验教学的基本过程

展示化学实验必须是为了实现某个特定的化学实验目的所需要研究和解决的一个或一组化学实验问题。化学实验问题是指化学实验主体在某个给定的化学实验中的当前状态与所要达到的目标状态之间存在的差距，所设计的展示化学实验必须具有科学性和探究性价值。

展示化学实验的分类

展示化学实验设计是指在实施化学实验之前，依据一定的实验目的和要求，运用有关的化学知识和技能，对实验的仪器、装置、步骤和方法等在头脑中所进行的一种规划。通常分为以下几种类型：

根据展示实验在教学过程中所起的作用可分为：探究性实验、验证性实验。

根据展示实验内容可分为：物质制备实验、物质分离实验、物质的表征实验。

根据展示实验研究的侧重点和高中化学实验实际来看，实验设计的类型主要包括：

(1) 定性实验设计

定性实验主要包含以下内容：

① 制取某种物质的实验。

② 物质性质的实验。

③ 物质检验实验。

④ 分离混合物或从混合物中提取某物质的实验。

⑤ 验证化学原理、化学概念或化学反应的实验。

（2）定量实验设计

定量实验主要包含以下内容：

① 测定某些高中化学常用计量（如某元素的相对原子质量、阿伏伽德罗常数等）的实验。

② 确定物质组成（如混合物各组分质量分数、某化合物的定量组成）的实验。

③ 测定化学反应中能量变化（如反应热、中和热）的实验。

（3）结构分析实验设计

结构分析实验是用以测定物质微观结构的实验，包含测定分子结构和晶体结构的实验等。

三、展示实验改进与创新的原则

在规划实验设计时，必须遵循一定的原则。

1. 科学性原则

科学性原则是实验设计的首要原则。它指所设计实验的原理、操作顺序、操作方法等，必须与化学理论知识以及化学实验方法理论相一致。

2. 简单性原则

简单性原则是指化学实验的设计要尽可能地采用简单的装置或方法，用较少的步骤及实验药品，在较短的时间内来完成实验的原则。改进装置，让实验化繁为简，选择的反应容器达到一定体积，药品用量合适，反应本身现象明显。改进原料，提升实验效果；改进过程，让操作简单有效；改进方法，加深实验印象。

3. 趣味性原则

实验过程生动有趣，能激发学生学习的兴趣，形成主动学习动机，加强对相关化学知识的记忆。

4. 对应性原则

实验改进与设计要与教材的思想相符合、相对应，实验改进与设计不能改变化学反应原理，不能放弃要求学生掌握的典型装置。例如，氧气的实验室制法，采用加热氯酸钾与二氧化锰的混合物的方法，并设计了相应装置，目的是让学生掌握这一反应原理及实验操作。有人认为该装置复杂，于是设计了用加热双氧水的方法来制氧气的装置，这一做法违反了对应性原则。实验改进与设计不能改变反应原理，不能放弃要求学生掌握的典型装置。

5. 安全性原则

安全性原则是指实验设计时应尽量避免使用有毒药品或具有一定危险性的实验操作。不能危及他人人身安全，不能造成环境污染或者必须将环境污染降到最低程度。

6. 可行性原则

可行性原则是指设计实验时，所运用的实验原理在实施时是切实可行的，而且所选用的化学药品、仪器、设备、实验方法等在现行的条件下能够满足。

7. 探究性原则

探究性设计原则是指设计的实验包含的化学规律往往隐藏在较深的层次，需要学生去发掘；解决问题的方法与途径往往不太明确，需要学生通过尝试错误，提出假设并验证假设来寻找。

高中化学展示实验改进与创新可以弥补传统实验之不足，提高实验的安全性与可操作性，节省药品、减少环境污染。教学中可将演示实验改为边讲边实验或分组实验，增加学生进行实验操作和实验探究的机会，同时教师实验探究、实验改进、实验创新的精神潜移默化地会影响到学生，对学生创新精神培养，环境保护意识、绿色化学思想的形成大有益处，有利于落实新课标的要求，有利于学生的变化观念、证据推理、实验探究与创新意识、科学态度与社会责任等核心素养的培养。

化学是一门以实验为基础的学科，化学实验既是高中化学教学内容的重要组成部分，又是实现高中化学教学目的的最有效的途径和方法。只有对化学实验进行不断地改进和创新，才能使化学实验永远充满生命力，才能最大限度地发挥实验在化学教学中的作用，使化学实验教学更适应素质教育和创新教育的需求，才能培养出更多的创新型人才。

对比归纳法——知识系统化、网络化

学习的过程就是知识不断积累的过程，为了使知识便于提取和应用，就要对知识及时归纳、总结，使知识系统化、网络化。例如，关于气体的实验室制法，我们可以通过对氧气和二氧化碳实验室制法的对比、归纳和整理得出实验室制取气体的思路和方法，即原理、装置、步骤、收集、检验。

对比归纳教学把学生的主体作用与教师的主导作用有机地结合起来，并贯穿于教学活动之中，把开发智力，培养学生综合分析和解决问题的能力作为教学的出发点和落脚点。

一、对比归纳法有利于构建知识网络

高中化学知识点零散，多而复杂，学生对此往往无所适从，学习兴趣大减，化学成绩日益低下。面对此种情况，在教学中常采用对比归纳法，对学生进行因材施教，即引导学生将零散的化学知识、复杂的化学内容整理成提纲或图表，使之形成"知识点""知识线""知识网"，再通过分析对比，找出点线之间存在的异同，把化学中易错易混的内容明晰起来，从而掌握有规律性的化学知识，提高复习效率。例如，学生从初中接触化学至今，足有三年的化学知识积累，但一到高三复习时就无所适从，不知化学讲的是什么内容，考的是什么内容，要记什么内容。面对此种情况，我一上课就让学生自我感知化学是一门怎样的学科，并且让学生把整个高中化学知识用一张纸概括出来。然后上交给教师，再由教师通过投影把一些有代表性的学生作品展示出来，师生共同辨别对比，探寻最佳作品，最后教师归纳总结出化学知识网，学生共同理解记忆。这样就使学生加深了对化学的认识，初步形成化学知识系统网。

为了进一步提高学生对混淆不清的化学概念及原理、规律的深刻认识和区别，教师可以采用对比归纳法，让学生通过一一比对找出异同点，从而掌握知识。这样学生一对比就理解，既省事，又直观。再如同位素、同素异形体、同系物和同分异构体一直是容易混淆的概念，可以通过列表对比归纳，使学生既牢牢记住了“四同”概念及相互关系，又培养了他们利用表格归纳比较、对比分析的能力，大大提高了学习兴趣。有利于培养学生利用表格归类比较、对比分析的能力。

二、对比归纳法有利于提高学生解题能力

对比归纳法实际上就是一种组合法，通过前后、左右、上下的知识或试题进行比较的教学、练习、寻找知识异同的教学方法。一般选取有代表性、概括性较强的几道化学试题、例子同时对比，对学生进行讲解或练习辅导，也就是几道题同时并讲并练的方法，解完第一题的第一步不去讲第二步，而是讲第一、二、三……题的第一步，各题的第一步完成后，再讲第二步，教师要对每道题的同一步进行分析和对比，找出它们的相同点和不同点。这种并讲的方法关键是要抓住每道题同步中的异同所在，进行分析、观察、总结、研究，直到最后结果。

三、对比归纳法有利于培养学生探究能力

高中化学里有许多分散的知识，但是不少知识在做“横向联合”时就往往能找到一些规律。找规律不仅是学会知识的好方法，也是由感性认识提高到理性认识的过程，是培养学生分析、综合等思维能力的重要途径。对于常见的物质性质的掌握与应用是高中化学学习中必须掌握的内容，只有对知识点融会贯通，将知识横向和纵向统摄整理，使之网络化，有序地储存，做“意义记忆”和抽象“逻辑记忆”，才能正确复述、再现、辨认。对比归纳法可以将不同物质所具有的相似性质进行比较归纳，从而达到更好的记忆和应用效果。例如，高中化学中经常碰到漂白、褪色的问题，如果不能梳理清楚其中的关系，经常会给进一步的学习和应用带来麻烦。因此，教师可以采用对比归纳法把中学范围内所有能漂白的物质列出来，经过对比归纳，学生能够透过现象分析本质，对漂白有深刻的理解。

综上所述，通过对比归纳法教学，能加深学生对所学知识的理解和记忆，使其在识同辨异中开动脑筋，增加学习兴趣，提高学习效率；能引导学生善于观察，勤于思考，在“归纳”中渗透，在“对比”中巩固，在领会中使知识得到升华，有利于提高化学课的有效性。

第四章

学科核心素养下高中化学教学的课堂引导

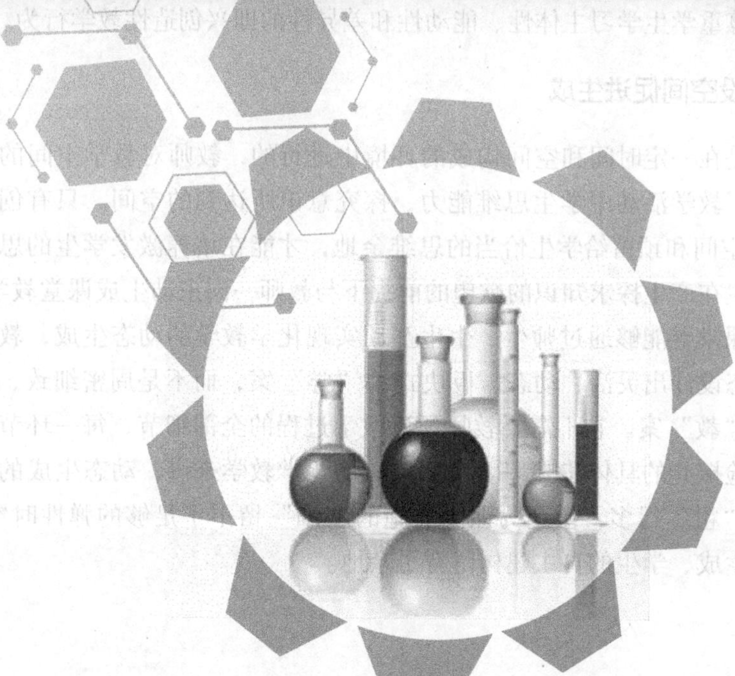

预设与生成——课堂教学的两翼

教学是一个动态的过程，教师在教学过程中无法对所有情况进行预设，哪怕能预设，也可能生成很大“意外”。因此，很多人都知道教学不是一门技术，而是一门艺术，原因就在于课堂教学的美是预设和生成的统一。高中化学所延续的是初中化学知识，但更加抽象，概念、公式、方程更加复杂，加之学生身心的变化，课堂的生成会更加丰富。因此，在高中化学课堂教学中实施生成性课堂教学，要实现的是“教”和“学”的统一，是要让学生从被动学习向主动学习转变的自主性学习构建的过程。

预设和生成是课堂教学的两个基本要素。预设是对课堂的设想和计划，只有懂得精心预设的教师，才能“预约”到高效、有序的课堂；生成是课堂的生长和建构，是尊重学生学习主体性、能动性和差异性的即兴创造性教学行为。

一、以预设空间促进生成

教学活动是在一定时间和空间构成的环境中进行的，教师对教学空间的主观设置，决定了教学活动中学生思维能力、探究意识所达到的空间。只有创设最佳“教”的空间和预留给学生恰当的思维余地，才能在培养激发学生的思维能动性，使学生在产生探求知识的欲望的前提下与教师一同主动生成课堂教学。为了使学生在课堂上能够通过师生、生生互动实现化学教学的动态生成，教师要以开放的心态设计出灵活、动态、板块式的“学”案，而不是周密细致、一成不变的线性“教”案。它不需要教师预计教学过程的全部细节、每一环节的时间分配和实验探究的具体步骤等。对于传统的化学教学来讲，动态生成的教学设计似乎要“粗”得多，但这为课堂实施的“细”留下了足够的弹性时空，为知识的动态生成、学生的自主建构留有了余地。

二、以预设问题促进生成

提问实际上反映了教师对课堂教学的预设，但能否实现生成，就要看教师在设计课堂提问时的水平了。只有那些灵巧、新颖、易于激发学生思考的问题才会有效促进课堂教学的生成。

1. 提问要有开放性

教师设计的问题要让学生可以从不同的角度去思考教师提出的问题，让学生产生尽可能多、新，甚至前所未有的独创想法。例如，学习二氧化硫化学性质时，可问从物质类别的角度推测 SO_2可能是一种什么化合物，请提出假设并设计相应的实验证明你的推测，从元素化合价的角度推测 SO_2可能具有的化学性质。请提出假设并设计相应的实验证明你的推测。

2. 提问要有趣味性

教师课堂提问设计如果富有情趣和吸引力，不但能激起学生的好奇心，激发他们强烈的求知欲，而且能促使学生保持长期稳定的学习欲望。例如，在讲授原电池原理时，引入例子："在伦敦上流社会，有一位贵族夫人格林太太，幼年时因蛀牙补过一颗不锈钢的假牙。不料，后来她因为车祸又掉了一颗牙，为了显示她的富有，她装了一颗黄金假牙。自此以后，她就经常出现头痛、失眠、心情烦躁等症状。更奇怪的是，众多的医学专家为她检查后，都找不到病因，这位夫人整日感到精神萎靡，找遍各大医院会诊也不见效果。"格林太太的病因到底是什么呢？聪明的同学们，请运用本节课学习的知识帮格林太太找出她的病因。

3. 提问要有递进性

要保证生成的效果，就要使问题具有一定的递进性。即问题的设计要按照课程的逻辑顺序，遵循学生的认知规律，循序而问，由表及里，层层深入，如果前后颠倒，信口提问，会扰乱学生的思维顺序，甚至使学生如堕云里雾里。例如，硫酸铝溶液和小苏打溶液混合后进行泡沫灭火的实验。学生对这个实验很感兴趣，很想知道"为什么会有泡沫冲出"，教师却进行了如下提问：

（1）硫酸铝属于哪种类型的盐？其溶液中存在怎样的平衡？

（2）碳酸氢钠属于哪种类型的盐？其溶液中存在怎样的平衡？

（3）两种溶液混合后，原来的平衡是否受到影响？

（4）原平衡相互影响的结果怎样？

4. 提问要有探究性

探究性的提问会带来课堂的生成性效果，展示课堂创新特点，激发课堂的

“生命力”。例如，“二氧化硫”的复习课，可设计问题组织学生讨论，最后学生自己总结出SO_2的性质与应用，讨论提纲为：

（1）SO_2和人类关系密切，在这方面你知道些什么？

（2）大气中的SO_2来自何处？为什么说排入大气中的SO_2是形成硫酸型酸雨的主要因素？为什么硫酸型酸雨样品的pH随测定时间会有所变化？

（3）要减少燃煤排放SO_2，可以采取什么措施？举出你了解的一些方法。

（4）SO_2是许多工业部门的原料，请举出几项它的实际应用，这些应用和它的性质有什么关系？某地曾应用SO_2加工食用菌，不久之后却导致生产、销售的萎缩，你能推测其原因吗？

（5）实验室中的Na_2SO_3样品容易变质，为什么？怎样检验一瓶Na_2SO_3试剂是否变质？是否完全变质？

从以上的讨论中，你对SO_2对生产、生活的影响有什么新的认识？从这些事实你能否就SO_2的重要物理性质、化学性质，SO_2和硫的单质、重要化合物间的转化关系做一个小结？请结合实例利用文字和有关化学方程式做简要说明。

（6）SO_2气体能使溴水或酸性$KMnO_4$溶液褪色，为什么？能用什么简单实验证明你的解释是符合事实的？

这样设计的课堂，无疑会激发学生创新的灵感，培养学生的创新意识和创新能力，训练了学生的思维品质，充分体现了课堂教学的生成性。

三、以教学机智促进生成

生成在很大程度上是随机的，再好的预设与课堂实施之间必然存在着一定的差距，这就要求教师充分发挥教学机智，做到心中有案，行中无案。寓有形的预设于无形的、动态的教学实施中，随时把握课堂教学中闪动的亮点，不断捕捉、判断、重组课堂教学中涌现的信息资源，机智地生成新的教学方案。

总之，只有做到课前的精心预设，才能生成课堂的美丽。教师要真正关注学生的发展，更多地为学生的“学”而预设。强调预设，又不受预设的束缚，在“预设”中体现教师的匠心，在“生成”中展现师生智慧互动。只有预设与生成并重，高中化学课堂才能焕发出前所未有的精彩。

体验性学习——立足学生的心理特点

新课标把教学本质定位为交往，强调教学过程中师生间、学生间的动态信息交流，并通过这种广泛的信息交流实现师生互动，相互沟通、相互影响、相互补充，逐步形成了师生互教互学的“学习共同体”。因此，我们必须改变单一的接受性学习方式，通过研究性学习、参与性学习、体验性学习和实践性学习，实现学习方式的多样化，促进学生知识与技能、情感、态度与价值观的整体发展，帮助学生掌握良好的学习方法，培养他们终身学习的愿望和能力。

在这些学习方式中，体验性学习作为一种区别于传统的接受性学习的方式，越来越受到提倡和推广。什么是体验？现代心理学认为“体验是指由身体性活动与直接经验而产生的感情和意识”，也就是指人们在实践中亲身经历的一种内心情感活动，一种对感情的感知方式。所以，体验性学习应该是指教师引导学生全身心地投入外部世界的交往之中，进而生成反思与实践的一种学习方式。

很多人认为这种学习方式适合在研究性学习课程或社会实践课程中使用，但实践证明，在课堂内同样可以运用“体验性学习”的教学方式，改变传统教学中教师和学生习以为常的思维方式和行为习惯，更好地倡导学生主动参与、亲身实践、独立思考、合作探究，培养他们收集和处理信息、获得建构新知识、分析和解决问题以及交流合作的能力，从单纯注重传授知识转变为引导学生学会学习、学会合作、学会生存、学会做人。

一、体现学生的主体性

“在体验世界中，一切客体都是生命化的，都充满着生命的意蕴和情调。”体验意味着主体的觉醒、心灵的唤醒，需要体验者的积极参与。现代教学理论指出，课堂教学应该突出学习行为之间的关系，以学生为本，而体验性学习恰恰体现了这种主体性。

在体验性学习过程中，能最大限度地调动学生的全部感官，可以将客观知识在个体的身上“活化”“生命化”，使其成为个人经验中的有机成分，成为“我的知识”。

高中化学中，有很多内容可以完全交给学生自主完成学习。例如，高一的《环境保护》《无机非金属材料》，高二的《合成氨条件的选择》《合成材料》等。把课堂交给学生，让他们在自己创设的情境中完成学习任务，将外部的知识通过他们自己收集资料、讲演或表演形式，内化为他们自己的知识、经验，同时还能发挥他们各自的特长。在实践过程中，教师可以作为参与者和合作者，与学生一起体验学习的快乐。

例如，教师在教授《环境保护》这一节教学时，教师可以请四个小组的同学分别收集关于水污染、大气污染、土壤污染、食品污染的知识，并通过小论文、小品、辩论赛、知识竞赛、海报等多种形式予以展示，充分激发学生的兴趣，发挥他们的特长，既增强了环保意识，又培养了学生各方面的能力，使课堂多姿多彩。

另外，化学是一门以实验为基础的学科，化学实验也是激发学生学习化学兴趣和热情的一条很好的途径，如果将课堂内的一些演示实验改成学生实验或由一些学生来演示，更能增强他们的学习主动性和对实验现象的感悟和体验。也可以让学生自己设计实验方案，并亲自动手验证方案的可行性。例如，上高三实验设计时，可以让学生分组设计实验方案，展示给其他小组的成员，共同探讨得出不同类型实验方案设计的特点和要求，并挑选一些优秀设计在实验课上进行实际操作。

在这些以体验性学习为主的课堂内，学生的主体性地位得到了很大程度的发挥，也很好地培养了他们的创新精神和实践能力。

二、注重师生间、生生间的交流

课堂设计是教师备课的一个重要环节。在传统的课堂设计中，教师根据教学目标、学生情况和教学资源设计课堂的学习活动，这些设计虽然有各种理论依据支撑着，却往往会忽略学生的现场感受。学生作为一个生命体，在特定环境下会产生不同的学习需求，这就需要教师与学生之间平等地沟通与交流。

例如，在教授《乙酸》这一节教学时，教师让学生自主选择学习的方式和学习的内容，并要求他们说明做出选择的原因。教师本以为学生平时喜欢做实验，会先选择学习乙酸的性质，但出乎意料的是，大部分学生都希望先学习结构，因为很多学生已经认识到结构才是决定性质的根本原因，单纯学习乙酸性质只能了解一种物质，从结构去学性质则可以学到一类物质。也有学生提出，如果先学了性质，做了实验，再学习理论性的知识就枯燥无趣了。从学生的陈述可以发现，以往教师往往从自己的感受出发去设计课堂，并没有真正明白学生的内心需求。最终这节课采用学生所选择的学习方式，由学生派代表来做演示实验、分析实验现象、得出实验结果，并在课堂最后请学生谈学习体验，推选本节课表现最佳同学。

每个学生都有自己的学习方法和策略，通过师生平等地对话和交流，允许学生发表与教师准备的标准答案不一致的意见，鼓励学生提出自己的观点。教师的作用不是引导学生趋向标准答案，而是激活学生思维的火花，让他们不断发现问题、提出问题、解决问题，这也是创造力的源头和动力。运用体验性学习方式，可以使课堂更具有开放性和创造性，让学习过程真正成为学生生命活动过程和精神价值的实现过程。

三、强调学习的过程

学习的旨趣不在于结果，而在于过程。体验性学习强调的是学生在学习过程中的体验和感受，是在学习中学会学习。

课堂内的化学学习应该是一个动态的变化生成过程，它会根据情境的变化而变化，具有一定的非预设性。因此教师在备课过程中，应该有充分的准备，能随时根据学生的现场表现和学习需要调整学习内容或学习方式。

例如，高一在《离子反应》这一节教学时，教师事先准备了一些常见离子反应的练习，并做成了 PPT。上课前进行 5 分钟演讲的同学讲了三国中哑泉的故事，他说，哑泉中因为含有铜离子所以使人中毒，而后来的安乐泉水由于呈碱性，使铜离子变成氢氧化铜沉淀因而解了毒。他的故事还未讲完，下面的同学已经议论纷纷，有的同学马上提出胃里有胃酸，也会使氢氧化铜溶解。

于是，教师临时调整教学策略，让学生根据刚才的故事写出反应，并从生活中再找一些实例来练习离子反应的书写。学生想到了误食钡餐中毒的原因，以及如何解毒的办法；小儿吃螺蛳壳磨的粉能补钙的原因；如何测试泉水是否含有铜离子的办法（用铁钉或铁器）；往石灰水中吹气，先有沉淀生成后沉淀消失；等等。教师引导学生分小组举例、写反应，再从学生的书写中寻找错误，归纳小结，得出书写离子方程式的注意事项。这节课完全是非预设性的，却又顺利地完成了既定的学习目标。在整个过程中学生始终不断地提出问题，并自己在实践中解决了问题。

为了更好地体现学习过程，就要求教师在设计教学方案时为学生留出一定的时间和空间。现代的课堂教学环境越来越提倡粗线条设计，要留有一定的

“弹性区间”，这也要求教师不断提高和充实自己，去面对更多的非预设性课堂情境。

总之，体验性学习作为新课程改革中大力提倡的一种学习方式，其意义并不是绝对的，而是相对的，因为任何一种学习方式都不是单一的，应具有综合性。尤其是在课堂内，体验性学习应该是与研究性学习、自主性学习、合作性学习等多种学习方法交汇和融合的，而且在体验性学习过程中其实也包含着一部分接受性学习，我们只有根据学科特点、学生情况、教学资源进行有机地整合，才能有效地发挥体验性学习的优势。

自主学习——培养学生的自学能力

自主学习是一种能够让学生自行探索，提升学习积极性的学习方法，可以让学生从内心世界对学习有更多的兴趣，这种学习方法需要学生有较强的自我掌控能力，可以让学生的主观思考能力得到增强，进一步推动学生未来的学习。

一、高中化学自主学习策略分析

1. 激发学习动机

激发学习动机意味着教师通过多种教学手段来鼓励学生主动学习，让学生潜在的学习愿望变成主动的学习行为，它可以贯穿整个教学过程。充满正面作用的学习动机不仅能够激发学生学习的热情，还能够极大地提升学生的化学素养，为进一步提升奠定良好的基础。在指导之初，教师可以激发学生的好奇心，激励他们尝试自学。当他们取得良好的学习效果时，应给予鼓励，对他们的成功做能力与努力方面的归因反馈。对化学学科来说，与生活和实践相结合，在教学的过程中使用多种教学方法，充分发挥实验探究的特点，提高学生课堂参与的积极性，激发学生学习的兴趣和动机。

2. 自主展开实验探究

学生可以根据学习目标和教材中的学案，来展开自主学习。自主学习不只是对课本进行简单的了解，而是按照所设计的学习方案有计划地学习，掌握将要学习的知识，并对有困惑的内容进行记录，如此学生不仅能够有效掌握要学习的知识，还能够全面提升学习能力。在开展自主学习时我们要注意以下几个方面：

（1）自主学习时间要得到保证。学生可以根据自己的特点，在设计相关内容后，还可以对学习时间进行一定的延长；学生的自学能力和学习效率得到提升后，可以对学习内容进行增加，并且减少学习的时间；根据学生自己的情况，来安排学习计划，能够使学生学习的主动性和积极性得到有效提升。

(2) 在自主学习的不同环节，学生要按照教师的教学计划来学习。首先要根据教学的目标和任务开展学习，并根据学习的提纲或学案来确定学习目标，然后根据教师的导学案进行自主学习。

(3) 要及时向教师进行提问。学生在学习过程中如果发现问题和对学习内容存在疑问，可以向任课教师提出疑问以便解决自己的学习疑惑，进而加快自主学习的进程。

二、自主课后阅读，提升自主学习能力

课后复习对更好地掌握学习知识很有帮助，不仅可以对已学到的知识进行巩固，还能够使我们的总结能力得到提升，进一步掌握学到的知识。因此，学生在学完某一部分的化学内容后，要对学到的知识进行整理和总结。或者在完成一个大的内容学习后，总结出联系比较紧密的内容，建立一个完善的知识框架，对知识进一步掌握。例如，在学习“原子结构”知识时，可以将原子结构作为核心，对原子相关的一系列内容进行拓展。

课外阅读还可以对教材中的不足进行完善，对课堂上所学到的知识进行补充。若是仅仅依赖教材，只重视课本，就无法对所要表达的意思充分掌握。所以，合理地课外阅读能够对知识进行拓展，开阔视野，还能够使学生的综合学习能力得到提升，对学到的知识进行巩固。

总之，通过自主学习的方法来学习高中的化学知识，对学生提升自主学习能力很有意义，认识到自己学习上的不足，为提高学习效率与学习质量奠定良好基础。所以，在高中化学自主学习中，学生要根据自身特点来学习；自行进行实验探究；有计划地开展课后阅读，对课堂知识做进一步拓展。如此才能对自主学习不断进行完善，使学生自主学习能力逐渐提高，以此提高学习效率与学习质量。

自主实验——强化对知识的理解

在新课程教学改革的趋势下，为了实现化学自主实验的价值性，教师应该转变以往的教学模式，通过高中化学自主实验教学方法的创新，进行教学体系的改革，结合自主实验教学方法，进行课程创新，以满足现代教学的创新需求，为教育管理方法的完善提供参考。但是，在现阶段高中化学自主实验教学中，存在着一定的限制性问题，教师在教学创新中，应该结合具体问题进行教学创新，激发学生的实验参与兴趣，满足教育的创新需求。

一、高中化学自主实验教学创新的必要性

在高中化学课程教学中，为了实现实验教学方法的稳定创新，教师在教学中，通过创新实验教学方法的构建，可以将学生作为主体，针对学生的基本需求，进行实验教学方法创新，激发学生的实验兴趣。高中化学实践中，通过教学方法的运用，能够实现教学方法的创新，并逐渐实现创新性人才的培养，增强学生的动手能力，为学生实验技能的提升提供保障。而且，在化学实践教学方法完善中，通过新课改教学方法的改革，可以激发学生对实验学习内容的关注度，培养学生的动手能力与实践能力，使学生在抽象、合作的过程中转变对化学实验的认识，为新课改教学背景下高中化学自主实验的创新提供保障。

二、高中化学自主实验教学创新的基本策略

1. 创设情境化的问题探究环境

在化学自主实验教学中，为实现化学实验教学的稳定创新，教师应该积极创设情境化的问题探究，并在问题情境创设中做到以下几点：

第一，在化学实验课程教学中，教师应该引导学生树立正确的学习观念，

坚持从生活实际出发，结合学生的日常活动，进行实验教学方法的创新。在化学教学中，教师可以结合生产以及生活实际，进行化学实验，并通过所学知识解决问题，提高学生的活动兴趣。

第二，在化学教学中，其内容与人们的日常生活有着紧密的联系，教师在教学中，可以引导学生进行化学现象的收集，通过实验让学生亲身感受，提高学生的成就感，为学生学习兴趣的激发提供支持。例如，在苏教版高一“化学能转化为电能”的教学设计中，教师为了提高学生的活动探究兴趣，应该创设问题探究情境。实验设计中，需要为学生构建动态性、开放性以及个性化的活动形式，让学生在主动探索、主动求知的过程中，提高自身的实践能力，教师可以通过水果电池产生电流的实验进行情境创设，使学生掌握对电池的认识，为自主实验教学方法的完善提供保障。

2. 构建自主探究的实验教学形式

通过对高中化学自主实验课程教学方法的分析，在教学中为了顺应新课改教学形式，教师在教学中应该转变以往的课程教学形式，按照学生的基本需求，进行自主探究实验教学方法的构建，调动学生的积极性。教师在整个教学中，需要引导学生进行化学实验，将随机性作为导向，为学生创设开放性的教学环境。实验中，教师需要研究新课标，结合教材内容，进行实验内容的设计，实现实验内容由简单到复杂的转化。另外，在课程教学中，为了实现教学的创新，教师可以鼓励学生进行多样化的实验解读，使学生的个性得到发展，满足动态化的课程教学，为自主实验教学的改革提供保障。

3. 注重教师与学生之间的活动交流

在高中化学自主实验教学中，为了强调学生的实验兴趣，应该注重与学生之间的互动及交流，确定学习方法。通过这种教学方法的创新，可以方便教师对课程内容进行调整，并制订课程目标，实现教学的基本需求。例如，在苏教版高中化学必修一《钠、镁及其化合物离子反应》课程教学中，教师为了激发学生的主体性，在实验的过程中，可以利用多媒体进行离子反应实验的播放，然后让学生进行自主探究。自主探究中，教师可以先提出探究问题，学生根据实验与教师进行互动，整个互动中，教师可以将学生作为主体，结合学生提出的问题，解决问题，激发学生的活动兴趣，探究活动结束之后，教师和学生可以一起总结离子方程式的作用，通过离子方程式进行同一类化学反应的表示，为学生学习能力提升提供支持，展现自主实验课程教学的价值。

总之，在现阶段高中化学课程教学中，为了实现课程教学的价值性，教师在教学体系完善中应该结合自主实验教学的特点，进行教学方法的创新，充分展现课堂教学的价值性，为新课标形势下自主实验教学的完善提供参考。同时，在化学实验教学中，教师需要结合情境化的课程教学方法、自主探究实验情境以及互动教学方法进行教学创新，为高中化学自主实验教学的创新提供支持。

合作学习——培养学生的合作能力

合作是人类社会发展与进步的永恒主题，在各行各业中都有所体现。在现代教育中，更加需要培养学生的合作学习能力，以共享学习资源和学习心得来提高学生的学习质量与效率。因此，开展合作学习，培养人的合作精神，是高中化学教学中所面临的重要任务。

一、高中化学教学过程中存在的问题

现有的高中化学课堂，多数学校大部分教师仍然沿用传统的教学模式，即以教师为主导的课堂模式，这种课堂模式是以教师讲授为主，教师仍然在课堂中占据主要地位，起着主导作用，缺乏教师与学生之间的交流与合作，尤其是实验部分。由于受实验环境与经费的制约，现有大多数的化学实验都是以分组形式进行的，小组之间虽有合作，但小组之间的这种合作学习方式仍存在很多问题。

1. 过分注重教师的指导地位，忽视学生的主体作用

传统的教育方式是教师演示实验，学生按照教师的方法进行实验，使得课堂过于僵硬与死板，不利于学生进行思考与实验。实验本身就是通过自己动手的方式更加深刻地体验化学实验过程中的微妙变化与具体的实验结果。教师在这个过程中限制了学生的发散思维，同时也限制了学生独立思考问题的能力和探究能力。对于不同实验限定原理、限定方法，只强调实验中的注意事项，实验中做到监督与提醒作用，只能起到培养学生简单的动手能力，并没有调动学生的积极性，更没有培养学生主动探究问题、解决问题的能力。

2. 组内合作意识差，缺乏合作精神

每个学习小组的实验过程都要充分激发每个学生的学习激情，要让每个小组成员都参与进来，在组内要进行讨论、沟通与合作。不能完全依靠个体进行相关的实验，其他人享受实验结果，却不理解为什么会发生这样的化学反应，

为什么会有这样的实验结果。这些问题都需要组内成员合作完成，需要加强组内合作精神。让学生感受到每个人都是这项活动的主人，积极参与，共同完成目标任务。真正达到既彰显了个性，培养了学生创造性思维，又强调了合作精神在学习中的重要作用。

二、高中化学教学中实施合作学习的策略

1. 科学组建合作学习小组和制订合理的奖惩制度

要想合作学习出成效，在班级里需要合理组建学习小组，通过建立合作学习小组的形式，体现出团结协作的精神，以及组员和组员、各小组之间的竞争力。分组的方法有很多。结合本班实际情况，笔者趋向于异质性的分组学习，小组里面包括男生和女生、学习成绩好和学习成绩较差的学生、性格内向和外向的学生，这种小组能够起到一定的互补作用。学生分为 9 个小组，每组 6 人左右，设立一个小组长，负责监督和统计本组学员在课前学案完成情况，课堂发言以及课后作业的落实，制订相应的奖励措施，每个周末统计一次并对表现好的小组进行奖励。这样的评分机制，提高了学生课堂探讨和思考问题的积极性。课堂上鼓励学生轮流发言，体现小组学习中每位组员的平等地位，特别是那些成绩暂时落后的学生。需要注意的是，可能一开始学生的兴趣较为浓厚，经过一段时间则会失去一定的新鲜感。为了保证学生参与活动的积极性，可以考虑定期进行合作学习小组的重新组建，时间放在每次考试之后，保证全班同学相互之间学习和交流。

2. 科学把握合作学习的时机

（1）突破重难点的情况。采用合作学习，能够有效地突破高中化学教材中的重点和难点。例如，在探究“氯水的主要成分”时，笔者给予一定的提示：第一，通过观察氯气和水的变化过程，这是反应，还是溶解？还是两者都有？第二，如何判断氯气和水反应得到的产物？第三，如何有效进行溶液酸碱性的检查？这样开展合作学习活动，能够帮助学生突破重点难点的学习。

（2）任务较多的情况。在高中化学教学中，教师布置的任务具有一定的复杂性，也许单一的某个学生不可能依靠一己之力完成。这样的情况，比较适合开展合作学习。例如，在讲“SO_2的化学性质”时，笔者提议让学生自主设计实验装置，通过一系列实验来证明 SO_2 的氧化性、还原性以及漂白性等性质。这个任务比较复杂，一个学生难以完成。这里采用小组合作学习，进行任务分配，其中，一个学生负责画出装置图，一个学生进行实验方案的设计，一个学生负责整体的讲解，一个学生负责控制有效的合作过程和时间，剩下的学生负

责对整个实验设计方案进行评价。通过这样的合作活动，完成了课堂教学任务，获得良好的学习效果。

(3) 思维受阻的情况。在高中化学教学中，学生经常出现思维受阻的情况，可以通过合作学习有效突破。例如，在讲“Fe（OH）$_2$ 的性质以及制备”时，利用 $FeSO_4$ 和 NaOH 溶液进行 Fe（OH）$_2$的制备。在具体的实验操作后，学生仅看到灰绿色的沉淀，并没有看到预想的白色絮状沉淀。学生通过小组合作学习探讨，得到如下解决方案：滴几滴苯到 $FeSO_4$ 溶液中做保护层；煮沸 NaOH 溶液，排除氧气；用新制备的 $FeSO_4$ 溶液；利用长导管插入 $FeSO_4$溶液底部，慢慢挤出 NaOH 溶液等。通过学生的有效合作，改进了实验方案，大多数小组能够制得白色 Fe（OH）$_2$ 沉淀。这样，学生不仅观察到了 Fe（OH）$_2$ 沉淀的颜色，还对它容易被空气氧化有了直观和深入的了解。

3. 对合作学习进行科学评价

在合作学习的过程中，以及完成相应的合作学习后，教师应该重视对学生表现的积极评价。注重评价的有效性，不仅要针对某特定的合作小组，还应该具体到活动小组中的个人，进行从点到面的有效评价。

总之，在高中化学教学中实施合作学习，需要坚持主体性原则和人文性原则。只有这样，才能保证合作学习在高中化学教学中的有效性。

第五章

化学核心素养教学实践导学案例

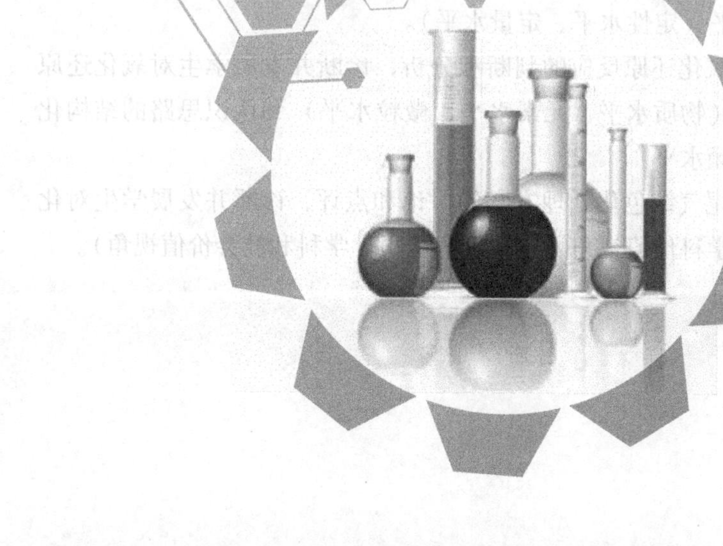

“氧化还原反应”（必修）第 1 课时教学设计

“氧化还原反应”是高中化学必修课程中概念原理类的内容，是高中一年级全体学生都要学习的重点知识。该内容教学可安排两课时。第 1 课时的教学重点是形成认识化学反应的微观视角，了解氧化还原反应本质的认识过程，建构氧化还原反应的认识模型。

【教学与评价目标】

1. 教学目标

（1）通过实验探究日常生活中存在的氧化还原现象。

（2）通过对氧化还原反应本质的认识过程，初步建立对氧化还原反应的认识模型。

（3）通过对设计汽车尾气综合治理方案的活动，感受氧化还原反应的价值，初步形成绿色应用的意识，增强社会责任感。

2. 评价目标

（1）通过对食品脱氧剂作用的探究实验设计方案的交流和点评，诊断并发展学生实验探究的水平（定性水平、定量水平）。

（2）通过对具体氧化还原反应的判断和分析，诊断并发展学生对氧化还原反应本质的认识进阶（物质水平、元素水平、微粒水平）和认识思路的结构化水平（视角水平、内涵水平）。

（3）通过对汽车尾气绿色化处理方案的讨论和点评，诊断并发展学生对化学价值的认识水平（学科价值视角、社会价值视角、学科和社会价值视角）。

【教学与评价思路】

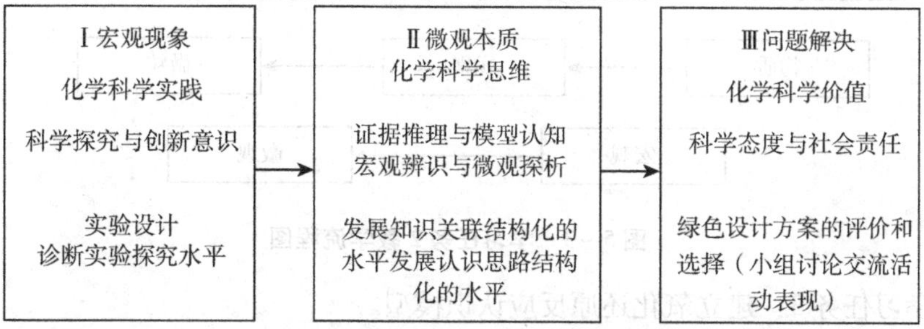

图 5－1　“氧化还原反应”教学与评价思路示意图

【教学流程】

1. 宏观现象

学习任务 1：实验探究食品脱氧剂的作用。

评价任务 1：诊断并发展学生化学实验探究的水平（定性水平还是定量水平）。

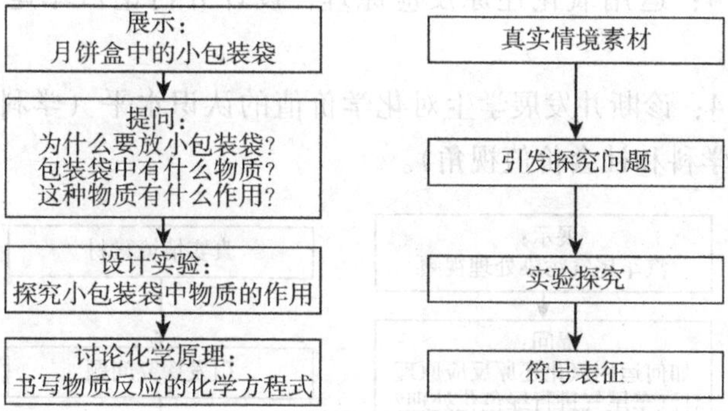

图 5－2　学习任务 1 教学流程图

2. 微观本质

学习任务 2：揭示氧化还原反应的本质。

评价任务 2：诊断并发展学生对氧化还原反应本质的认识进阶（物质水平、元素水平、微粒水平）。

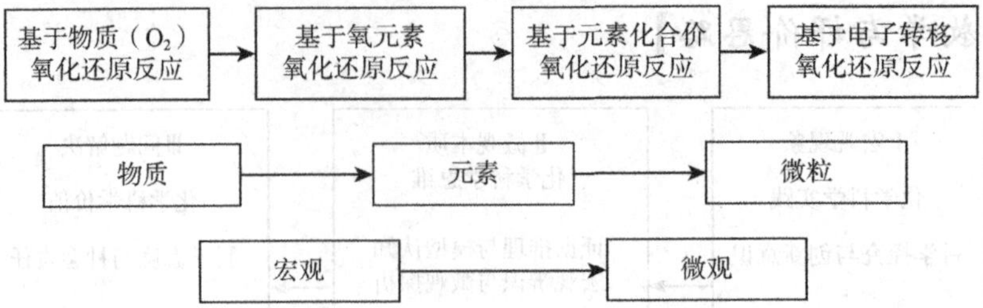

图 5－3　学习任务 2 教学流程图

学习任务 3：建立氧化还原反应认识模型。

评价任务 3：诊断并发展学生对氧化还原反应认识思路的结构化水平。

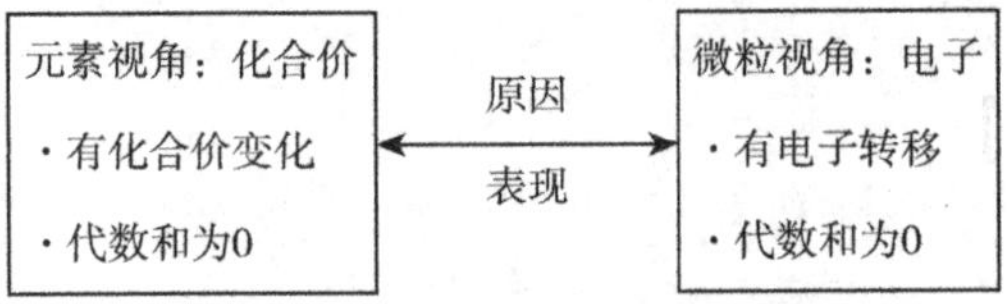

图 5－4　学习任务 3 教学流程图

3. 问题解决

学习任务 4：运用氧化还原反应原理，设计并讨论汽车尾气绿色化处理方案。

评价任务 4：诊断并发展学生对化学价值的认识水平（学科价值视角、社会价值视角、学科和社会价值视角）。

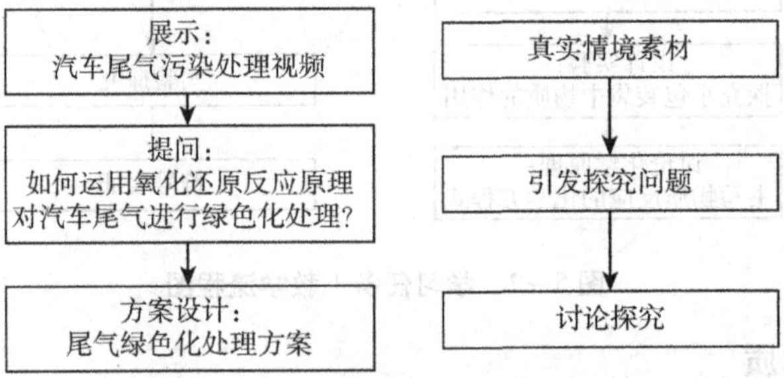

图 5－5　学习任务 4 教学流程图

【案例说明】

“氧化还原反应”是高中化学必修课程中的核心概念，它不仅是一种十分重要的化学反应类型，而且在生产、生活等各个方面具有广泛的应用。因此，这一概念具有重要的学科价值和社会价值。同时，这一概念的建构过程具有较为丰富的化学学科核心素养发展价值。

1. 注重真实问题情境的创设

“月饼盒中为什么要放一个小包装袋?”“小包装袋里面有什么物质?”“这种物质能起怎样的作用?”正是这些真实的问题激发了学生的探究兴趣，使学生迫切想通过实验进行探究，使学生从生活世界走进化学世界。“汽车尾气的主要成分有哪些?”“如何将有毒有害物质转化为无毒无害物质?”“运用氧化还原反应的原理如何解决这一问题?”这些真实的问题促使学生查阅文献、设计方案和讨论交流，并在这一过程中体会化学学科的社会价值，增强学好化学造福人类的信念。

2. 注重基于“学习任务”开展“素养为本”的教学

学习任务是连接核心知识与具体知识点的桥梁和纽带，是实现知识结构化的重要环节。该教师共设计了4个学习任务，重视和发挥学习任务的素养导向功能。“学习任务1”突出“实验探究”；“学习任务2”强调“学科本源”，体现氧化还原反应的认识进阶，从“物质”到“元素”再到“电子”，从“宏观”到“微观”；“学习任务3”注重氧化还原反应一般认识思路的结构化和显性化；“学习任务4”从STSE视角强化氧化还原反应知识的社会价值，体现“绿色化学”理念，增强学生的社会责任感。

3. 注重认识思路的结构化和显性化

“结构化”是实现知识向素养转化的有效途径，“结构化”水平直接决定着素养发展水平。该教师从氧化还原反应的特征出发，引导学生从宏观（元素化合价）与微观（电子）、质（有化合价升降、有电子转移）与量（化合价升降或电子转移代数和为0）两个视角进行揭示，在此基础上提炼出氧化还原反应的一般认识思路，并用框图的形式对这一认识思路显性化，学生按此认识思路就能进行知识迁移，对大量的氧化还原反应进行判断。

4. 注重“教、学、评”一体化

化学日常学习评价不能游离于化学教与学之外，应与化学教与学活动有机融合。教师紧紧围绕发展学生化学学科核心素养这一主旨，注重教学目标与评价目标、学习任务与评价任务、学习方式与评价方式的整体性、一致性设计，通过学生在实验探究、小组讨论、方案设计等活动中的表现，运用提问、点评等方式，对学生氧化还原反应的学习质量和化学学科核心素养的发展水平给予准确地把握，并给出进一步深化的建议，充分发挥了化学日常学习评价的诊断与发展功能。

“走进化学科学”导学案

【学习目标】

1. 了解化学研究的对象和内容。

2. 了解化学发展的基本历程以及20世纪化学发展的基本特征、21世纪化学的发展趋势，认识现代化学作为中心学科在科学技术中的地位。

3. 理解并掌握物质的物理性质、化学性质的概念，能辨别常见的物理变化与化学变化。

4. 掌握常见的化学用语。

【导学过程】

一、化学的研究对象、内容和特征

化学是在原子、分子水平上研究物质的组成、结构、性质、变化、制备和应用的自然科学。

化学的特征是认识分子、制造分子。

化学是一门以实验为基础的、具有创造性的科学。

二、化学发展的基本历程以及20世纪化学发展的基本特征、21世纪化学的发展趋势

例1：人类社会开始化学实践，从________开始，近现代化学史上有一些具有里程碑意义的重要史实：1661年，英国化学家、物理学家________提出________的概念，标志着近代化学的诞生；1771年，法国化学家拉瓦锡建立________，使近代化学取得了革命性进展；1803年，英国化学家、物理学家道尔顿提出________学说，为近代化学的发展奠定了坚实的基础；

1869 年，俄国化学家__________发现元素周期律，把化学元素及其化合物纳入一个统一的理论体系；1965 年，中国科学家在世界上首次人工全合成了__________；1981 年，中国科学家在世界上首次人工全合成了酵母丙氨酸转移核糖核酸。

三、物理性质、化学性质，物理变化、化学变化

物质不需要发生化学变化就表现出来的性质叫物理性质，包括颜色、状态、气味、熔点、沸点、硬度、密度等。物质在发生化学变化时所表现出来的性质叫化学性质。

物理变化与化学变化的本质区别是前者没有新物质生成，后者生成了新的物质。从微观的角度看，前者构成物质的分子本身没有发生变化，只是分子之间的距离发生了改变，后者构成物质的分子本身发生了变化，生成了新的分子，但原子和元素的种类并不发生变化。

两者的关系：物质发生物理变化时不一定发生化学变化，但发生化学变化时一定伴随着物理变化。

例 2：判断下列变化哪些是物理变化，哪些是化学变化。①冰融化成水；②干冰升华；③钢铁生锈；④用石灰抹的墙逐渐硬化；⑤蔗糖投入水中逐渐消失，水变甜；⑥电阻丝通电发热变红；⑦活性炭使品红溶液褪色；⑧石油分馏；⑨煤的干馏；⑩白磷自燃；⑪火药爆炸。

答案：物理变化：__________，化学变化：__________。

四、化学用语

（1）元素符号：每一种元素都有一个统一的国际符号，它既代表一种元素，又代表这种元素的一个原子。如 O 既代表氧元素，又代表一个氧原子。

（2）化学式：用元素符号表示物质（分子）组成的式子。它代表某种物质，表示该物质由什么元素组成；若有分子存在，它还可代表一个分子，表示每个分子中含有多少个某原子。

例如，H_2O 代表水，表示水由氢、氧两种元素组成；代表一个水分子，表示每个水分子由两个氢原子和一个氧原子构成。

化学式的书写规律：

金属单质由金属原子构成，金属单质的化学式就是其元素符号。

非金属单质中在常温下呈气态的一般为双原子分子，呈液态的溴和呈固态的碘单质的分子也是双原子分子。

其他非金属固态单质结构复杂，直接用元素符号代表其化学式。

稀有气体为单原子分子。

化合物一般可根据下列规律书写：$\overset{+n}{X}_m\overset{-m}{Y}_n$。

化合物中各元素化合价的代数和为零。

绝大多数情况下 m 和 n 要化简成最简整数比。

常见原子团：NH_4^+，NO_3^-，SO_4^{2-}，CO_3^{2-}，HCO_3^-，PO_4^{3-}，HPO_4^{2-}，$H_2PO_4^-$，ClO_3^-，MnO_4^-。

常见元素化合价：

元素	化合价	元素	化合价	元素	化合价	元素	化合价	元素	化合价
Ag	+1	Ca	+2	F	−1	C	+2，+4	O	−2
H	+1	Mg	+2	Cl	−1，+1，+3，+5，+7	Al	+3	N	−3，+1，+2，+3，+4，+5
K	+1	Ba	+2	Br	−1	Fe	+2，+3	Si	+4
Na	+1	Zn	+2	I	−1	Cu	+1，+2		

(3) 原子结构简图、离子结构简图：反映原子、原子核外各电子层上电子数的符号。

(4) 化学反应方程式：用化学式表示化学反应的式子。

书写化学反应方程式，需遵循两个原则：一要尊重客观事实，二要遵循质量守恒定律，即要配平反应方程式，反应前后各元素的原子个数要对应相等。

此外，要注意反应条件和反应规律，同样的反应物在不同条件下可能发生不同的反应。

化学反应方程式不仅体现出了反应物、生成物分别是什么，而且还告诉我们各物质的比例关系。

	$2H_2$	+ O_2 $\xlongequal{点燃}$	$2H_2O$
从质量角度看：	4 g	32 g	36 g
从分子数角度看：	2 个分子	1 个分子	2 个分子
从物质的量角度看：	2 mol	1 mol	2 mol
从标准状况下气体体积角度看：	44. 8 L	22. 4 L	
从任意相同条件气体体积角度看：	2 体积	1 体积	

例3：一氧化氮是大气的主要污染物之一，近几年来，又发现在生物体内存在少量的一氧化氮，它有扩张血管和增强记忆力的功能，成为当前生命科学

研究的热点。

（1）一氧化氮是工业制取硝酸的中间产物，生成一氧化氮的化学方程式为 $4X + 5O_2 \xlongequal{催化剂} 4NO + 6H_2O$，根据质量守恒定律可以推断 X 的化学式为______。

（2）汽车尾气中含有一氧化氮、一氧化碳等有毒气体，处理的方法是在汽车尾气的排气管上安装一个催化转换器，在催化剂的作用下，一氧化氮与一氧化碳反应可生成两种可参与大气循环的气体，该反应的化学方程式为________。

【课堂达标】

1. 人类开始化学实践活动是从下列哪项活动开始的？(　　)

A. 使用火　　B. 制陶瓷　　C. 酿酒　　D. 炼丹

2. 近代化学科学诞生的标志是(　　)。

A. 1869 年元素周期律的发现　　B. 1803 年原子学说的建立

C. 1771 年氧化学说的建立　　D. 1661 年化学元素概念的提出

3. 下列各项中，不属于化学科学研究内容的是(　　)。

A. 寻找新的性能良好的材料　　B. 治理环境污染

C. 开发新能源　　D. 研究质子、中子的结构

4. 1803 年提出原子学说，为近代化学的发展奠定了坚实基础的科学家是(　　)。

A. 英国化学家、物理学家——波义耳

B. 法国化学家——拉瓦锡

C. 英国化学家、物理学家——道尔顿

D. 俄国化学家——门捷列夫

5. 下列叙述中，不符合化学史实的是(　　)。

A. 法国化学家拉瓦锡建立燃烧现象的氧化学说使近代化学取得了革命性进展

B. 英国化学家在世界上首次合成了具有生物活性的蛋白质——牛胰岛素

C. 以碳及其化合物为原料制成的芯片和光导纤维引领我们进入了信息时代

D. 经过化学家们的不断努力，从自然界中发现以及人工制造出的化合物已经超过3 500万种

6. 19 世纪中叶，门捷列夫的突出贡献是(　　)。

A. 提出原子学说　　B. 发现元素周期律

C. 提出分子学说　　D. 发现氧气

7. 下列物质的性质，属于化学性质的是(　　)。

A. 在标准状况下，氧气的密度比空气略大

B. 氧气不易溶于水

C. 绿色的碱式碳酸铜受热后能变成黑色物质

D. 镁带很容易被折弯

8. 保持氧气化学性质的最小微粒是(　　)。

A. 氧原子　　B. 氧分子　　C. 氧离子　　D. 氧元素

9. 打雷闪电时，空气中有极少量氧气会转化成臭氧（$3O_2 \xlongequal{放电} 2O_3$），下列有关说法正确的是(　　)。

A. 该变化是物理变化　　B. 氧气和臭氧是同素异形体

C. 氧气是单质，臭氧是化合物　　D. 氧气和臭氧的性质完全相同

10. 下列变化属于化学变化的是(　　)。

A. 铁在 1 535 ℃时熔化成铁水

B. 木炭在氧气中燃烧

C. 1 标准大气压下，水在 100 ℃时变成水蒸气

D. 日光灯照明

11. 下列变化属于化学变化的是(　　)。

A. 分离液态空气制氧气

B. 海水晒盐

C. 用汽油做溶剂清洗掉衣服上的油污

D. 绿色植物光合作用

12. 下列关于燃烧的说法不正确的是(　　)。

A. 都是化学变化　　B. 都是氧化反应

C. 都是放热反应　　D. 都是化合反应

13. 化学反应前后必定发生改变的是(　　)。

A. 分子种类　　B. 元素种类

C. 原子数目　　D. 各物质质量总和

14. 某含氧酸分子式为 $H_xRO_{y/2}$，则 R 的化合价为(　　)。

A. x　　B. $x-y$

C. $y-x$　　D. $(x-y)/2$

15. 下列符号中，既能表示一种元素，又能表示一种原子，还能表示一种元素的游离态的是(　　)。

A. O　　B. Ar　　C. N　　D. I

16. 已知元素 R 的化合价是 +5 价，下列含 R 元素的化合物分子式错误的是(　　)。

A. R_2O_5　　B. HRO_3

C. $Mg(RO_3)_2$　　D. KRO_2

17. 下列广告用语在科学性上没有错误的是(　　)。

A. 这种饮料不含任何化学物质

B. 这种蒸馏水绝对纯净，其中不含任何离子

C. 这种口服液含有丰富的氮、磷、锌等微量元素

D. 没有水就没有生命

18. 氟氯烃对大气臭氧层有破坏作用。据报道，南极上空的臭氧空洞已有三个中国的面积大！科学家们呼吁人类保护臭氧层。大气层中臭氧的作用是(　　)。

A. 吸收 CO_2　　B. 补充 O_2

C. 吸收红外线　　D. 吸收紫外线

19. 借助化学方法，分子是可以再分的，而原子不能用化学方法再分为更小的微粒。下列实验事实最能体现上述论点的是(　　)。

A. 食盐固体溶于水消失

B. 打开盛浓盐酸的试剂瓶，冒白雾

C. 干冰露置在空气中逐渐消失

D. 红色氧化汞粉末受热分解成氧气和汞

【参考答案】

1. A　2. D　3. D　4. C　5. B　6. B　7. C　8. B　9. B　10. B

11. D　12. D　13. A　14. C　15. B　16. D　17. D　18. D　19. D

“研究物质性质的方法和程序”导学案

研究物质性质的方法和程序（1）

【学习目标】

1. 了解金属钠的物理性质及主要化学性质（钠跟水、氧气的反应），认识钠是一种很活泼的金属。

2. 体验观察、实验、分类、比较在化学研究中的作用，并认识到实验过程中控制实验条件的重要性。

3. 激发学生学习化学的兴趣，乐于探究物质变化的奥秘。

【导学过程】

研究物质性质的基本方法

填表复习（在初中科学课的学习中，你通过什么方法来研究以下物质的性质?）

物质	研究性质的主要方法	物质	研究性质的主要方法
氢气或氧气		盐酸	
锌或铁		酸的通性及某些酸的特性	

方法应用案例：钠的性质

1. 金属钠的部分物理性质。

状态	颜色	硬度	延展性	导热性

2. 金属钠与水的反应。

现象	分析（或结论）及拓展应用
(1)	
(2)	
(3)	
(4)	
(5)	

反应方程式：

反应原理解释：

3. 钠与氧气的反应。

实验内容	实验现象	结论及拓展应用
金属钠在空气中放置		
在空气中加热金属钠		

反应方程式：

4. 拓展延伸。

(1) 预测金属钠与盐酸反应的现象。

(2) 解释所观察到的金属钠与硫酸铜溶液的反应现象（演示实验）。

归纳概括：你通过哪些方法研究得出钠具有什么样的性质？

【课堂达标】

2001 年 7 月 8 日网上登载了一篇名为《金属钠“水雷”惊现珠江》的报道，以下是该文部分内容的摘录：

据现场一位围观的群众讲，早上 10 时多，石溪水域内突然冒起一股白烟，从漂在水面上的一个铁桶内蹿出亮红色的火苗，紧接着一声巨响，蘑菇状的水柱冲天而起。“没想到水里的东西也能着火爆炸。”一位妇女惊讶地说。随后，直到中午，这个铁桶又连续爆炸了多次。爆炸时腾起的白色烟雾有近 10 米高，还有许多白烟飘到了旁边的正大公司里面。

正大公司的一名保安说，①飘进公司的白烟内还有许多没有燃烧的残渣，这些灰白色的物体一遇到水就不停地冒泡，有时甚至还会突然着火，为了防止引起火灾，公司的人只好在烟尘降落的地域喷了许多水，以便引燃这些仍然没有燃烧的东西。“平常我们都是用水灭火，今天却要用水引火。”一位保安笑着说。

据悉，早在前日，珠江水面上就发现了两个铁桶，其中一个在车陂附近的江面上爆炸了，另外一个则在石溪水面被路过的船只发现。据说，晚上 6 时 45 分左右，该船曾经将铁桶打捞上船，本打算清洗过后使用。但是当船员把盖子打开后，桶内马上冒起浓浓的白烟，而且一旦②接触桶内物质，双手立刻感到剧烈的疼痛，于是他们又将桶推到江里。③一遇到水，这个桶就爆炸了。

请回答：

（1）写出①中提到的“灰白色的物体”遇水反应的主要化学方程式。

（2）请你根据相关化学原理，解释②中描述的现象产生的原因。万一不小心用手直接触摸金属钠，应该怎样处理？

（3）根据相关化学反应原理，解释③中描述的现象产生的原因，并说明应该怎样灭火。

【课外练习】

一、选择题（只有一个正确选项）

1. 当金属钠着火时，应选择的灭火剂是（　　）。

A. 水　　B. 泡沫灭火器　　C. 沙土　　D. 煤油

2. 钠在自然界中最主要的存在形式是（　　）。

A. 游离态　　B. 氯化钠　　C. 硫酸钠　　D. 硝酸钠

3. 钠的下列用途与钠的化学性质无关的是（　　）。

A. 制取过氧化钠　　B. 做原子反应堆导热剂

C. 钠与四氯化钛反应冶炼金属钛　　D. 做高压钠灯

4. 钠应用在电光源上，可制出高压钠灯，是因为(　　)。

A. 钠是活泼金属　　B. 钠燃烧时产生黄色火焰

C. 钠发出的黄光射程远，透雾力强　　D. 钠是电的良导体

5. 在烧杯中加入水和苯（密度：0.88 g/cm^3）各 50 mL。将一小粒金属钠（密度：0.97 g/cm^3）投入烧杯中，观察到的现象可能是(　　)。

A. 钠在水层中反应并四处游动

B. 钠停留在苯层中不发生反应

C. 钠在苯的液面上反应并四处游动

D. 钠在苯与水的界面处反应并可能上下跳动

6. 取一小块金属钠放在燃烧匙里加热，下列实验现象：①金属先熔化；②在空气中燃烧，放出黄色火花；③燃烧后得白色固体；④燃烧时火焰为黄色；⑤燃烧后生成浅黄色固体物质，描述正确的是(　　)。

A. ①②　　B. ①②③　　C. ①④⑤　　D. ④⑤

7. 已知煤油的密度是 0.8 g/cm^3，试根据金属钠的保存方法和与水反应的现象，推测金属钠的密度，推测结果是(　　)。

A. 大于 1.0 g/cm^3　　B. 小于 0.8 g/cm^3

C. 介于 0.8 g/cm^3 和 1.0 g/cm^3 之间　　D. 无法推测

8. 关于 Na^+ 的描述正确的是(　　)。

A. 银白色金属　　B. 极易变质

C. 可存在于晶体或溶液中　　D. 水溶液呈碱性

9. 在实验室里做钠跟水反应的实验时，用到的仪器是(　　)。

a. 试管夹　b. 镊子　c. 小刀　d. 冷凝管　e. 滤纸　f. 研钵　g. 烧杯　h. 坩埚　i. 石棉网　j. 玻璃片　k. 药匙　l. 燃烧匙

A. a, b, d, i　　B. c, e, f, k　　C. f, g, h, l　　D. b, c, e, g, j

★10. 常温下 Na 在空气中的变化过程可能是(　　)。

A. $Na \rightarrow Na_2O_2 \rightarrow NaOH \rightarrow Na_2CO_3 \rightarrow Na_2CO_3 \cdot 10H_2O$

B. $Na \rightarrow Na_2O_2 \rightarrow Na_2CO_3 \rightarrow NaHCO_3$

C. $Na \rightarrow Na_2O \rightarrow NaOH \rightarrow Na_2CO_3 \cdot 10H_2O \rightarrow Na_2CO_3$

D. $Na \rightarrow Na_2O \rightarrow Na_2CO_3 \rightarrow Na_2CO_3 \cdot 10H_2O$

二、填空题

★11. 将一小块钠用小刀切开，暴露在空气中，可以观察到如下现象：

（1）金属钠变暗：________________。

（2）过一会儿变潮湿，同时使用放大镜观察，发现多处有小气泡生成：________________。

（3）再过较长时间又转变为白色晶体：________________。

（4）白色晶体最终变成白色粉末：________________。

（信息：NaOH 固体易潮解；$Na_2CO_3 \cdot 10H_2O$ 为白色晶体；$Na_2CO_3 \cdot 10H_2O$ 在空气中会自动失水。）

试在相应反应后分别写出上述反应现象的有关化学方程式。

【学后反思】

【参考答案】

1. C　2. B　3. D　4. C　5. D　6. C　7. C　8. C　9. D　10. C

11.（1）$4Na + O_2 = 2Na_2O$

（2）$Na_2O + H_2O = 2NaOH$

（3）$2NaOH + CO_2 + 9H_2O = Na_2CO_3 \cdot 10H_2O$

（4）$Na_2CO_3 \cdot 10H_2O = Na_2CO_3 + 10H_2O$

研究物质性质的方法和程序（2）

【学习目标】

1. 了解氯气的物理性质及主要化学性质（与水、碱的反应），认识氯气是一种活泼的非金属单质。

2. 体验观察、分类、实验、比较在化学研究中的有序性，认识到实验过程中有序分析的重要性。

3. 激发兴趣，乐于探究物质变化的奥秘。

【导学过程】

研究物质性质的基本程序

复习：研究物质性质的基本方法是______、______、______、______。

归纳：你认为研究一种物质或多种物质的性质，应该按照什么程序来进行？（举实例进行说明）

实例——氯气的性质研究：

2004年4月16日凌晨，当繁华的山城已沉入梦乡的时候，一场意想不到的危险却悄然降临了。“嘭！”重庆天原化工总厂在寂静的黑夜中发出一声闷响，厂里2号氯冷凝器发生爆炸，黄绿色的氯气迅速弥漫开来。下午17时57分，化工厂再次发生爆炸，当即造成9人死亡和失踪，情况十分紧急！天原化工总厂处在人口稠密的江北区腹心地带，而常人吸入浓度为每立方米2.5毫克的氯气就会死亡……

1. 氯气的物理性质：氯气是一种________味的________体，有________，密度比空气________，__________于水（________∶_________），________液化（－34.6 ℃）。

思考：怎样闻气体的气味？

2. 探究氯气能否与金属或非金属单质反应。

（1）预测性质：

（2）实验验证：

实验内容	实验现象	推断生成物、反应方程式
将红热的细铁丝伸入氯气的集气瓶		
将红热的铜丝伸入氯气的集气瓶		
将点燃的氢气导管伸入氯气的集气瓶		
结论：		

（3）分析、解释：

① 氯气与变价态金属（铜、铁）反应的产物有何特点？

② 观察到的“烟”是什么状态的物质？

③ 什么叫燃烧？没有氧气参加的反应也能称为“燃烧”吗？

（4）比较、归纳：

① 氯气能与金属钠反应吗？反应产物、现象都有哪些？

② 氯气和氢气在光照或点燃两种条件下都可以生成氯化氢，用哪种方法制盐酸呢？

3. 探究氯气能否与水反应。（演示：干燥的氯气依次通过盛有干红布条和湿润红布条的实验。）

（1）实验基础上的理论预测分析：

（2）验证实验：

实验内容	实验现象	实验结论
氯水与镁条的反应		
氯水与硝酸银溶液的反应		
氯水与湿润红布条的反应		
将氯水滴在湿润蓝色石蕊试纸上		

（3）用方程式分析解释氯气与水的反应及以上实验：

（4）用方程式说明氯气尾气处理的反应原理、工业制漂白粉原理及漂白粉漂白原理：

【课堂达标】

1. 氯水成分的实验探究。

序号	操作	现象	结论或解释
1	观察并小心闻其气味	呈黄绿色，有刺激性气味	
2	取 2 mL 新制氯水放于小试管中，加无水硫酸铜粉末		
3	取 2 mL 新制氯水放于小试管中，滴加紫色石蕊溶液		
4	取 2 mL 新制氯水放于小试管中，滴加硝酸银溶液		
5	在小试管中加入 3 小块石灰石固体，再加入 10 mL 新制氯水		
6	用小试管盛满新制氯水后用橡皮塞塞紧，倒置固定在铁架台上，放在阳光直射处	黄绿色逐渐消失，试管底部有无色气泡产生	
7	将几片有色鲜花花瓣放在 50 mL 烧杯中，再加入10 mL新制氯水浸没花瓣	花瓣褪色	
结论			

2. 2004 年 4 月 16 日，重庆天原化工总厂发生了氯气泄漏及爆炸特大事故，喷出的氯气造成了多人伤亡。作为现场的消防干警，下列处理方法和过程较合理的是(　　)。

①及时转移疏散人群，同时向有关部门如实报告事故的有关情况；②被转移人群应戴上用浓 NaOH 处理过的口罩；③用高压水枪向空中喷洒含碱性物质的水溶液解毒；④被转移人群可戴上用 Na_2CO_3 处理过的口罩（湿润）；⑤将人群转移到地势较低的地方；⑥及时清理现场，检查水源和食物等是否被污染；⑦在常温下氯气能溶于水，所以只要向空气中喷洒水就可以解毒。

A. ②③④⑤　　B. ①③④⑥　　C. ①②⑤⑥　　D. ①③⑤⑦

【课外作业】

一、选择题（只有一个正确选项）

1. 研究物质的性质的基本程序是一个系统化的过程，其主要可分为四个步骤，下列是研究物质性质的一般程序的第一步的是(　　)。

A. 预测物质的性质　　B. 观察物质的外观性质

C. 进行实验和观察　　D. 做出有关解释和结论

2. 漂白粉的有效成分是(　　)。

A. $Ca(OH)_2$　　B. $Ca(ClO)_2$

C. $CaCl_2$　　D. $CaCO_3$

3. 放在敞口容器中的下列溶液，久置后溶液中该溶质的浓度会变大的是(　　)。

A. 浓盐酸　　B. 氢氧化钠

C. 氯水　　D. 氯化钠

4. 生产自来水时，用适量的氯气来杀菌、消毒。市场上有些不法商贩为牟取暴利，用自来水冒充纯净水出售。下列试剂中可用于辨别真假的是(　　)。

A. 酚酞溶液　　B. 氯化钡溶液

C. 氢氧化钠溶液　　D. 硝酸银溶液

5. 检验氯化氢气体中是否混有 Cl_2，可采用的方法是(　　)。

A. 用干燥的蓝色石蕊试纸　　B. 用干燥的有色布条

C. 将气体通入硝酸银溶液　　D. 用湿润的蓝色石蕊试纸

6. 下列关于 Cl^- 的说法中，正确的是(　　)。

A. Cl^- 呈黄色　　B. Cl^- 有毒

C. Cl^- 易变质　　D. Cl^- 有稳定结构

7. 氯气是有毒的，曾被制成毒气弹用于侵略战争。当这种毒气弹顺风爆炸时，通常可选用的防御方法是(　　)。

①人躲到低洼的地方；②人躲到较高的地方；③多饮水；④用浸有肥皂水的软布蒙面。

A. ①④　　B. ②③　　C. ②④　　D. ②③④

8. 下列关于氯水的说法正确的是(　　)。

A. 新制的氯水只含有氯气分子和水分子

B. 新制氯水可使紫色石蕊溶液先变红后褪色

C. 光照氯水有气泡逸出，该气体主要是氯气

D. 新制氯水久置后会因氯气挥发而几乎无漂白性

9. 2005 年 3 月，京沪高速公路淮安段一辆载有约 35 吨液氯的槽罐车与一辆货车相撞，导致槽罐车中的液氯大面积泄漏，造成多人伤亡。下列处理方法和过程不合理的是(　　)。

A. 被转移人群可戴上用 NaOH 溶液处理过的口罩

B. 将槽罐车推入附近的水塘中，撒上石灰

C. 用高压水枪向空中喷洒大量碱性溶液

D. 被转移人群用浸有稀纯碱水的毛巾捂住脸部

★10. 痕检是公安机关提取犯罪嫌疑人指纹的一种重要方法，$AgNO_3$显现法就是其中的一种：人的手上有汗渍，用手动过白纸后，手指纹线就留在纸上。如果将溶液①小心地涂到纸上，溶液①中的溶质就跟汗渍中的物质②作用，生成物质③，物质③在光照下，分解出的银粒呈灰褐色，随着反应的进行，银粒逐渐增多，由棕色变成黑色的指纹线。用化学式表示这 3 种物质都正确的是(　　)。

A. ①$AgNO_3$；②NaBr；③AgBr　　B. ①$AgNO_3$；②NaCl；③AgCl

C. ①AgCl；②$AgNO_3$；③NaCl　　D. ①$AgNO_3$；②NaI；③AgI

二、填空题

11. 氯气与液氯、新制氯水的比较。

	类别	状态	粒子	漂白性
氯气				
液氯				
新制氯水				

12. （1）工业制取漂白粉原理的反应方程式是________________；漂白粉的主要成分是________________；有效成分是__________；漂白粉是一种重要的杀菌消毒剂和漂白剂，用漂白粉漂白时，发生反应的化学方程式是________________，该反应也是漂白粉放置在空气中失效的反应。

（2）新制氯水呈现________色，说明氯水中有________存在；在氯水中滴入数滴石蕊溶液，溶液变成红色，说明氯水中有________存在；能说明氯水中有 HClO 分子存在的现象是____________；久置的氯水颜色变浅，其原因是（用化学方程式表示）：________________，________________。

【学后反思】

【参考答案】

1. B　2. B　3. D　4. D　5. D　6. D　7. C　8. B　9. A　10. B

11. 从左至右：纯净物　气态　Cl_2　无　纯净物　液态　Cl_2　无　混合物　液态　Cl_2，H_2O，H^+，Cl^-，ClO^-，OH^-和 HClO　有

12. （1）$2Ca(OH)_2 + 2Cl_2 = Ca(ClO)_2 + CaCl_2 + 2H_2O$

$Ca(ClO)_2$，$CaCl_2$

$Ca(ClO)_2$

$Ca(ClO)_2 + CO_2 + H_2O = CaCO_3\downarrow + 2HClO$

（2）淡黄绿　Cl_2　H^+　溶液红色又褪去　$Cl_2 + H_2O \rightleftharpoons HCl + HClO$

$2HClO \xlongequal{光照} 2HCl + O_2\uparrow$

“化学中常用的物理量——物质的量”导学案

化学中常用的物理量——物质的量（1）

【学习目标】

1. 理解化学上“物质的量”的概念的重要性和必要性；理解物质的量、摩尔、阿伏伽德罗常数的含义。

2. 会利用物质的量、阿伏伽德罗常数、微粒数之间的关系进行简单计算。

3. 通过建立数学模型，培养解决实际问题的能力。

【导学过程】

物质的量、阿伏伽德罗常数、摩尔

1. 物质的量。

填空：

粒子符号	相对原（分）子质量	每个粒子的质量	粒子集合体质量	所含的粒子数（个）
^{12}C	12	1.993×10^{-23} g	12 g	
Fe	56	9.302×10^{-23} g	56 g	
H_2SO_4	98	1.628×10^{-22} g	98 g	
H_2O	18	2.990×10^{-23} g	18 g	

（1）概念：____。

（2）符号：__________，如氯化钠的物质的量表示为____________。

（3）单位：________，简称________，符号为____________________。

（4）应用范围：________________________________等__________。

（5）含义：____。

2. 阿伏伽德罗常数

（1）概念：__________，符号：_______，近似值为__________。

（2）与物质的量 n、微粒数 N 的关系：________。

（3）使用说明：____。

3. 摩尔

（1）摩尔是__________的单位，而非__________。符号：_______。

（2）使用对象：______________。

（3）表示法：______________。

4. 国际单位制（SI）7 个基本物理量与摩尔的基准。

物理量	单位名称	单位符号	研究对象	基准
长度			两点间的距离长短	以光在真空中 1/299 792 458 s 时间间隔内所经路程的长度为 1 m
质量			物质惯性大小	——
时间			物质运动变化的连续性表现	——
电流			——	——
热力学温度	开尔文	K	——	——
发光强度	坎德拉	cd	——	——
物质的量				

【课堂达标】

1. “2 mol H、2 mol H^+、2 mol H_2、2 mol H_2O、2H”，分别读作________、________、________、________、________。

2. 用符号表示：2 摩尔水写作________；5 摩尔硫酸根离子写作________。

3. 判断正（√）误（×）：1 mol 大米（　　）、1 mol Fe（　　）、0. 2 mol He（　　）、1 mol H_2O（　　）、2 mol 氯（　　）、1 mol 盐酸（　　）、1 mol H^+（　　）、1 mol H_2（　　）。

4. 下列对于“摩尔”的理解正确的是（　　）。

A. 摩尔是国际科学界建议采用的一种物理量

B. 摩尔是物质的量的单位，简称“摩”，符号为“mol”

C. 摩尔可以把物质的宏观数量与微观粒子的数量联系起来

D. 国际上规定，0.012 kg 碳原子所含的碳原子数目为 1 摩尔

5. 0.5 mol H_2SO_4 含____mol H、____mol S、________个 O。物质的量为 1.7 mol 的 Na_2SO_4 含____mol Na^+、__________mol SO_4^{2-}、__________个 O。

【课外练习】

一、选择题（只有一个正确选项）

1. 下列解释正确的是(　　)。

A. 物质的量就是物质的质量

B. 物质的量就是物质的数量

C. 物质的量可认为是物质质量

D. 物质的量是一个物理量，表示含有一定数目粒子的集合体

2. 下列关于摩尔的认识，正确的是(　　)。

A. 摩尔是物质数量的单位

B. 摩尔是物质质量的单位

C. 摩尔是国际单位制的七个基本物理量之一

D. 摩尔是物质的量的单位，要指明微观粒子的具体名称或符号

3. 下列表示方法中，错误的是(　　)。

A. 2 mol 氮　　B. 1 mol H_2O　　C. 4 mol e^-　　D. 0.5 mol H_2SO_4

4. 下列关于阿伏伽德罗常数的说法，正确的是(　　)。

A. 阿伏伽德罗常数是一个纯数，没有单位

B. 阿伏伽德罗常数就是 6.02×10^{23}

C. 阿伏伽德罗常数是指 0.012 kg 碳中的碳原子数

D. 阿伏伽德罗常数的近似值为 6.02×10^{23} mol^{-1}

5. 1 mol CO 与 1 mol CO_2 具有相同粒子数的是(　　)。

① 分子数　② 原子数　③ 氧原子数　④ 碳原子数

A. ①②　　B. ②③

C. ①④　　D. ①②③④

6. 含有 6.02×10^{23} 个 Na^+ 的 NaCl 的物质的量为(　　)。

A. 1 mol　　B. 6.02×10^{23} mol

C. 6.02×10^{23} g　　D. 0.1 mol

7. 下列各物质所含原子个数按由大到小顺序排列的是(　　)。

①0.5 mol NH_3　②1 mol He　③0.5 mol H_2O　④0.2 mol H_3PO_4

A. ①④③②　B. ④③②①　C. ②③④①　D. ①④②③

8. 含有相同氧原子数的 CO_2 和 CO 的物质的量之比为(　　)。

A. 1 : 1　B. 1 : 2　C. 2 : 3　D. 2 : 1

二、填空题

9. 1 mol H_2SO_4 中含______mol H，______mol S，共含______mol 原子。0.3 mol 的氧气和 0.2 mol 的臭氧（O_3），它们所含分子数（填“相同”或“不同”，下同）________，所含氧原子数________。0.2 mol $Al_2(SO_4)_3$ 中含________个 Al^{3+}，在水中电离可产生________mol SO_4^{2-}。等物质的量的 CO 和 CO_2 所含的原子个数之比是________。某 Na_2SO_4 溶液中含 3.01×10^{22} 个 Na^+，该溶液中所含 Na_2SO_4 的物质的量是________。

【学后反思】

【参考答案】

1. D　2. D　3. A　4. D　5. C　6. A　7. A　8. B

9. 2　1　7　不同　相同　0.4 N_A　0.6　2 : 3　0.025 mol

化学中常用的物理量——物质的量（2）

【学习目标】

1. 初步理解摩尔质量的概念，能灵活运用 $n = m/M$ 和 $n = N/N_A$ 两个关系式。

2. 学会归纳总结科学的方法，体验发现问题、分析问题、解决问题的探究性学习过程。

3. 培养抽象思维能力、科学归纳的思维能力。

【导学过程】

摩尔质量和气体摩尔体积

1. 摩尔质量。

粒子符号	相对原（分）子质量	每个粒子的质量（克/个）	1 mol 物质含有的粒子数（个）	1 mol 物质质量（克）
C		1.993×10^{-23}		
Fe		9.302×10^{-23}		
H_2SO_4		1.628×10^{-22}		
H_2O		2.990×10^{-23}		
Na^+		3.821×10^{-23}		
OH^-		2.824×10^{-23}		

（1）概念：________的物质所具有的质量，用符号________表示。

（2）单位：________或________。

（3）说明：①与相对原（分）子质量的比较，以____________为单位时的摩尔质量，在________上________其相对分子质量或相对原子质量。

②与 1 mol 物质的质量的比较：________相同，________不同。

（4）与物质的量的关系：____________。

2. 物质的质量、物质的量和粒子数之间的相互换算——物质的量的“桥梁”作用体现。

物质	N（个）	m（g）	n（mol）
O_2		16	
H_2SO_4	3.01×10^{23}		
H_2O			2
OH^-		3.4 g	
Na^+			5 mol
NH_4^+	6.02×10^{24}		

【课堂达标】

1. 有质量相同的CH_4和NH_3，其分子个数比为__________，原子个数比为__________，氢原子个数比为__________。

2. 偏二甲肼（$C_2H_8N_2$）是一种高能燃料，燃烧产生的巨大能量可作为航天运载火箭的推动力。下列叙述正确的是(　　)。

A. 偏二甲肼（$C_2H_8N_2$）的摩尔质量为60 g

B. 6.02×10^{23}个偏二甲肼（$C_2H_8N_2$）分子的质量为60 g

C. 1 mol 偏二甲肼（$C_2H_8N_2$）的质量为60 g/mol

D. 6 g 偏二甲肼（$C_2H_8N_2$）含N_A个偏二甲肼（$C_2H_8N_2$）分子

3. 铅笔芯的主要成分是石墨和黏土，这些物质按照不同的比例加以混合、压制，就可以制成铅笔芯。如果铅笔芯质量的一半成分是石墨，且用铅笔写一个字消耗的质量约为1 mg，那么一个铅笔字含有的碳原子数约为(　　)。

A. 2.5×10^{19}个　　B. 2.5×10^{22}个　　C. 5×10^{19}个　　D. 5×10^{22}个

4. 16 g 某元素含6.02×10^{23}个原子，则该元素原子的相对原子质量为(　　)。

A. 1　　B. 12　　C. 16　　D. 23

【课外练习】

一、选择题（只有一个正确选项）

1. 氧气的摩尔质量是(　　)。

A. 32 g　　B. 16 g　　C. 32 g/mol　　D. 16 g/mol

2. 下列说法正确的是(　　)。

A. 摩尔质量就等于物质的相对分子质量（或相对原子质量）

B. 摩尔质量就是物质的相对分子质量（或相对原子质量）的6.02×10^{23}倍

C. HNO_3的摩尔质量是63 g

D. 硫酸和磷酸（H_3PO_4）的摩尔质量相等

3. 光纤通信是一种现代化的通信手段，光纤通信容量大，一对光纤可同时传送3万部电话。制造光导纤维的主要原料是SiO_2，下列关于SiO_2的说法正确的是(　　)。

A. SiO_2的摩尔质量是60

B. 1 mol SiO_2中含1 mol O_2

C. 1.5 mol SiO_2中含 18.06×10^{23}个氧原子

D. 1 mol SiO_2的质量是 60 g/mol

4. 所含分子数相同的一组物质是(　　)。

A. 1 g H_2和 1 g N_2　　B. 1 mol H_2O 和 1 g H_2O

C. 3.2 g O_2和 4.8 g O_3　　D. 44 g CO_2和 16 g O_2

5. 下列有关阿伏伽德罗常数（N_A）的说法，不正确的是(　　)。

A. 32 g O_2所含的原子数目为 N_A

B. 0.5 mol H_2O 含有的原子数目为 1.5 N_A

C. 1 mol H_2O 含有的 H_2O 分子数目为 N_A

D. 0.5 N_A个氯气分子的物质的量是 0.5 mol

6. 下列说法正确的是(　　)。

A. 1 mol 氢的质量为 1 g

B. H_3PO_4的摩尔质量为 98 g

C. 等物质的量的 O_2和 O_3所含的 O 原子数目之比为 2∶3

D. 6 g ^{12}C 所含的原子数为阿伏伽德罗常数

7. 下列叙述正确的是(　　)。

A. 同质量的 H_2和 Cl_2相比，H_2的分子数多

B. Na_2O_2的摩尔质量为 78 g

C. 0.1 mol H_2SO_4含氢原子数的精确值为 1.204×10^{23}

D. 溶有 1 mol HCl 的盐酸溶液中含阿伏伽德罗常数个 HCl 分子

8. 下列物质中，物质的量最多的是(　　)。

A. 4 ℃时 10 mL 水　　B. 0.8 mol 硫酸

C. 3.01×10^{22}个氧分子　　D. 54 g 铝

9. 以 N_A为阿伏伽德罗常数的值，下列说法正确的是(　　)。

A. N_A个 N_2分子与 N_A个 CO 分子的质量比为 1∶1

B. 水的摩尔质量等于 N_A个水分子的相对分子质量之和

C. 1 mol O_2的质量等于 N_A个氧原子的质量

D. 分别由 N_A个水分子组成的冰、水、水蒸气的质量各不相同

10. 含 3.01×10^{23}个 O 原子的 H_3PO_4中 H 原子的物质的量为(　　)。

A. 1 mol　　B. 0.5 mol　　C. 0.25 mol　　D. 0.375 mol

二、填空题

11. 1.2 mol O_2和 0.8 mol O_3，它们所含的质量（填“相等”或“不相等”，

下同）______，分子数______，氧原子数______。质量相等的 SO_3 和 SO_2，分子个数之比为______，原子个数之比为__________，氧原子个数之比为_______。1.2 g RSO_4 中含 0.01 mol R^{2+}，则 RSO_4 的摩尔质量是_______，R 的相对原子质量约是_________。含相同数目氧原子的 CO 和 CO_2，它们所含碳原子数目之比为_________，物质的量之比为__________，质量之比为_________。

【学后反思】

【参考答案】

1. C　2. D　3. C　4. C　5. A　6. C　7. A　8. D　9. A　10. D

11. 相等　不相等　相等　4 : 5　16 : 15　6 : 5　120 g/mol　24　2 : 1　2 : 1　14 : 11

化学中常用的物理量——物质的量（3）

【学习目标】

1. 初步理解气体摩尔体积的概念，能灵活运用 $n = m/M$，$n = N/N_A$，$n = V/V_m$ 三个关系式。

2. 学会归纳总结的科学方法，体验解决问题的探究性学习过程。

3. 培养抽象思维能力、迁移学习能力。

【导学过程】

摩尔质量和气体摩尔体积

1. 知识准备：不同聚集状态物质的结构与性质。

物质聚集状态	微粒间距	能否被压缩
固态		
液态		
气态		

2. 填表（0 ℃，101 kPa）：

物质	物质的量/摩尔	粒子数/个	质量/克	密度（0 ℃）	体积
Fe（固）	1	6.02×10^{23}	55.85	7.96 g/cm^3	
Al（固）	1	6.02×10^{23}	26.98	2.7 g/cm^3	
Pb（固）	1	6.02×10^{23}	207.2	11.3 g/cm^3	
H_2O（液）	1	6.02×10^{23}	18.0	1.0 g/mL（4 ℃）	
H_2SO_4（液）	1	6.02×10^{23}	98.0	1.83 g/mL	
N_2（气）	1	6.02×10^{23}	28.0	1.25 g/L	
O_2（气）	1	6.02×10^{23}	32.00	1.43 g/L	
CO_2（气）	1	6.02×10^{23}	44.01	1.977 g/L	

3. 规律：

4. 原因解释：能决定物质体积大小的有多种因素：________、________、________。决定气体物质体积大小的主要外因有：温度越高，分子间距越________，体积越________；压强越大，分子间距越________，体积越________。

（1）概念：________________________________叫作气体摩尔体积，用符号________表示。

常用单位：________________和________________。

（2）标准状况下的气体摩尔体积：________________。

（3）标准状况下的气体摩尔体积与物质的量的关系：________________。

（4）阿伏伽德罗定律：____。

（5）标准状况下气体体积跟气体的物质的量、气体质量、气体微粒数目之间的换算关系：

$$\begin{array}{ccccc} V & \rightleftharpoons & n & \rightleftharpoons & m \\ & & \Updownarrow & & \\ & & N & & \end{array}$$

【课堂达标】

1. 判断下列说法是否正确？为什么？

a. 1 mol H_2的体积是 22. 4 L。（ ）

b. 1 mol H_2O 在标准状况下的体积是 22. 4 L。（ ）

c. 在标准状况下 22. 4 L 任何气体都含约 6.02×10^{23} 个分子。（ ）

d. 在标准状况下，气体摩尔体积约为 22. 4 L。（ ）

e. 温度为 0 ℃，压强为 505 kPa 时，CO_2气体的气体摩尔体积是22. 4 L/mol。（ ）

f. 当温度高于 0 ℃时，1 mol 任何气体的体积都大于 22. 4 L。（ ）

g. 在标准状况下，1 mol N_2的体积约是 22. 4 L。（ ）

h. 1 mol CO 和 1 mol CO_2所含分子数相同，体积也相同。（ ）

i. 1 mol 气体的体积若为 22. 4 L，它必定处于标准状况。（ ）

j. 在标准状况下，1 g H_2 和 11. 2 L O_2 的物质的量相等。（ ）

k. 在标准状况下，1 mol 氖气和氯气混合气体（任意体积比）的体积约为 22. 4 L。（ ）

2. 在标准状况下，2 mol CO_2的体积为________，3. 36 L O_2的物质的量为________；4 ℃时，0. 2 mol H_2O 的体积为________，2. 24 L H_2O 的物质的量为________；在标准状况下，67. 2 L HCl 的物质的量为________、质量为________、分子数是________；含相同分子数的 CO 和 CO_2，其物质的量之比是________，质量比是________，摩尔质量比是________，所含氧原子个数比是________，所含碳原子个数比是________，相同条件下气体体积比是________。

【课外练习】

一、选择题（只有一个正确选项）

1. 决定一定量气体体积大小的主要因素是(　　)。

A. 气体分子的大小　　B. 气体分子的质量

C. 气体分子间平均距离的大小　　D. 气体分子间的作用力大小

2. 下列叙述正确的是(　　)。

A. 一定温度、压强下，气体体积由其分子的大小决定

B. 一定温度、压强下，气体体积由其物质的量的多少决定

C. 气体摩尔体积是指 1 mol 任何气体所占的体积为 22.4 L

D. 不同的气体，若体积不等，则它们所含的分子数一定不等

3. 下列叙述正确的是(　　)。

A. 1 mol H_2O 的质量为 18 g/mol

B. CH_4的摩尔质量为 16 g

C. 3.01×10^{23}个 SO_2分子的质量为 32 g

D. 在标准状况下，1 mol 任何物质的体积均为 22.4 L

4. 下列叙述正确的是(　　)。

A. 在标准状况下，任何气体的摩尔体积都是 22.4 L

B. 1 mol 气体的体积若为 22.4 L，必处于标准状况

C. 在标准状况下 0.5 mol H_2，0.5 mol N_2混合气体所占体积约为 22.4 L

D. 1 mol SO_2的体积约为 22.4 L

5. 下列说法正确的是(　　)。

A. 在标准状况下 1 mol 水和 1 mol 氢气的体积都约为 22.4 L

B. 2 g H_2 和 44 g CO_2的体积相等

C. 1 mol 某气体的体积为 22.4 L

D. 在标准状况下，1 g H_2 和 11.2 L O_2 的物质的量相等

6. 1.505×10^{23}个氧分子在标准状况下所占的体积约是(　　)。

A. 5.6 L　　B. 0.56 L　　C. 2.8 L　　D. 11.2 L

7. 448 mL 某气体在标准状况下的质量为 1.28 g，该气体的摩尔质量约为(　　)。

A. 64 g　　B. 64　　C. 64 g/mol　　D. 32 g/mol

8. 关于 1 mol CO 和 1 mol N_2，下列说法正确的是(　　)。

A. 它们所含分子数相等　　B. 它们的体积相等

C. 它们的质量不相等　　D. 它们的密度相等

9. 在相同状况下，下列气体所占体积最大的是(　　)。

A. 80 g SO_2　　B. 16 g O_2　　C. 32 g H_2S　　D. 3 g H_2

10. 下列各物质所含原子数目按由大到小顺序排列的是(　　)。

①0.5 mol NH_3　　② 在标准状况下 22.4 L He

③4 ℃时 9 mL H_2O　　④0.2 mol H_3PO_4

A. ①④③②　　B. ④③②①　　C. ②③④①　　D. ①②④③

二、填空题

11. 在标准状况下：

（1）33.6 L 氯化氢（HCl）的物质的量是________，质量为________g，含氢原子__________个。

（2）16 g 氧气的体积约为____________，含氧原子____________mol，其摩尔质量为______________。

（3）44.8 L 氮气含的氮分子数是__________。__________g CO_2 与 4 g H_2 的体积相同。

12. 2 mol H_2O 中，含________mol H，含________mol O，含有__________个 H_2O。3.01×10^{23} 个 CO_2 的物质的量是__________mol，在标准状况下的体积为________L，质量是__________g。

13. 在同温、同压下，相同质量的下列气体：①Cl_2；②N_2；③H_2；④CO_2；⑤O_2，占有的体积由大到小的顺序是____________。

14. 在同温、同压下，相同体积的下列气体：①Cl_2；②N_2；③H_2；④CO_2；⑤O_2，具有的质量由大到小的顺序是____________。

【学后反思】

【参考答案】

1. C　2. B　3. C　4. C　5. D　6. A　7. C　8. A　9. D　10. A

11. （1）1.5 mol　54.75　1.5 N_A

（2）11.2 L　1　32 g/mol

（3）$2N_A$　88

12. 4　2　$2N_A$　0.5　11.2　22

13. ③②⑤④①

14. ①④⑤②③

化学中常用的物理量——物质的量（4）

【学习目标】

1. 正确理解和掌握物质的量浓度的概念，学会有关物质的量浓度的计算方法。

2. 通过物质的量浓度及其有关计算的学习，培养分析推理、归纳的能力。

【导学过程】

物质的量浓度

（1）概念：________________________叫作溶质B的物质的量浓度，用______表示，单位通常是__________。

（2）物质的量浓度计算表达式：__________。

（3）溶液中微粒物质的量浓度的计算——根据组成而定（H_2SO_4由$2H^+$和SO_4^{2-}组成；$MgCl_2$由Mg^{2+}和$2Cl^-$组成）。

溶质	物质的量浓度	溶液体积	溶质微粒	溶质微粒的物质的量浓度
H_2SO_4	1 mol/L	0.5 L		
$MgCl_2$				
C_2H_5OH（酒精）				

（4）以物质的量为核心的换算关系：

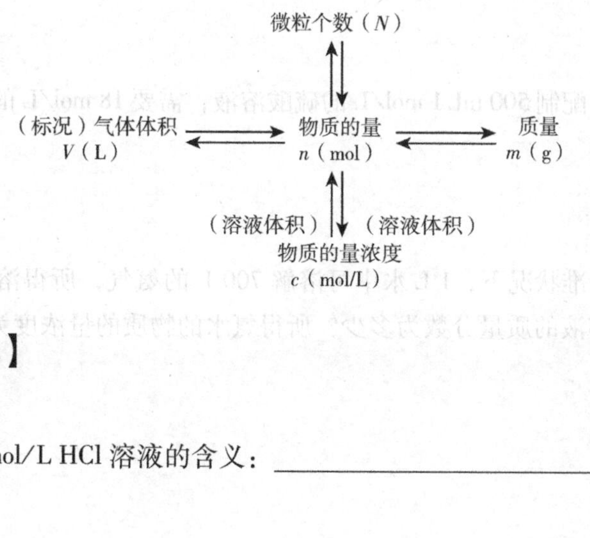

【课堂达标】

1. 填空。

（1）说明1 mol/L HCl溶液的含义：____________________。

（2）将 0.5 mol NaOH 配成 500 mL 溶液，该溶液的物质的量浓度为______。

（3）100 mL 1 mol/L 的 NaOH 溶液中，其 NaOH 的物质的量是__________，其 NaOH 的质量是__________。

（4）用 20 g NaOH 配成 500 mL 溶液，其物质的量浓度为______mol/L，取 5 mL 该溶液，其物质的量浓度为______mol/L。

（5）把 49 g H_2SO_4 配成 2 L 稀 H_2SO_4 溶液，稀 H_2SO_4 溶液的物质的量浓度为______________mol/L。

（6）在 200 mL 稀盐酸中溶有 0.73 g 氯化氢气体，稀盐酸的物质的量浓度为______________mol/L。

（7）在标准状况下，11.2 L NH_3 溶于水，配成 400 mL 溶液，此氨水的物质的量浓度为__________mol/L。讨论：将 342 g $C_{12}H_{22}O_{11}$（蔗糖）溶解在 1 L 水中，所得溶液中溶质的物质的量浓度是否为 1 mol/L？［已知 M（$C_{12}H_{22}O_{11}$）= 342 g/mol］

2. 下列各溶液中 Na^+ 浓度最大的是(　　)。

A. 4 L 0.5 mol/L 的 NaCl 溶液　　B. 1 L 0.3 mol/L 的 Na_2SO_4 溶液

C. 0.8 L 0.4 mol/L 的 NaOH 溶液　　D. 2 L 0.15 mol/L 的 Na_3PO_4 溶液

3. 问答。

（1）将 284 g Na_2SO_4 溶于水配成 4 L 溶液，所得溶液中溶质的物质的量浓度为多少？其中 Na^+ 的物质的量浓度为多少？

（2）配制 100 mL 0.5 mol/L 的 NaOH 溶液需要 NaOH 的质量是多少？

（3）将 28 g KOH 溶于水配制成 0.2 mol/L 的 KOH 溶液，计算此溶液的体积。

4. 计算配制 500 mL 1 mol/L 的硫酸溶液，需要 18 mol/L 的浓硫酸多少毫升？

5. 在标准状况下，1 L 水中可溶解 700 L 的氨气，所得溶液密度为 0.90 g/mL，则该溶液的质量分数为多少？所得氨水的物质的量浓度为多少？

【课外练习】

一、选择题（只有一个正确选项）

1. 下列一定表示溶液浓度的单位是(　　)。

A. g/L　　B. %

C. mol/L　　D. L/mol

2. 若 20 mL 的 $Ca(NO_3)_2$ 溶液里含 4 g Ca^{2+}，则 Ca^{2+} 的物质的量浓度是(　　)。

A. 5 mol/L　　B. 4 mol/L

C. 6 mol/L　　D. 8 mol/L

3. 要配制 500 mL 1 mol/L 的 NaOH 溶液，所需 NaOH 的质量为(　　)。

A. 20 g　　B. 40 g

C. 50 g　　D. 80 g

4. 将 0.1 mol 的 Na_2SO_4 溶于水配制成 500 mL 溶液，取出其中 $\frac{1}{10}$ 的溶液，其溶液的物质的量浓度为(　　)。

A. 0.1 mol/L　　B. 0.2 mol/L

C. 0.3 mol/L　　D. 0.4 mol/L

5. 下列溶液中的溶质的物质的量最大的是(　　)。

A. 150 mL 1 mol/L 的 $AlCl_3$　　B. 75 mL 3 mol/L 的 $Al(NO_3)_3$

C. 50 mL 4 mol/L 的 $AlCl_3$　　D. 500 mL 2 mol/L 的 $AlBr_3$

6. 在下列溶液中 Cl^- 的物质的量浓度最大的是(　　)。

A. 0.5 L 0.1 mol/L 的 NaCl 溶液　　B. 100 mL 0.2 mol/L 的 $MgCl_2$ 溶液

C. 1 L 0.2 mol/L 的 $AlCl_3$ 溶液　　D. 1 L 0.3 mol/L 盐酸溶液

7. 在 $MgCl_2$ 溶液和 $AlCl_3$ 溶液中的 Cl^- 量浓度分别为 2 mol/L 和 3 mol/L，则 $MgCl_2$ 和 $AlCl_3$ 溶液物质的量浓度分别为(　　)。

A. 1 mol/L 和 1 mol/L　　B. 2 mol/L 和 3 mol/L

C. 3 mol/L 和 2 mol/L　　D. 1 mol/L 和 3 mol/L

8. 下列说法中正确的是(　　)。

A. 1 mol/L 的 NaCl 溶液是指此溶液中含 1 mol NaCl

B. 从 1 L 0.5 mol/L 的 NaCl 溶液中取出 100 mL 溶液，其物质的量浓度变为 0.1 mol/L

C. 0 ℃时，1 mol Cl_2 的体积约为 22.4 L

D. 1 mol/L 的 $CaCl_2$溶液中，Cl^-的物质的量浓度为 2 mol/L

9. 将 100 mL 0.3 mol/L 的 Na_2SO_4溶液加水稀释为 300 mL，则最后溶液的物质的量浓度为(　　)。

A. 0.2 mol/L　　B. 0.3 mol/L

C. 0.10 mol/L　　D. 0.6 mol/L

10. 把 11.2 L 标准状况下的 HCl 气体溶于水，配制成 250 mL 溶液，该溶液中 HCl 的物质的量浓度是(　　)。

A. 2 mol/L　　B. 3 mol/L　　C. 5 mol/L　　D. 2.5 mol/L

二、填空题

11. 下列叙述的含义分别是：

(1) 18.4 mol/L 的 H_2SO_4溶液：______________________________。

(2) 0.3 mol/L 的 $CuSO_4$溶液：______________________________。

12. (1) 8 g $CuSO_4$可配制成 0.2 mol/L $CuSO_4$溶液______________mL。

(2) 把 29.25 g NaCl 配制成 1000 mL 溶液，其物质的量浓度是______。

(3) 把 49 g H_2SO_4配制成 2 L 稀 H_2SO_4，其物质的量浓度为______。

(4) 在 200 mL 稀盐酸中溶有 0.73 g 氯化氢气体，稀盐酸的物质的量浓度为________。

(5) 在标准状况下，11.2 L NH_3溶于水，配成 400 mL 溶液，此氨水的物质的量浓度为______________。

(6) 2 L 1 mol/L 的 H_2SO_4溶液，含溶质的物质的量为______mol，含 H^+______个，SO_4^{2-}______个。

13. 已知 75 mL 物质的量浓度为 2 mol/L 的 NaOH 溶液的质量为 80 g，则溶液中所含溶质 NaOH 的物质的量为__________mol，所需要 NaOH 的质量为________g，溶液中溶质的质量分数为________。

14. 某温度下 20% 的 NaOH 溶液 100 g 体积为 100 mL，则溶液中 NaOH 的质量为______g，溶液的物质的量浓度为________。若加水稀释后溶液的体积为 200 mL，则 NaOH 的物质的量为________mol，稀释后溶液的物质的量浓度为______________。

15. 用 20 g 烧碱配制成 500 mL 溶液，其物质的量浓度为________mol/L；从中取出 1 mL，其物质的量浓度为____________mol/L，含溶质为____________g。若将这 1 mL 溶液用水稀释为 100 mL，所得溶液中溶质的物质的量浓度为____________mol/L，其中含 Na^+__________g。

【学后反思】

【参考答案】

1. C　2. A　3. A　4. B　5. D　6. C　7. A　8. D　9. C　10. A

11. （1）1 L 溶液中含 H_2SO_4 的物质的量为 18.4 mol

（2）1 L 溶液中含 $CuSO_4$ 的物质的量为 0.3 mol

12. （1）250　（2）0.5 mol/L　（3）0.25 mol/L　（4）0.1 mol/L

（5）1.25 mol/L　（6）2　$4N_A$　$2N_A$

13. 0.15　6　7.5%

14. 20　5 mol/L　0.5　2.5 mol/L

15. 1　1　0.04　0.01　0.023

化学中常用的物理量——物质的量（5）

【学习目标】

1. 初步学会配制一定物质的量浓度溶液的方法。

2. 通过配制一定物质的量浓度溶液，培养观察和动手实验的能力及严谨求实的科学作风。

【导学过程】

一定物质的量浓度溶液的配制

活动：配制 100 mL 1.00 mol/L 的 NaCl 溶液。

(1) 操作步骤：

①__________：需要 NaCl 固体的质量为________g。

②__________：用托盘天平称量时，称量 NaCl 固体的质量为________g

（液体：用________量取）。

③________：把称好的 NaCl 固体放入________中，用量筒量取________mL 蒸馏水溶解。

④________：将烧杯中的溶液用________引流注入________中。

⑤________：用少量蒸馏水洗涤烧杯内壁________次，洗涤液也注入容量瓶。轻轻晃动容量瓶，使溶液混合均匀。

⑥________：将蒸馏水注入容量瓶，当液面离容量刻度线下________cm 处时，改用________滴加蒸馏水至________。

⑦________：盖好瓶塞，反复上下颠倒，________。

⑧________：将配制好的试剂倒入试剂瓶，贴上标签。

（2）所用主要仪器：________、________、________、________、________、________。

（3）误差分析。

根据 $c=\frac{n}{V}=\frac{m}{MV}$ 判断：

①称量误差：砝码生锈____；物码颠倒____；称量 NaOH 时间过长____；在滤纸上称量 NaOH ____。

②洗涤误差：未洗涤烧杯或洗涤液未转入容量瓶____；

③定容误差：定容时仰视刻度线________；定容时俯视刻度线________；定容后反复摇匀发现液面低于刻度线________；定容后发现液面高于刻度线，后将高出刻度线的溶液吸出________。

讨论：

1. 托盘天平的右端偏重应如何调零？称量 NaOH 等腐蚀性药品时应该怎样操作？

2. 配制稀硫酸时，浓硫酸溶解该怎样操作？物质溶解后能否直接转移至容量瓶？哪些物质溶解后需要冷却？

3. 容量瓶上标什么？能否用容量瓶直接溶解溶液？溶液移入容量瓶时为何要引流？

4. 洗涤液如何处理？量取液体物质的量筒是否需洗涤？

5. 定容时由于不小心水加多了怎么办？眼睛视线应怎样？俯视或仰视的结果怎样？

6. 若摇匀后的液面比容量瓶的刻度线低，能否再加水？

【课堂达标】

用98%的浓硫酸（$\rho = 1.84\ g/cm^3$）配制250 mL 10 mol/L的稀硫酸（提示：稀释前后H_2SO_4的质量或物质的量相等）。用______mL的量筒量取______mL浓硫酸，把______________中，并用________不断搅拌，待溶液__________后，将溶液沿着玻璃棒移入______________中，用少量蒸馏水洗涤__________和__________2~3次，将洗涤液移入________中，向容量瓶中注入蒸馏水至刻度线______________时，改用__________小心加水至溶液______________，最后盖好瓶塞__________，将配好的溶液转移到________中并贴好标签。

【课外练习】

一、选择题（只有一个正确选项）

1. 容量瓶上标有下列六项中的(　　)。

①温度　②浓度　③容量　④压强　⑤刻度线　⑥酸式或碱式

A. ①③⑤　　B. ③⑤⑥　　C. ①②④　　D. ②④⑥

2. 关于容量瓶的四种叙述：①是配制准确浓度的仪器；②不宜储藏溶液；③不能用来加热；④使用之前要检查是否漏液。这些叙述中正确的是(　　)。

A. ①②③④　　B. ②③　　C. ①②④　　D. ②③④

3. 欲配制2 mol/L的NaCl溶液250 mL，下列操作方法中正确的是(　　)。

A. 称取117 g NaCl溶于250 mL水中

B. 称取29.25 g NaCl溶于500 mL水中

C. 称取29.3 g NaCl溶于水配成250 mL溶液

D. 称取29.3 g NaCl溶于470.7 mL水中

4. 若配制 1 mol/L 的溶液，下列方法正确的是(　　)。

A. 将 40 g NaOH 溶于 1 L 水中

B. 将 22.4 L HCl 溶于水中，配成 1 L 溶液

C. 将 322 g $Na_2SO_4 \cdot 10H_2O$ 溶于少量水后再稀释成 1000 mL

D. 在标准状况下，将 11.2 L 的 HCl 气体溶于 500 mL 水中

5. 用胆矾配制 0.1 mol/L 的 $CuSO_4$ 溶液，下列操作正确的是(　　)。

A. 将胆矾加热除去结晶水，再取无水硫酸铜 16 g 溶于 1 L 水中

B. 称取胆矾 25 g 溶于水，然后将此溶液稀释成 1 L

C. 将 25 g 胆矾溶于水，溶于 1 L 水中

D. 将 16 g 胆矾溶于水，然后将此溶液稀释至 1 L

6. 配制 0.1 mol/L 的氯化钠溶液，下列操作可能会使浓度小于 0.1 mol/L 的是(　　)。

A. 溶解过 NaCl 的烧杯未用水洗涤或未将洗涤液一并转入容量瓶中

B. 最终俯视读数

C. 量取水时俯视读数

D. 开始时容量瓶中含少量蒸馏水

7. 配制 0.5 mol/L NaOH 溶液 250 mL，在下列仪器中：①托盘天平；②量筒；③烧杯；④玻璃棒；⑤漏斗；⑥500 mL 容量瓶；⑦药匙；⑧250 mL 容量瓶；⑨胶头滴管；⑩坩埚，用到的仪器有(　　)。

A. ①③④⑥⑨⑩　　B. ①④⑦⑧⑨⑩

C. ①③④⑦⑧⑨　　D. ①②④⑤⑧⑨

8. 配制一定物质的量浓度的某溶液，下列情况会使配制结果偏高的是(　　)。

A. 未冷却即转移、定容　　B. 未洗涤烧杯和玻璃棒

C. 定容时仰视刻度线观察液面　　D. 容量瓶中原来含有少量蒸馏水

二、填空题

9. 配制一定体积、物质的量浓度溶液的步骤及所用仪器如下：

仪器：________、________、________、________、________。

步骤：____→____→____→____→____→____→____→____。

10. 欲配制 1 mol/L 的氢氧化钠溶液 250 mL，完成下列步骤：

(1) 用托盘天平称取氢氧化钠固体________g。

(2) 将称好的氢氧化钠固体放入________中，加______蒸馏水将其溶

解，待________后将溶液沿________移入________mL 的容量瓶中。

（3）用少量蒸馏水冲洗________次，将冲洗液移入________中，在操作过程中不能损失点滴液体，否则会使溶液的浓度偏________（填“高”或“低”）。

（4）向容量瓶内加水至刻度线______________时，改用____________小心地加水至溶液凹液面与刻度线相切，若加水超过刻度线，会造成溶液浓度________（填“偏高”“偏低”或“无影响”），应该____________。若该同学将多出的溶液吸出，会引起溶液的浓度______________（填“偏高”“偏低”或“无影响”）。

（5）最后盖好瓶盖，________，将配好的溶液移入____________中并贴好标签。

11. 某学生用已知质量为 y g 的表面皿，准确称取 w g NaOH 固体。他在托盘天平的右盘上放（$w+y$）g 砝码，在左盘的表面皿中加入 NaOH 固体，这时指针偏向右边，下面他的操作应该是__________使____________________。若称取的 w g NaOH 刚好可配制0.5 mol/L NaOH 溶液 500 mL，请将下列配制 500 mol/L NaOH 溶液过程示意图按照实验的先后顺序进行排列：________________。

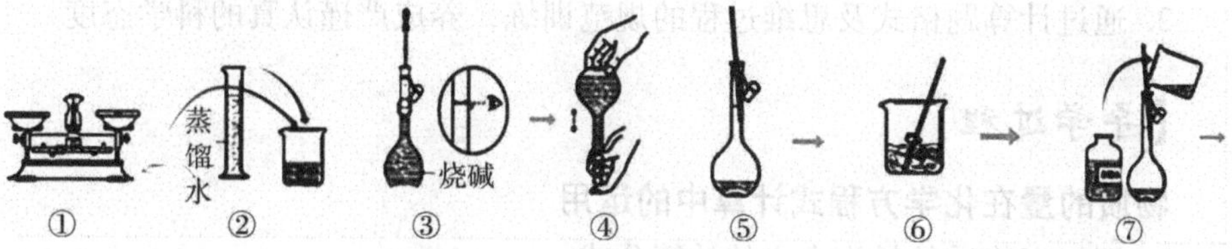

配制 500 mol/L NaOH 溶液过程示意图

【学后反思】

【参考答案】

1. A　2. A　3. C　4. C　5. B　6. A　7. C　8. A

9. 托盘天平（量筒）　烧杯　玻璃棒　一定体积的容量瓶　胶头滴管

计算　称量　溶解（冷却）　转移　洗涤　定容　摇匀　贴签

10. (1) 10.0

(2) 烧杯　少量　冷却　玻璃棒　250

(3) 2 ~3　容量瓶　低

(4) 2 ~3 cm 处　胶头滴管　偏低　重新配制　偏低

(5) 摇匀　试剂瓶

11. 继续加入样品　指针指在标尺的中间　①②⑥⑤⑦③④

化学中常用的物理量——物质的量（6）

【学习目标】

1. 能借助化学方程式进行物质的量、气体体积（标准状况）、物质的量浓度的计算。

2. 通过计算题格式及思维过程的规范训练，养成严谨认真的科学态度。

【导学过程】

物质的量在化学方程式计算中的运用

1. 回忆以物质的量为中心的计算公式。

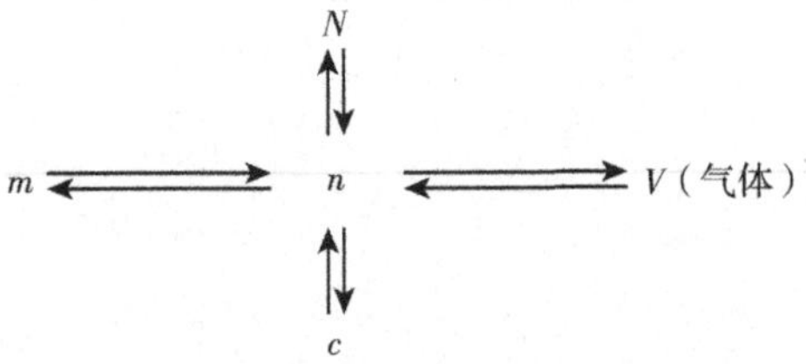

2. 理解方程式中化学式前系数比与物质的量之比的含义。

［交流·研讨］实验室需要制取一定量的氢气。现将 0.65 g 金属锌放入 10 mL 物质的量浓度为 2 mol/L 的盐酸中，它们恰好完全反应，生成的氢气的体积

为0.224 L（STP）。请完成下面的表格。

化学反应	Zn +	2HCl ══	$ZnCl_2$ +	H_2↑
物质的量				
质量或气体体积	0.65 g			0.02 g 或 0.224 L（STP）

$$Zn + 2HCl = ZnCl_2 + H_2\uparrow$$

化学式前系数比

扩大 N_A 倍

物质的量之比

质量之比

结论：化学方程式中化学式前系数比______组成各物质的化学粒子数之比_______各物质的物质的量之比。

3. 计算方法的再感受与亲身体验。

例：将 6.50 g 锌投入 200 mL 某浓度的盐酸中，锌和盐酸恰好完全反应。求：

（1）6.50 g 锌的物质的量。

（2）所用盐酸中 HCl 的物质的量浓度。

（3）反应中生成的 H_2 在标准状况下的体积。

【课堂达标】

1. 实验室用 60 g 含 $CaCO_3$ 80% 的大理石与足量 12 mol/L 浓盐酸完全反应（杂质不参加反应）。求：

（1）参加反应的浓盐酸的体积。

（2）生成 CO_2 的体积（条件为标准状况下）。

2. 分别有 4 mol/L 和 14%（密度为 1.14 g/mL）的两种 NaOH 溶液，都能与 2.24 L Cl_2（在标准状况下）恰好完全反应，反应方程式为 $Cl_2 + 2NaOH = NaClO + NaCl + H_2O$。求：

（1）两种 NaOH 溶液的体积各是多少升？

（2）生成的 NaClO 的物质的量各是多少？

【课外练习】

1. 某种待测浓度的 H_2SO_4 溶液 20 mL，加入 10 mL 0.5 mol/L 的 $Ba(OH)_2$ 溶液，恰好完全反应。问：

（1）得到 $BaSO_4$ 沉淀物多少克？

（2）待测 H_2SO_4 溶液的物质的量浓度是多少？

2. 将 14.6 g HCl 溶于水配成 200 mL 的盐酸溶液。试计算：

（1）该盐酸的物质的量浓度是多少？

（2）200 mL 该盐酸与过量的锌粒充分反应，生成的气体在标准状况下的体积是多少？生成的 $ZnCl_2$ 的物质的量是多少？

【学后反思】

【参考答案】

1. （1）1.165 g　（2）0.25 mol/L

2. （1）$c(HCl) = 2.0$ mol/L　（2）$V(H_2) = 4.48$ L　$n(ZnCl_2) = 0.2$ mol

“元素与物质的分类”导学案

元素与物质的分类（1）

【学习目标】

1. 了解元素以游离态和化合态两种形态在物质中存在，了解元素都有自己的家族。

2. 体会元素与物质的奇妙关系，培养对化学学科的兴趣。

3. 能从物质的组成和性质的角度对物质进行分类。

【导学过程】

一、元素与物质的关系

交流·研讨1：

（1）找出鲁科版化学必修一 P30“问题1”中所列物质的组成元素。

（2）以上元素还能组成哪些物质？举例说明。

交流·研讨2：找出鲁科版化学必修一 P30“问题2”中所列物质碳元素的化合价，并写出含这些价态的含碳物质化学式。

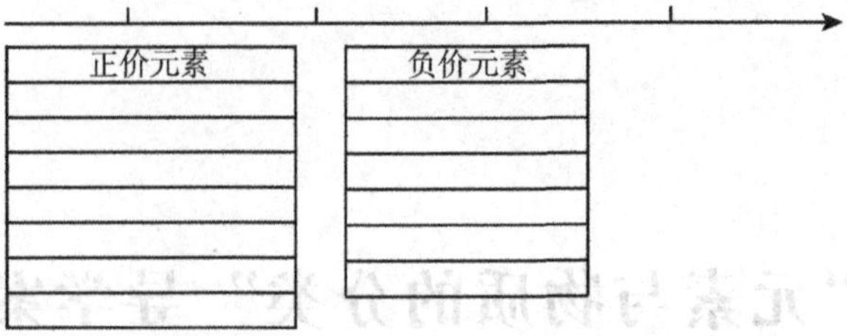

归纳总结：

（1）

（2）

（3）

迁移·应用：

（1）请丰富鲁科版化学必修一 P31 元素家族图：含铜物质、含钠物质、含氢物质、含碳物质、含硫物质。

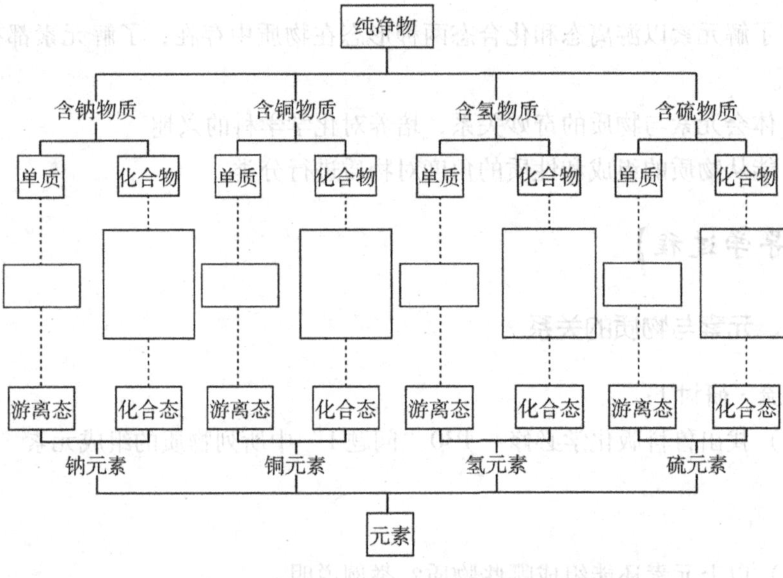

（2）硫有下列各种价态，请填写不同价态含硫物质的化学式，并标出元素的存在状态。

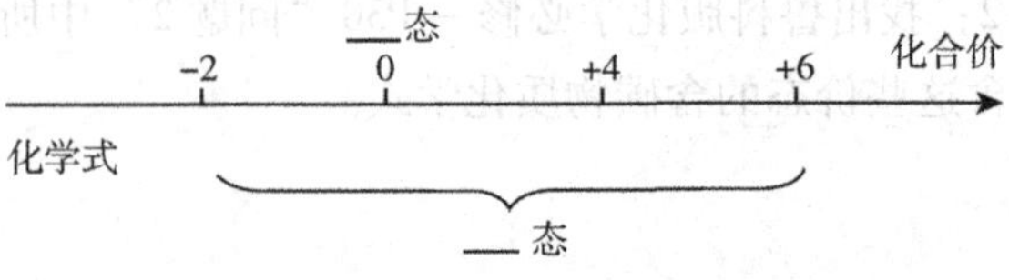

（3）由同种元素组成的物质是纯净物吗？举例说明。

二、物质的分类依据

交流·研讨1：请列举你熟悉的铜系列物质，写出化学式，根据一定的分类标准在横线上写出分类名称。

五彩缤纷的铜世界
- 紫红色——________（单质）
- 黑　色——________（氧化物）
- 蓝　色——________（碱）
- 白　色——________
- 蓝　色——________
- 绿　色——________

（白色、蓝色、绿色三项合为一类：________；以上各项合为一类：________）

交流·研讨2：请根据物质的组成、元素种类、物质的性质，对物质进行简单分类尝试。

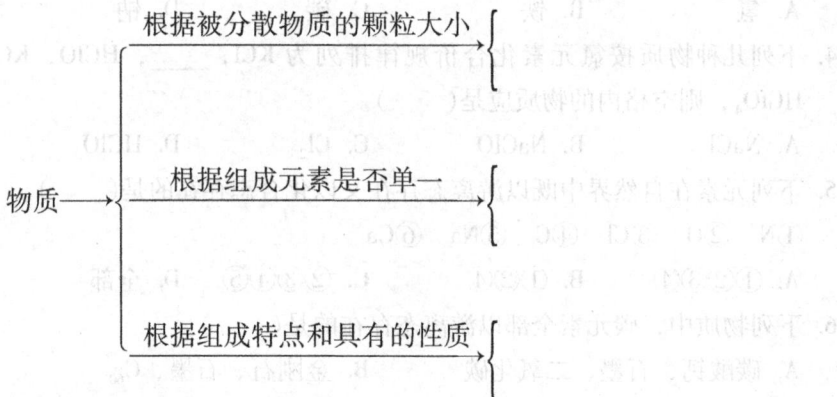

物质→
- 根据被分散物质的颗粒大小→{ }
- 根据组成元素是否单一→{ }
- 根据组成特点和具有的性质→{ }

【课堂达标】

1. 对下列含铜、含硫的物质进行分类：Cu，CuO，Cu_2O，$CuCl_2$，$CuSO_4$，$Cu(OH)_2$，$Cu(NO_3)_2$，S，SO_2，SO_3，H_2S，H_2SO_3，H_2SO_4，Na_2S，$CuSO_4$。
金属单质：________；非金属单质：________；氧化物：________；

酸：__________；碱：__________；盐：__________
__________。

现有①氧气；②空气；③碱式碳酸铜；④氯酸钾；⑤硫；⑥水；⑦氧化镁；⑧氯化钠等物质，其中属于单质的有（填序号）__________，属于化合物的有__________；__________属于含氧化合物，__________属于氧化物；属于混合物的有__________。

2. 某些化学试剂可用于净水。水处理中使用的一种无机高分子混凝剂的化学式可表示为 $[Al_2(OH)_nCl_m \cdot yH_2O]_x$，式中 m 等于(　　)。

A. $3-n$　　B. $6-n$　　C. $6+n$　　D. $3+n$

【课外练习】

一、选择题（只有一个正确选项）

1. 下列属于纯净物的是(　　)。

A. 盐酸　　B. 空气　　C. Fe_3O_4　　D. 大理石

2. 经分析，某物质只含一种元素，则此物质(　　)。

A. 一定是一种单质　　B. 一定是纯净物

C. 一定是混合物　　D. 可能是纯净物，也可能是混合物

3. 下列元素在自然界中既以游离态存在又以化合态存在的是(　　)。

A. 氢　　B. 铁　　C. 碳　　D. 钠

4. 下列几种物质按氯元素化合价规律排列为 KCl，____，HClO，$KClO_3$，$HClO_4$，则空格内的物质应是(　　)。

A. NaCl　　B. NaClO　　C. Cl_2　　D. $HClO_3$

5. 下列元素在自然界中既以游离态存在又以化合态存在的是(　　)。

①N　②O　③Cl　④C　⑤Na　⑥Ca

A. ①②③④　　B. ①②④　　C. ②③④⑤　　D. 全部

6. 下列物质中，碳元素全部以游离态存在的是(　　)。

A. 碳酸钙、石墨、二氧化碳　　B. 金刚石、石墨、C_{60}

C. 一氧化碳、金刚石、炭黑　　D. 碳酸氢钠、甲烷、金刚砂（SiC）

7. 下列说法正确的是(　　)。

A. 元素的存在形态只有两种：化合态和游离态

B. 同一元素，呈化合态时，其化合价一定比游离态时高

C. 有多少种元素，就有多少种物质

D. 同一元素在不同的物质中表现的存在形态一定不同

8. 下列物质是生活中经常用到的物质，其中属于纯净物的是(　　)。

A. 煤　　　　　　　　B. 生铁

C. 蒸馏水　　　　　　D. 矿泉水

9. 下列关于氧化物的叙述正确的是(　　)。

A. 金属氧化物一定是碱性氧化物，非金属氧化物一定是酸性氧化物

B. 碱性氧化物一定是金属氧化物，酸性氧化物不一定是非金属氧化物

C. 碱性氧化物都能与水化合生成碱

D. 酸性氧化物都能与水化合生成酸

10. 将下列物质按酸、碱、盐分类，顺序正确的是(　　)。

A. 硫酸、纯碱、石膏　　　　B. 硝酸、烧碱、绿矾

C. 碳酸、乙醇、醋酸钠　　　D. 磷酸、熟石灰、苛性钾

二、填空题

11. 某校实验室购进一批化学药品（见一栏），请你根据所给的物质分类标准（见二栏），对它们进行分类，将分类标准及药品的序号填在相应的表格栏中。

一栏（药品名称）：①钠；②二氧化锰；③氯化铁；④硫酸；⑤碳酸钙；⑥生石灰；⑦氢氧化钠；⑧硝酸钾；⑨盐酸；⑩硫粉。

二栏（分类标准）：Ⅰ. 单质；Ⅱ. 氧化物；Ⅲ. 酸；Ⅳ. 碱；Ⅴ. 盐。

分类标准		Ⅱ		Ⅳ	
药品名称	①⑩		④⑨		③⑤⑧

【学后反思】

【参考答案】

1. C　2. D　3. C　4. C　5. B　6. B　7. A　8. C　9. B　10. B

11.

分类标准	I		Ⅲ		V
药品名称		②⑥		⑦	

元素与物质的分类（2）

【学习目标】

1. 能应用单质、氧化物、酸、碱和盐之间的相互关系研究各类物质的化学性质。

2. 培养设计并完成探究实验的能力。

【导学过程】

根据物质类别研究物质性质

活动·探究：单质、氧化物、酸、碱和盐之间的关系：①金属铁（单质）的性质；②NaOH（碱）的性质；③$CuSO_4$（盐）的性质；④氧化铜（碱性氧化物）的性质；⑤盐酸（酸）的性质。

探究示例：

反应物	实验现象	结论
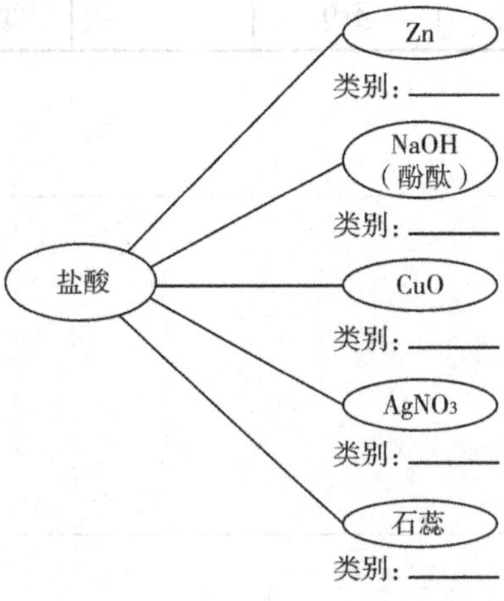		

归纳：单质、氧化物、酸、碱和盐之间的相互关系及反应举例。

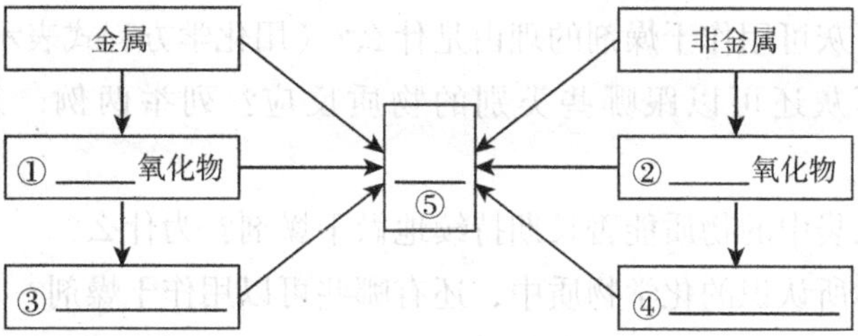

金属单质→①：　　　　　　①→③：

非金属单质→②：　　　　　②→④：

金属单质→⑤：　　　　　　非金属单质→⑤：

①→⑤：　　　　　　　　　②→⑤：

③→⑤：　　　　　　　　　④→⑤：

迁移·应用：按鲁科版化学必修一中图 2－1－5 所示的形式表示你学习过的不同价态的氯元素与有关类别代表物间的关系。

【课堂达标】

1. 我们已经知道了许多物质，如氯化钠、氧化镁、硫酸铜、碳酸钙、金属钠、氯气、氧气、氢气、硫酸、金属铜、硫单质、液氯、二氧化硫、硫酸钙、氯化铁、硝酸钾、二氧化氮、二氧化硅、碘化钾、氨气等。请从多个角度对这些物质进行分类，并说明你的分类标准。

2. “垃圾是放错了位置的资源”，应该分类回收。生活中废弃的铝质易拉罐、铜导线及塑料袋、废纸、旧橡胶制品等应各归为一类加以回收，它们分别属于______________。

A. 金属　　B. 有机物　　C. 氧化物　　D. 盐

3. 同学们吃零食的包装袋中经常有一个小纸袋，上面写着“干燥剂”，其主要成分是生石灰。问：

（1）生石灰属于哪种类别的物质？

(2) 生石灰可用作干燥剂的理由是什么?(用化学方程式表示)

(3) 生石灰还可以跟哪些类别的物质反应?列举两例，并写出化学方程式。

(4) 小纸袋中的物质能否长期持续地做干燥剂?为什么?

(5) 在你所认识的化学物质中，还有哪些可以用作干燥剂?

4. 下列五组物质，每组中有一种物质从某种角度分析与其他四种不同，请找出该物质，并说明理由。

(1) Fe，S，C，P ________;

(2) H_2，O_2，N_2，S ________;

(3) Fe_2O_3，NaCl，CuO，H_2O ________;

(4) AgCl，$BaSO_4$，KNO_3，$CaCO_3$ ________;

(5) $CuSO_4$，$FeCl_3$，$KMnO_4$，K_2CO_3 ________。

【课外练习】

一、选择题(只有一个正确选项)

1. 下列物质中，碳元素全部以游离态存在的是(　　)。

A. 碳酸钙、石墨、二氧化碳

B. 金刚石、石墨、富勒烯(C_{60})

C. 一氧化碳、金刚石、炭黑

D. 碳酸氢钠、甲烷、金刚砂(SiC)

2. 下列关于物质分类的正确组合是(　　)。

	碱	酸	盐	碱性氧化物	酸性氧化物
A	Na_2CO_3	H_2SO_4	$NaHCO_3$	SiO_2	CO_2
B	NaOH	HCl	NaCl	Na_2O	CO
C	NaOH	CH_3COOH	CaF_2	SO_3	SO_2
D	KOH	HNO_3	$CaCO_3$	CaO	SO_3

3. 采用不同的分类方法，可将非金属氧化物分为不同的类别，例如，从某种意义上可将P_2O_5，SO_2，SO_3，CO_2，Cl_2O_7等归为一类，则下列氧化物与它们属于同一类的是(　　)。

A. CO　　B. NO

C. N_2O_5　　D. Na_2O

4. 只由两种元素组成的化合物，其中一种元素是氢元素，这类化合物称为氢化物。下列物质不属于氢化物的是(　　)。

A. H_2O　　B. NH_3

C. NaH　　D. H_2SO_4

5. 组成中有氢氧根的盐叫作碱式盐，酸根中有氢元素的盐叫作酸式盐（现阶段认为正确）。下列盐中，既不是碱式盐，又不是酸式盐的是(　　)。

A. $KHSO_4$　　B. $Cu_2(OH)_2CO_3$

C. $Ca(H_2PO_4)_2$　　D. NH_4NO_3

6. Na_2CO_3俗名纯碱，下面是对纯碱采用不同分类法的分类，不正确的是(　　)。

A. Na_2CO_3是碱　　B. Na_2CO_3是盐

C. Na_2CO_3是钠盐　　D. Na_2CO_3是碳酸盐

7. 下列物质中既不属于碱性氧化物，与酸反应又能够生成盐和水的是(　　)。

A. Na_2O　　B. Na_2O_2

C. Na　　D. CuO

8. 我国推广食用符合国家标准的碘盐，它是在食盐中加入少量碘酸钾。碘酸钾是一种含氧酸盐，其中碘元素呈 +5 价，碘酸钾的化学式是(　　)。

A. KIO　　B. KIO_4

C. KIO_3　　D. KIO_2

9. 下列关于氧化物的叙述中正确的是(　　)。

A. 酸性氧化物肯定是非金属氧化物

B. 非金属氧化物肯定是酸性氧化物

C. 不能跟酸反应的氧化物一定都和碱反应

D. 碱性氧化物肯定是金属氧化物

二、填空题

10. 请按下列框条提示，完成 Fe，Cu，S，H_2，HCl，NaOH，H_2SO_4，$Ba(OH)_2$，$NaHCO_3$，K_2O，CuO，NaCl 的树状分类图：

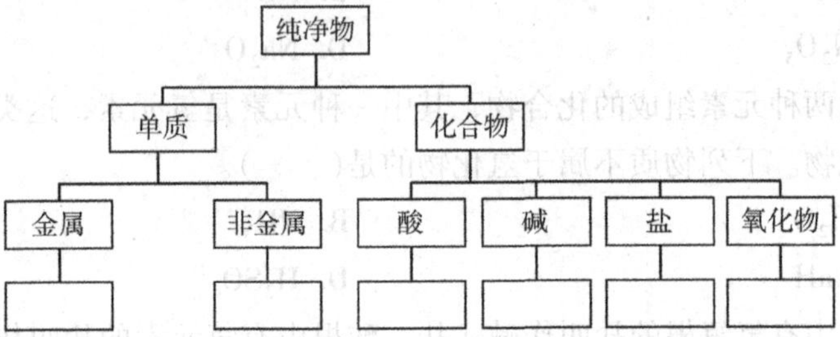

【学后反思】

【参考答案】

1. B　2. D　3. C　4. D　5. D　6. A　7. B　8. C　9. D

10. Fe、Cu　S、H_2　HCl、H_2SO_4　$Ba(OH)_2$、NaOH　$NaHCO_3$、NaCl　K_2O、CuO

元素与物质的分类（3）

【学习目标】

1. 初步了解分散系、胶体的概念，了解 $Fe(OH)_3$ 胶体的制备法。
2. 了解胶体的几种特性，会区分不同的分散系。
3. 能利用分散系的知识解释一些实际问题。

【导学过程】

一种重要的混合物——胶体

1. 分散质、分散剂、分散系：被分散成微粒的物质叫________，如食盐溶液中的________。能将________分散的物质叫________，如食盐溶液中的________。由________和________组成的________统称为________，如________。当分散剂是水或其他液体时，按照分散质的大小来分类，可把分散系分为________、________、________。

2. 几种常见的分散系（根据分散系中分散质粒度大小进行分类）。

（1）溶液：分散质是______或______，分散质的粒度为______nm（1 nm = 10^{-9} m），具有______、______、______的外观特征。

（2）浊液：分散质是______________，分散质的粒度为________nm（________m），具有______、______、______等外观特征。

（3）胶体：分散质的粒度在________________之间的分散系叫“胶体”（也称为“溶胶”）——区别其他分散系的本质特征。

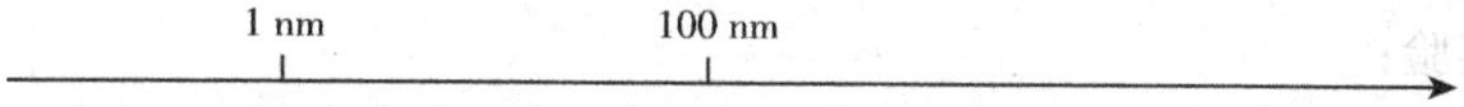

3. 胶体的特性。

（1）光学性质——________________________，应用：__________。

（2）介稳定性——________________________，方法：__________。

（3）鲁科版化学必修一 P36 知识点击：电性——______________。

4. 溶胶的制备——$Fe(OH)_3$胶体的制备。

反应原理：____________________，影响胶体形成的原因：____________。

5. 胶体的用途：

（1）

（2）

（3）

（4）

（5）

（6）

（7）

（8）

6. 溶液、胶体、浊液三种分散系的比较：

分散系	溶液	胶体	悬（乳）浊液
分散质粒子直径（nm）			
分散质粒子组成			
外观			
稳定性			
分散质能否透过滤纸			不能
分散质能否透过半透膜			
实例			

7. 生活中常见的胶体。

【课堂达标】

1. 把 10 mL 淀粉胶体和 5 mL KCl 溶液的混合液体加入用半透膜制成的袋内，将此袋浸入蒸馏水中。2 分钟后，用两支试管各取 5 mL 烧杯中的液体，并做如下实验：

（1）向其中一支试管里滴加少量 $AgNO_3$溶液，其现象是______________。

（2）向另一支试管里滴加少量碘水，其现象是________（提示：I_2遇淀粉变蓝色）。

（3）由上述实验得出的结论是________________________________。

2. 填写下表：

分散系	分散质	分散剂
炊烟		空气
雾		空气
碘酒	碘	
$CuSO_4$溶液		
有色玻璃	金属氧化物	

3. 有两瓶标签模糊不清，只知道分别盛有淀粉溶液和氯化钠溶液的液体，试用多种方法对其鉴别。

（1）____。

（2）____。

（3）________________________________。

【课外练习】

一、选择题（只有一个正确选项）

1. 下列分散系不属于胶体的是(　　)。

A. 淀粉溶液　B. 有色玻璃　C. $KMnO_4$溶液　D. 肥皂水

2. 下列分散系属于溶液的是(　　)。

A. 牛奶　B. 豆浆　C. 白糖水　D. 肉汤

3. 下列分散系最稳定的是(　　)。

A. 悬浊液　B. 乳浊液　C. 胶体　D. 溶液

4. 下列物质不属于分散系的是(　　)。

A. 水　B. 氯化钠溶液　C. 泥浆　D. 淀粉溶液

5. 下列关于胶体的说法中正确的是(　　)。

A. 胶体外观不均匀

B. 胶体微粒不能透过滤纸

C. 胶体粒子直径为 1 ~ 100 nm

D. 胶体不稳定，静置后容易产生沉淀

6. 胶体区别于其他分散系的本质特征是(　　)。

A. 胶体粒子直径为 1 ~ 100 nm

B. 胶体粒子带电荷

C. 胶体是一种介稳性的分散系

D. 光束通过胶体时有丁达尔效应

7. 应用特殊方法把固体物质加工到纳米级（1 ~ 100 nm）的超细粉末粒子，然后制得纳米材料。下列分散系中的分散质的粒子大小和这种纳米粒子大小具有相同的数量级的是(　　)。

A. 溶液　B. 悬浊液　C. 胶体　D. 乳浊液

8. 下列事实与胶体性质无关的是(　　)。

A. 在豆浆里加盐卤做豆腐

B. 河流入海口易形成沙洲

C. 清晨的阳光穿过茂密的林木枝叶所产生的美丽景象（美丽的光线）

D. 三氯化铁溶液中滴入 NaOH 溶液出现红褐色沉淀

9. 用饱和的氯化铁溶液制取氢氧化铁胶体，正确的操作是(　　)。

A. 将 $FeCl_3$溶液滴入蒸馏水中即可

B. 将 $FeCl_3$溶液滴入热水中，生成棕黄色液体即可

C. 将 $FeCl_3$溶液滴入沸水中，并继续煮沸至生成红褐色液体即可

D. 将 $FeCl_3$溶液滴入沸水中，并继续煮沸至生成红褐色沉淀即可

10. “纳米材料”是粒子直径为 1 ~ 100 nm 的材料，纳米碳就是其中的一种，若将纳米碳均匀地分散到蒸馏水中，所形成的物质：①是溶液；②是胶体；③能产生丁达尔效应；④能透过滤纸；⑤不能透过滤纸；⑥静置后，会析出黑色沉淀。以上六项中正确的是(　　)。

A. ①④⑥　　B. ②③④　　C. ②③⑤　　D. ①③④⑥

11. 在实验中手不慎被玻璃割破，可用 $FeCl_3$溶液应急止血，其主要原因可能是(　　)。

A. $FeCl_3$溶液具有杀菌消毒的作用

B. $FeCl_3$溶液能使血液凝固

C. $FeCl_3$溶液能产生 $Fe(OH)_3$沉淀堵住伤口

D. $FeCl_3$溶液能使血液发生化学变化

12. 下列说法不正确的是(　　)。

A. 胶体粒子由于对光能够发生反射而产生丁达尔现象

B. 致使高速公路关闭、航班停飞的大雾属于胶体

C. 胶体是一种介稳性的分散系，而溶液是一种非常稳定的分散系

D. 利用丁达尔效应可以区别溶液与胶体

二、填空题

13. 根据物质的组成是否单一，可以把物质分为纯净物和________，如硫酸铜溶液为________，它是由溶质________分散在溶剂________中而形成的；石灰乳则是由氢氧化钙的________分布在水中而形成的________液，属于________。浊液中分散质粒子的直径______（填“>”或“<”）100 nm，溶液中分散质粒子的直径______（填“>”或“<”）1 nm，而胶体颗粒的直径介于______________。这个尺寸与现代材料科学中________的直径大致相当，从而使胶体的研究更具有现实意义。

14. 医学上治疗肾功能衰竭等疾病引起的血液中毒时，最常用的血液净化手段是血液透析。透析时，病人的血液通过浸在透析液中的透析膜进行循环和透析。透析原理同胶体的________类似，透析膜同________类似，透析膜的孔应________（填“大于”“等于”或“小于”）血液内毒性粒子直径，毒性物质才可能扩散到透析液中而被除去。

【学后反思】

【参考答案】

1. C 2. C 3. D 4. A 5. C 6. A 7. C 8. D 9. C 10. B 11. B 12. A

13. 混合物 混合物 硫酸铜 水 固体颗粒 悬浊 混合物 > < 1 ~ 100 nm 纳米粒子

14. 渗析 半透膜 大于

“电解质”导学案

电解质（1）

【学习目标】

1. 通过溶液导电性实验，了解化合物可分为电解质和非电解质。
2. 从电解质水溶液或熔化状态下能导电的现象分析、了解电解质的电离。
3. 会书写常见酸、碱、盐的电离方程式。

【导学过程】

电解质的电离

1. 电解质和非电解质。

电解质：____。

非电解质：____。

注意：（1）描述的对象：____________________________________。

（2）条件：____。

（3）化合物本身电离。

知识点击：强电解质——在水溶液中________电离。

弱电解质——在水溶液中________电离。

常见的强电解质：________、________和________，如：______________。

常见的弱电解质：____

______________________。

思考1：

（1）金属导电的原因是什么？________________________________

(2) 电解质在水溶液中能导电的原因是什么？________________

(3) 电解质在熔化状态下能导电的原因是什么？________________

(4) 电解质导电最本质的原因是什么？________________

(5) 氯化钠固体能不能导电？________ 为什么？________________

(6) 液态氯化氢能不能导电？________ 为什么？________________

思考2：下列物质哪些属于电解质？请在序号前打"√"。

①NaCl 溶液；②NaOH；③H_2SO_4；④H_2O；⑤氯化氢；

⑥小苏打（$NaHCO_3$）；⑦Fe；⑧$Ca(OH)_2$。

思考3：CO_2是不是电解质？________为什么？________________。类似的还有________。

思考4：下列物质能导电的是________，属于电解质的是________，属于非电解质的是________，溶于水后形成的水溶液能导电的是________。

①NaCl 晶体；②液态 SO_2；③干冰；④汞；⑤固体 $BaSO_4$；

⑥蔗糖（$C_{12}H_{22}O_{11}$）；⑦酒精（C_2H_5OH）；⑧熔化的 KNO_3。

2. 电解质的电离。

(1) 酸、碱、盐的电离：

化合物 {　　　　{ 酸：
碱：
盐：

(2) 酸、碱、盐的定义：

酸：________________________________。

碱：________________________________。

盐：________________________________。

(3) 电离方程式的书写基本规则：

①

②

③

【课堂达标】

1. 写出下列物质在水中的电离方程式。

硝酸钙________________；磷酸钠________________；

氢氧化钠________________；氯化铁________________；

碳酸氢钠________________；硫酸氢钠________________。

2. 判断是非：

（1）NH_3、CO_2的水溶液都能导电，所以它们都属于电解质。（　　）

（2）$BaSO_4$、$CaCO_3$难溶于水，水溶液几乎不导电，故它们是非电解质。（　　）

（3）铜能导电，所以铜是电解质。（　　）

（4）铜不是电解质，所以是非电解质。（　　）

（5）氯化钠溶液能导电，所以氯化钠溶液是电解质。（　　）

（6）硝酸钾晶体不能导电，所以不是电解质。（　　）

（7）熔化的氯化钠能导电，所以是电解质。（　　）

（8）在水溶液里或熔化状态下能导电的物质叫电解质。（　　）

3. 请用文字叙述氯化镁溶于水的电离过程：________________。

【课外练习】

一、选择题（只有一个正确选项）

1. 下列物质能导电的是(　　)。

A. 氯化钠固体　B. 硝酸钾溶液　C. 硫酸铜晶体　D. 无水乙醇

2. 下列物质中，导电性能最差的是(　　)。

A. 熔融氢氧化钠　　B. 石墨棒

C. 盐酸溶液　　D. 固态氯化钾

3. 下列电离方程式中，错误的是(　　)。

A. $Al_2(SO_4)_3 = 2Al^{+3} + 3SO_4^{-2}$　　B. $HCl = H^+ + Cl^-$

C. $Ba(OH)_2 = Ba^{2+} + 2OH^-$　　D. $Na_2CO_3 = 2Na^+ + CO_3^{2-}$

4. 下列关于电解质的说法正确的是(　　)。

A. 液态 HCl 不导电，所以 HCl 不是电解质

B. NH_3溶于水形成的溶液能导电，所以 NH_3是电解质

C. SO_2溶于水能导电，所以 SO_2是电解质

D. $BaSO_4$在水溶液中难导电，但在熔融状态下能导电，所以 $BaSO_4$是电解质

5. 下列物质属于电解质的是(　　)。

A. CO_2　　B. Cl_2　　C. Na_2CO_3　　D. NH_3

6. 下列各组均为两种化合物溶于水时电离出的离子，其中由酸电离的是(　　)。

A. Na^+，OH^-，SO_4^{2-}　　B. H^+，Cl^-，SO_4^{2-}

C. Na^+，K^+，OH^-　　D. Na^+，K^+，NO_3^-

7. 下列说法正确的是(　　)。

A. 电离时生成的阳离子全部是氢离子的化合物叫作酸

B. 只有酸电离时，阳离子才是氢离子

C. 只有碱电离时，阴离子才是氢氧根离子

D. 所有的盐电离时都生成金属离子和酸根离子

★8. 在某溶液中仅存在 Na^+、Fe^{3+}、SO_4^{2-} 三种离子，已知 Na^+ 和 SO_4^{2-} 的个数比为3∶2，则 Na^+、Fe^{3+} 和 SO_4^{2-} 三种离子的个数比为(　　)。

A. 9∶1∶6　　B. 3∶1∶2　　C. 1∶1∶1　　D. 6∶1∶9

二、填空题

9. 写出下列物质的电离方程式：

H_2SO_4______________________；

$Ca(OH)_2$______________________；

$CaCO_3$______________________；

$NaHSO_4$______________________；

★CH_3COOH______________________；

★HClO______________________；

★$NaHCO_3$______________________；

★$NH_3 \cdot H_2O$______________________；

★$Al(OH)_3$______________________。

10. 下列属于电解质的是：________。

①金属铜；②H_2SO_4；③乙醇；④$BaSO_4$；⑤固态 NaCl；⑥NaCl 水溶液；⑦在熔融状态下的 NaCl。

11. 下列存在自由移动的 Cl^- 的是：________。

①氯酸钾；②固态氯化钾；③氯化钾溶液；④熔化的氯化钾；⑤液态氯化氢；⑥氯化氢溶液（盐酸）。

【学后反思】

【参考答案】

1. B　2. D　3. A　4. D　5. C　6. B　7. A　8. A　9. 略

10. ②④⑤⑦

11. ③④⑥

电解质（2）

【学习目标】

1. 能通过分析推论，准确理解电解质在水溶液中反应的实质。

2. 会归纳和判定酸、碱、盐之间离子反应发生的条件。

3. 会利用酸、碱、盐的电离及反应发生的条件，准确书写简单离子方程式。

【导学过程】

电解质在水溶液中的反应（离子反应）

观察·思考： 向 $Ba(OH)_2$溶液中滴入几滴酚酞溶液，按鲁科版化学必修一 P41 所示装置连接，然后向 $Ba(OH)_2$溶液中滴加稀硫酸，记录实验现象。

	现象 1	现象 2	现象 3
将稀硫酸滴入含酚酞的 $Ba(OH)_2$溶液中	电流计指针读数 由____到____	溶液颜色 由____变____	有________
结论：			

讨论·归纳： 稀硫酸与 $Ba(OH)_2$溶液反应的实质（提示：电解质溶液导电能力与自由离子浓度大小成正比）

迁移·应用（演示实验）：

1. 请说明 NaOH 溶液与 $CuSO_4$溶液的反应实质。

2. 请说明 NaOH 溶液（含酚酞）与盐酸反应的实质。

3. 请说明 Na_2CO_3 和盐酸溶液反应的实质。

结论 1：离子反应：____。

结论 2：酸、碱、盐间发生复分解反应的条件：____。

【课堂达标 1】

1. 判断下列酸、碱、盐之间能否发生反应，并说明理由。

①$NaCl + HNO_3$；②$Cu(OH)_2 + H_2SO_4$；③$CuSO_4 + BaCl_2$；④$K_2CO_3 + HCl$；⑤$Ba(OH)_2 + KNO_3$；⑥$KCl + H_2SO_4$。

2. 离子方程式。

交流·研讨：NaOH 与 $CuSO_4$ 溶液、Na_2CO_3 和盐酸、$Ba(OH)_2$ 溶液与稀硫酸反应的离子方程式的书写。

结论 1：离子方程式：____。

练一练：请按以上离子方程式书写步骤，写出下列反应的离子方程式。

（1）盐酸与氢氧化钠溶液中和。

（2）氢氧化钡中滴入盐酸。

（3）硫酸中加入氢氧化钾溶液。

（4）澄清石灰水中滴入硝酸。

结论 2：离子方程式的意义：____。

【课堂达标 2】

请按鲁科版化学必修一 P43“方法导引”的离子方程式书写方法把下列化学方程式改成离子方程式。

（1）$CuCl_2 + NaOH$——

（2）$CaCl_2 + Na_2CO_3$——

（3）$HNO_3 + K_2CO_3$——

（4）$CuCl_2 + AgNO_3$——

比较两种离子方程式的书写步骤及要点：

【课外练习】

一、选择题（只有一个正确选项）

1. 下列物质中，能导电的电解质是(　　)。

A. 铜丝　　B. 熔融的 $MgCl_2$

C. NaCl 溶液　　D. 蔗糖

2. 下列物质中，不能电离出酸根离子的是(　　)。

A. Na_2S　　B. $Ba(OH)_2$

C. $KMnO_4$　　D. KCl

3. 下列电离方程式错误的是(　　)。

A. $NaHCO_3 = Na^+ + H^+ + CO_3^{2-}$（提示：碳酸是弱酸）

B. $NaHSO_4 = Na^+ + H^+ + SO_4^{2-}$

C. $H_2SO_4 = 2H^+ + SO_4^{2-}$

D. $KClO_3 = K^+ + ClO_3^-$

4. 对电解质的叙述正确的是(　　)。

A. 溶于水后得到的溶液能导电的物质

B. 在熔融状态下能导电的物质

C. 电解所得到的物质

D. 在水溶液中或熔融状态下能导电的化合物

5. 下列说法正确的是(　　)。

A. H_2SO_4在电流作用下在水中电离出 H^+ 和 SO_4^{2-}

B. 只有酸电离时，阳离子才是 H^+

C. 电离时生成的阴离子全部是氢氧根离子的化合物叫作碱

D. 所有的盐电离时都生成金属离子和酸根离子

6. 下列物质的水溶液能导电，但属于非电解质的是(　　)。

A. HClO　　B. Cl_2　　C. $NaHCO_3$　　D. CO_2

7. $NaHSO_4$在水溶液中能够电离出 H^+、Na^+ 和 SO_4^{2-}。下列对于 $NaHSO_4$ 的

分类中不正确的是(　　)。

A. $NaHSO_4$是盐　　B. $NaHSO_4$是酸式盐

C. $NaHSO_4$是钠盐　　D. $NaHSO_4$是酸

8. 下列溶液的Cl^-浓度与50 mL 1 mol/L 的$MgCl_2$溶液中的Cl^-浓度相等的是(　　)。

A. 150 mL 1 mol/L 的 NaCl 溶液　　B. 75 mL 1 mol/L 的 $CaCl_2$溶液

C. 50 mL 1 mol/L 的 KCl 溶液　　D. 75 mL 1 mol/L 的 $AlCl_3$溶液

9. 有一种固体化合物 X，X 本身不导电，但在熔化状态下或溶于水中能够电离，下列关于该化合物 X 的说法中，正确的是(　　)。

A. X 一定为电解质　　B. X 可能为非电解质

C. X 只能是盐类　　D. X 可以是任何化合物

10. 下面关于电解质的叙述错误的是(　　)。

A. 在水溶液中或熔融状态下均不导电的化合物叫非电解质

B. 电解质、非电解质都是针对化合物而言的，单质不属于此范畴

C. 电解质在熔融状态下不一定能导电

D. 纯水的导电性很差，所以水不是电解质

二、填空题（写出相应的离子方程式）

11. (1) $Cu(OH)_2 + 2HCl = CuCl_2 + 2H_2O$：________；

(2) $FeSO_4 + Ba(OH)_2 = Fe(OH)_2\downarrow + BaSO_4\downarrow$：________；

(3) 碳酸钠溶液与足量盐酸混合：________；

(4) 硫酸铜溶液和氢氧化钡溶液混合：________；

(5) 氢氧化钡与稀硫酸反应：________；

(6) 碳酸钠溶液与少量盐酸反应：________。

【学后反思】

【参考答案】

1. B　2. B　3. A　4. D　5. C　6. D　7. D　8. B　9. A　10. D

11.（1）$Cu(OH)_2 + 2H^+ = Cu^{2+} + 2H_2O$

（2）$Fe^{2+} + SO_4^{2-} + Ba^{2+} + 2OH^- = Fe(OH)_2\downarrow + BaSO_4\downarrow$

（3）$CO_3^{2-} + 2H^+ = H_2O + CO_2\uparrow$

（4）$Cu^{2+} + SO_4^{2-} + Ba^{2+} + 2OH^- = BaSO_4\downarrow + Cu(OH)_2\downarrow$

（5）$Ba^{2+} + 2OH^- + 2H^+ + SO_4^{2-} = BaSO_4\downarrow + 2H_2O$

（6）$CO_3^{2-} + H^+ = HCO_3^-$

电解质（3）

【学习目标】

1. 能用实际参加反应的离子符号或化学式将化学方程式改写成离子方程式。

2. 初步了解离子方程式的几种常见错误。

3. 能通过离子方程式含义的解释，将离子方程式改写成化学方程式。

【导学过程】

书写水溶液（限于高中要求）中离子方程式时应注意的问题（结合部分酸、碱、盐溶解性表）

一律拆写成离子符号的有__________、__________、__________；一律写化学式的有__________、__________、__________、__________、__________、__________。

【课堂达标1】

1. 在书写离子方程式时，下列哪些物质的化学式不能拆写成离子的（　　）。

NaCl　Na_2CO_3　Na　$NaHCO_3$　NaOH　Cl_2　HCl　$BaSO_4$　CO_2　$CaCO_3$　$Fe(OH)_3$　Na_2O_2

2. 写出下列反应的离子方程式。

（1）$2HCl + FeS$（难溶）$= FeCl_2 + H_2S\uparrow$

（2）石灰水中通入 CO_2

（3）铁片放入硫酸铜溶液中

★（4）过氧化钠和水的反应

★（5）往石灰乳中加盐酸

3. 书写离子方程式易出现的错误分析。

（1）强弱电解质不分，易溶与难溶不分。

例 1：氢氧化铁与盐酸反应，$OH^- + H^+ = H_2O$（错）

应为：

例 2：大理石与盐酸反应，$CO_3^{2-} + 2H^+ = CO_2\uparrow + H_2O$（错）

应为：

例 3：纯碱（碳酸钠）与醋酸反应，$CO_3^{2-} + 2H^+ = CO_2\uparrow + H_2O$（错）

应为：

（2）没有注意反应事实。

例：铁和稀硫酸反应，$2Fe + 6H^+ = 2Fe^{3+} + 3H_2\uparrow$（错）

应为：

（3）没有遵守质量守恒定律或电荷守恒定律。

例：将铜片插入硝酸银溶液中，$Cu + Ag^+ = Cu^{2+} + Ag$（错）

应为：

（4）系数没有化简。

例 1：$CaCl_2$溶液与硝酸银溶液的反应，$2Ag^+ + 2Cl^- = 2AgCl\downarrow$（错）

应为：

例 2：KOH 与 H_2SO_4溶液的反应，$2OH^- + 2H^+ = 2H_2O$（错）

应为：

（5）系数化简错误。

例：硫酸与氢氧化钡溶液的反应，$H^+ + SO_4^{2-} + OH^- + Ba^{2+} = BaSO_4\downarrow + H_2O$（错）

应为：

（6）漏写离子。

例：硫酸铜与氢氧化钡溶液的反应，$Ba^{2+} + SO_4^{2-} = BaSO_4\downarrow$（错）

应为：

（7）没有删除无效反应离子。

例：氯化钠和硝酸银溶液反应，$Na^+ + Cl^- + Ag^+ + NO_3^- = AgCl\downarrow + Na^+ + NO_3^-$（错）

应为：

4. 离子方程式的本质含义与离子方程式的改写。

例：请说出下列离子方程式的本质含义。

（1）$H^+ + OH^- = H_2O$；

（2）$Ag^+ + Cl^- = AgCl\downarrow$；

（3）$Ca^{2+} + CO_3^{2-} = CaCO_3\downarrow$；

（4）$Ba^{2+} + SO_4^{2-} = BaSO_4\downarrow$；

（5）$CaCO_3 + 2H^+ = Ca^{2+} + CO_2\uparrow + H_2O$；

（6）$CO_2 + 2OH^- = CO_3^{2-} + H_2O$；

（7）$CO_3^{2-} + 2H^+ = CO_2\uparrow + H_2O$。

【课堂达标 2】

写出下列离子方程式对应的化学反应方程式。

（1）$CO_3^{2-} + 2H^+ = CO_2\uparrow + H_2O$：

（2）$Ba^{2+} + SO_4^{2-} = BaSO_4\downarrow$：

（3）$Ag^+ + Cl^- = AgCl\downarrow$：

（4）$H^+ + OH^- = H_2O$：

（5）$Cu^{2+} + 2OH^- = Cu(OH)_2\downarrow$：

（6）$CO_2 + 2OH^- = CO_3^{2-} + H_2O$：

【课外练习】

一、选择题（只有一个正确选项）

1. 能用离子方程式 $H^+ + OH^- = H_2O$ 表示的反应是(　　)。

A. 稀醋酸和稀氨水反应　　B. 稀硫酸和烧碱溶液反应

C. 稀盐酸和氢氧化铜反应　　D. 稀硫酸和氢氧化钡溶液反应

2. 离子方程式 $BaCO_3 + 2H^+ = CO_2\uparrow + H_2O + Ba^{2+}$ 中的 H^+ 不能代表的物质是(　　)。

① HCl　② H_2SO_4　③ HNO_3　④ CH_3COOH

A. ①③　　B. ①④　　C. ②④　　D. ①②

3. 下列化学方程式中，不能用离子方程式 $Ba^{2+} + SO_4^{2-} = BaSO_4\downarrow$ 来表示的是(　　)。

A. $Ba(NO_3)_2 + H_2SO_4 = BaSO_4\downarrow + 2HNO_3$

B. $BaCl_2 + Na_2SO_4 = BaSO_4 \downarrow + 2NaCl$

C. $Ba(OH)_2 + H_2SO_4 = BaSO_4 \downarrow + 2H_2O$

D. $BaCl_2 + H_2SO_4 = BaSO_4 \downarrow + 2HCl$

4. 下列根据离子反应方程式改写的化学方程式正确的是(　　)。

A. $Zn^{2+} + 2OH^- = Zn(OH)_2 \downarrow$：$ZnCO_3 + 2NaOH = Zn(OH)_2 \downarrow + Na_2CO_3$

B. $Ba^{2+} + SO_4^{2-} = BaSO_4 \downarrow$：$Ba(OH)_2 + H_2SO_4 = BaSO_4 \downarrow + 2H_2O$

C. $Ag^+ + Cl^- = AgCl \downarrow$：$AgNO_3 + NaCl = AgCl \downarrow + NaNO_3$

D. $Cu + 2Ag^+ = Cu^{2+} + 2Ag$：$Cu + 2AgCl = 2Ag + CuCl_2$

5. 能正确表示下列化学反应的离子方程式的是(　　)。

A. 氢氧化钡溶液与硫酸反应 $OH^- + H^+ = H_2O$

B. 澄清石灰水与稀盐酸反应 $Ca(OH)_2 + 2H^+ = Ca^{2+} + 2H_2O$

C. 将铜片插入硝酸银溶液中 $Cu + Ag^+ = Cu^{2+} + Ag$

D. 碳酸钙溶于稀盐酸中 $CaCO_3 + 2H^+ = Ca^{2+} + H_2O + CO_2\uparrow$

6. 下列四种物质的溶液，其中一种与其他三种能发生离子反应，这种物质是(　　)。

A. H_2SO_4　　B. KOH　　C. $BaCl_2$　　D. Na_2CO_3

7. 离子方程式 $Ba^{2+} + SO_4^{2-} = BaSO_4 \downarrow$ 可以表示(　　)。

A. 可溶性钡盐与可溶性硫酸盐溶液之间的反应或稀硫酸与可溶性钡盐之间的反应

B. 稀硫酸与氢氧化钡溶液之间的反应

C. 氢氧化钡与硫酸氢钠溶液之间的反应

D. 氢氧化钡与硫酸铜溶液之间的反应

8. 下列各组中两种溶液间的反应可以用同一个离子方程式表示的是(　　)。

A. 盐酸和 K_2CO_3 与盐酸和 $(NH_4)_2CO_3$

B. 硝酸和 Na_2CO_3 与盐酸和 $NaHCO_3$

C. 稀硫酸和 $Ba(OH)_2$ 与 Na_2SO_4 和 $Ba(OH)_2$

D. 锌粒和稀硫酸与锌粒和稀磷酸

9. 由化学方程式改写为离子方程式时，所示化学式全部可以改写为离子形式的是(　　)。

A. NaCl　　CuO　　$BaCl_2$　　NaOH　　H_2SO_4

B. $CuCl_2$　　H_2O　　$BaSO_4$　　HNO_3　　$Ca(OH)_2$

C. $AgNO_3$　　$Ba(OH)_2$　　HCl　　KOH　　HNO_3

D. $CuSO_4$　　Fe_2O_3　　H_2SO_4　　KNO_3　　H_2S

10. 下列离子方程式正确的是(　　)。

A. 碳酸钙和盐酸反应 $CO_3^{2-}+2H^+ = CO_2\uparrow + H_2O$

B. 向氢氧化钡溶液中加硫酸溶液 $Ba^{2+}+SO_4^{2-} = BaSO_4\downarrow$

C. 向稀盐酸溶液中加铁 $3Fe+6H^+ = 3Fe^{3+}+3H_2\uparrow$

D. 向硝酸银溶液中加盐酸 $Ag^+ + Cl^- = AgCl\downarrow$

★11. 下列只能表示一个化学反应的离子方程式为（　　）。

A. $BaCO_3+2CH_3COOH = Ba^{2+}+CO_2\uparrow + H_2O+2CH_3COO^-$

B. $Ba^{2+}+2OH^-+2H^++SO_4^{2-} = 2H_2O+BaSO_4\downarrow$

C. $CH_3COOH+OH^- = CH_3COO^-+H_2O$

D. $Fe^{3+}+3NH_3\cdot H_2O = Fe(OH)_3\downarrow + 3NH_4^+$

★12. 下列四种物质：Fe 粉、石灰水、Na_2CO_3溶液、稀盐酸两两混合后，将发生的离子反应有(　　)。

A. 1 个　　B. 2 个　　C. 3 个　　D. 4 个

二、填空题

13. 完成下列离子方程式（写出物质的计量数不能改变）。

（1）(　　) +2(　　) +(　　) +2(　　) $= BaSO_4\downarrow + 2H_2O$；

（2）(　　) $+Ca^{2+}+$(　　) $= CaCO_3\downarrow +$(　　)；

（3）$Cu^{2+}+$(　　) $+Ba^{2+}+$(　　) $= BaSO_4+Cu(OH)_2\downarrow$；

（4）(　　) $+3H^+ = Fe^{3+}+$(　　)。

14. 写出符合以下离子方程式的化学方程式各 1 个。

（1）$CO_2+2OH^- = CO_3^{2-}+H_2O$；

（2）$CO_3^{2-}+2H^+ = CO_2\uparrow + H_2O$；

（3）$CaCO_3+2H^+ = Ca^{2+}+CO_2\uparrow + H_2O$；

（4）$Zn+Cu^{2+} = Zn^{2+}+Cu$。

15. 写出下列反应的离子方程式。

（1）氯气与水的反应：

（2）氯气通入氢氧化钠溶液中的反应：

（3）硫酸铜溶液跟氢氧化钡溶液反应：

（4）用稀硫酸除铁锈：

（5）金属钠和水的反应：

【学后反思】

【参考答案】

1. B　2. C　3. C　4. C　5. D　6. A　7. A　8. A　9. C　10. D　11. A　12. D

13. （1）Ba^{2+}　OH^{-}　SO_4^{2-}　H^{+}

（2）CO_2　$2OH^{-}$　H_2O

（3）SO_4^{2-}　$2OH^{-}$

（4）$Fe(OH)_3$　$3H_2O$

14. 略（合理即可）

15. （1）$Cl_2 + H_2O = H^{+} + Cl^{-} + HClO$

（2）$Cl_2 + 2OH^{-} = Cl^{-} + ClO^{-} + H_2O$

（3）$Cu^{2+} + SO_4^{2-} + Ba^{2+} + 2OH^{-} = BaSO_4\downarrow + Cu(OH)_2\downarrow$

（4）$Fe_2O_3 + 6H^{+} = 2Fe^{3+} + 3H_2O$

（5）$2Na + 2H_2O = 2Na^{+} + 2OH^{-} + H_2\uparrow$

电解质（4）

【学习目标】

1. 会判定离子的共存、了解几种离子的检验法、初步了解离子反应在物质分离提纯中的用途。

2. 通过离子反应在解决生产、生活、环境保护等现实问题的具体作用，感受化学学科的价值所在。

【导学过程】

离子反应应用一：判定离子在溶液中是否大量共存

问题解决：某河道两旁有甲、乙两厂，它们排放的工业废液澄清透明，共含 K^+、Ag^+、Cu^{2+}、NO_3^-、Cl^-、OH^- 六种离子。

（1）甲厂的废水中含三种离子，明显呈碱性，则甲厂废水中不可能存在的阳离子是________。

（2）乙厂的废水中含另外三种离子，其中阴离子是________，如果加足量的铁粉，可以回收其中的金属________。

（3）如果将甲厂和乙厂的废水按适当的比例混合，可以使废水中的某些离子转化为沉淀，写出两个离子方程式：________________________________；经过滤操作后的废水主要含________（化学式），可以用来浇灌农田。

结论 1：因生成水而不能大量共存的离子组合：________________；

因生成沉淀而不能大量共存的离子组合：________________；

因生成气体而不能大量共存的离子组合：________________；

因生成弱酸而不能大量共存的离子组合：________________；

因生成弱碱而不能大量共存的离子组合：________________。

【课堂达标 1】

能在溶液中大量共存的离子组是（　　）。

A. Mg^{2+}，H^+，Cl^-，OH^-

B. Na^+，Ba^{2+}，CO_3^{2-}，NO_3^-

C. Na^+，H^+，Cl^-，CO_3^{2-}

D. K^+，Cu^{2+}，NO_3^-，SO_4^{2-}

E. Na^+，Mg^{2+}，Cl^-，OH^-

F. H^+，Ca^{2+}，CO_3^{2-}，NO_3^-

G. Cu^{2+}，K^+，SO_3^{2-}，NO_3^-

H. Na^+，HCO_3^-，OH^-，Ca^{2+}

离子反应应用二：常见离子的检验

问题解决：现在有些不法商人为了牟取暴利，不顾广大消费者的健康，用氯气消毒后的自来水冒充饮用纯净水出售，你能用学过的化学知识辨别真假吗？

结论：（阅读鲁科版化学必修一教材 P43 相关内容）Cl^-，SO_4^{2-}，CO_3^{2-} 的检验：

待检离子	待测液所加试剂（按先后）	现象	离子方程式
Cl^-			
SO_4^{2-}			
CO_3^{2-}			

结论迁移 1：Ag^+，Ba^{2+}，Cu^{2+} 的检验。

结论迁移 2：请对教材中 SO_4^{2-} 的检验法做一个改进。

【课堂达标 2】

有三种白色固体分别为氯化钠、硫酸钠和碳酸钠，请用实验方法进行鉴别，写出相应的离子方程式。

操作步骤	现象、结论及离子方程式

离子反应应用三：应用离子反应除杂质

问题解决：要将从海水中提取出来的粗盐（含泥沙、Mg^{2+}、Ca^{2+}、SO_4^{2-} 等杂质离子）加以精制，请设计实验的操作流程，并写出各个步骤相应的离子方程式。

实验流程：

离子方程式：

结论：当溶液中有多种离子共存时，需要逐一除尽，需遵循什么原则。

（1）四原则：

（2）三必须：

结论迁移：当溶液中有较多不活泼重金属杂质离子如 Cu^{2+}、Ag^{+}时，从保护环境和循环经济的角度分析，应该怎样处理？

【课外练习】

一、选择题（只有一个正确选项）

1. 加入 NaOH 溶液后，下列哪种离子数目会减少？（　　）

   A. CO_3^{2-}　　B. Fe^{3+}　　C. SO_4^{2-}　　D. NO_3^-

2. 下列各组离子能大量共存的是(　　)。

   A. Ca^{2+}，Na^{+}，CO_3^{2-}，NO_3^-　　B. Ba^{2+}，Na^{+}，SO_4^{2-}，NO_3^-

   C. NH_4^+，K^{+}，Cl^{-}，SO_4^{2-}　　D. CO_3^{2-}，SO_4^{2-}，H^{+}，K^{+}

3. 能在无色透明溶液中大量共存的离子组是(　　)。

   （提示：水溶液中除 MnO_4^-是有色离子外，还有一些阳离子）

   A. K^{+}，Na^{+}，NO_3^-，MnO_4^-　　B. Mg^{2+}，Na^{+}，Cl^{-}，SO_4^{2-}

   C. K^{+}，Na^{+}，Br^{-}，Cu^{2+}　　D. Na^{+}，Ba^{2+}，OH^{-}，SO_4^{2-}

4. 重金属离子具有毒性。实验室中有甲、乙两种重金属离子的废液，甲废液经化验呈碱性，主要毒离子为 Ba^{2+}，如将甲、乙两废液按一定比例混合，毒性明显降低。则乙废液可能含的离子是（提示：Cu^{2+}，Ag^{+}和 Ba^{2+}都是重金属离子）（　　）。

   A. Cu^{2+}和 SO_4^{2-}　　B. Cu^{2+}和 Cl^{-}

   C. K^{+}和 SO_4^{2-}　　D. Ag^{+}和 NO_3^-

5. 生产自来水时，会用适量的氯气来杀菌消毒。市场上有些不法商贩为牟取暴利，用自来水冒充纯净水出售。为辨别真假，可用下列一种化学试剂来鉴别，该试剂是(　　)。

A. 酚酞试液　　B. 氯化钡试液

C. 氢氧化钠试液　　D. 硝酸银试液

6. 在电解质溶液的导电性装置中，如图所示若向某一电解质溶液中逐滴加入另一溶液时，则灯泡由亮变暗，至熄灭后又逐渐变亮的是(　　)。

A. 向盐酸中逐滴加入食盐溶液

B. 向硫酸中逐滴加入氢氧化钠溶液

C. 向硫酸中逐滴加入氢氧化钡溶液

D. 向醋酸中逐滴加入氨水（醋酸、氨水均为弱电解质，两者生成的 NH_4Ac 为强电解质）

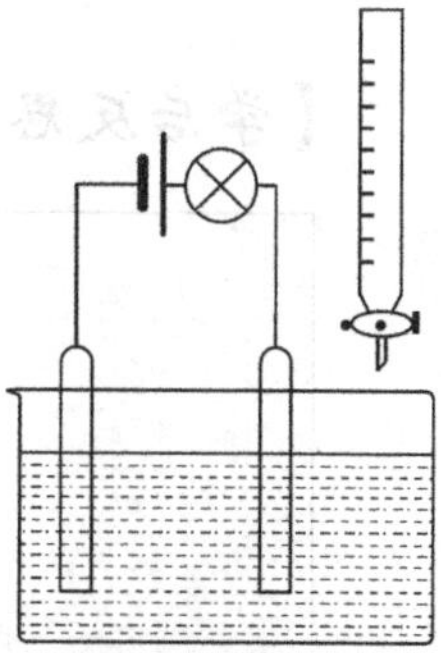

导电性装置

二、填空题

7．有三瓶标签脱落的无色透明溶液，分别是稀盐酸、稀硫酸和稀硝酸。请你帮助实验老师设计一种方法鉴别它们，并贴上标签。

操作步骤	现象及结论

8. 有一固体混合物，可能由 Na_2CO_3、Na_2SO_4、$CuSO_4$、$CaCl_2$、NaCl 等混合而成，为检验它们做了如下实验：①将固体混合物溶于水，搅拌后得到无色透明溶液；②往此溶液中滴加硝酸钡溶液，有白色沉淀生成；③过滤，将沉淀物置于稀硝酸中，发现沉淀全部溶解。试判断：固体混合物中肯定有__________，肯定没有__________，可能有__________，对可能有的物质，可采用向滤液中滴加__________溶液的方法来检验。

9. 胃酸的主要成分含盐酸。胃酸过多时，通常用“小苏打”“胃舒平”等药物进行治疗。小苏打的成分是碳酸氢钠，胃舒平中含氢氧化铝[$Al(OH)_3$]。它们都能和胃液中的胃酸发生离子反应，从而中和过多的胃酸。完成下列问题：

(1) 写出用小苏打或胃舒平治疗胃酸过多的离子方程式：____________________，____________________。

（2）当进行 X 光透视时，医生让病人服“钡餐（$BaSO_4$）”，能否用碳酸钡代替硫酸钡？写出离子方程式并解释。（提示：Ba^{2+}有毒）

____。

【学后反思】

【参考答案】

1. B　2. C　3. B　4. A　5. D　6. C

7.

（1）各取少量溶液于试管中，分别滴加 $BaCl_2$溶液 （2）各取剩余的两种溶液于试管中，分别滴加 $AgNO_3$溶液	（1）产生白色沉淀的是稀硫酸 （2）产生白色沉淀的是稀盐酸，剩余的是稀硝酸

8. Na_2CO_3　Na_2SO_4，$CuSO_4$，$CaCl_2$　NaCl　$AgNO_3$溶液和稀硝酸

9. （1）$HCO_3^- + H^+ = H_2O + CO_2\uparrow$　$Al(OH)_3 + 3H^+ = Al^{3+} + 3H_2O$

（2）否；因碳酸钡溶于胃酸（稀盐酸），生成的可溶性的 Ba^{2+}会使人体中毒：$BaCO_3 + 2H^+ = Ba^{2+} + H_2O + CO_2\uparrow$

“氧化剂和还原剂”导学案

氧化剂和还原剂（1）

【学习目标】

1. 了解化学反应的几种不同的分类方法。
2. 能用化合价升降的观点及电子转移的观点理解氧化还原反应。
3. 运用对立统一等辩证唯物主义观点认识与氧化还原反应有关的概念。

【导学过程】

氧化还原反应

交流·研讨：请写出以下化学反应方程式，按照初中所学的反应分类标准判断其反应类型，按初中学过的化学反应的分类法能否包括所有的化学反应？分析各元素化合价在反应前后是否有变化。

铜在空气中加热　　生石灰与水反应

加热下用 H_2 还原 CuO　　铁片插入硫酸铜溶液

$CaCO_3$ 高温分解　　$KClO_3$ 在 MnO_2 催化下加热

NaCl 溶液中滴加 $AgNO_3$　　一氧化碳高温还原氧化铁

1. 化学反应与元素化合价的变化。

（1）________________的化学反应是氧化还原反应。

（2）物质所含元素化合价升高的反应是________反应；物质所含元素化合价降低的反应是________反应，且两反应是________（填“先后”或“同时”）发生的。

观察·思考：（1）将锌片插入 $CuSO_4$ 溶液中；（2）在锌片和碳棒中间连接

一个电流计插入 $CuSO_4$溶液中。

2. 氧化还原反应的实质：________________________________。

化学反应 $\xrightarrow[\text{或从化合价升降角度}]{\text{从电子转移角度}}$ {

3. 氧化还原反应与四种基本反应类型的关系。

化学反应 {

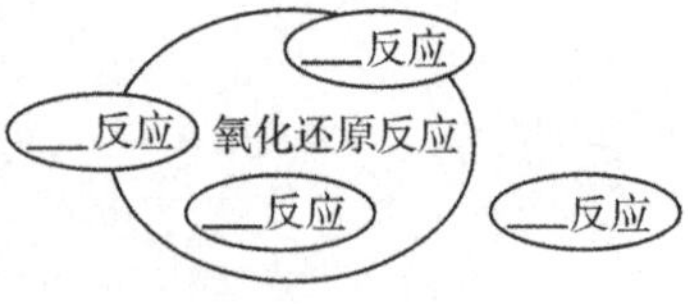

★4. 氧化还原反应电子转移表示法——双线桥法与单线桥法。

$2Na + Cl_2 \xlongequal{\text{点燃}} 2NaCl$　　　　　　$2Na + Cl_2 \xlongequal{\text{点燃}} 2NaCl$

5. 生产、生活中的氧化还原反应：

归纳：

氧化还原反应的特征：

氧化还原反应的本质：

氧化反应（被氧化）、还原反应（被还原）与元素化合价升、降及 e^-得、失的关系：

氧化还原反应与四种基本反应类型的关系：

【课堂达标】

1. 下列反应属于氧化还原反应的是________，既属于化合反应又属于氧化还原反应的是________，既属于分解反应又属于氧化还原反应的是________。

（1）$2KMnO_4 \xlongequal{\triangle} K_2MnO_4 + MnO_2 + O_2\uparrow$；

（2）$NH_4HCO_3 \xlongequal{\triangle} NH_3\uparrow + CO_2\uparrow + H_2O\uparrow$；

（3）$NH_4NO_3 \xlongequal{\triangle} N_2O\uparrow + 2H_2O$；

（4）$2Mg + O_2 \xlongequal{\text{点燃}} 2MgO$；

（5）$2Na + 2H_2O \xlongequal{} 2NaOH + H_2\uparrow$；

（6）$Fe_2O_3 + 3CO \xlongequal{高温} 2Fe + 3CO_2$；

（7）$Cu_2(OH)_2CO_3 \xlongequal{\triangle} 2CuO + CO_2\uparrow + H_2O$；

（8）$SO_3 + H_2O \xlongequal{} H_2SO_4$。

2. 在反应 $MnO_2 + 4HCl \xlongequal{\triangle} MnCl_2 + 2H_2O + Cl_2\uparrow$ 中，_______元素化合价升高，被________（填“氧化”或“还原”），发生________（填“氧化”或“还原”）反应；________元素化合价降低，被________（填“氧化”或“还原”），发生________（填“氧化”或“还原”）反应。

【课外练习】

一、选择题（只有一个正确选项）

1. 氧化还原反应的实质是（　　）。

A. 化合价的升降　　B. 分子中各原子重新组合

C. 电子的得失或偏移　　D. 氧原子的得失

2. 下列有关四种基本反应类型与氧化还原反应关系的说法中正确的是（　　）。

A. 化合反应一定是氧化还原反应

B. 分解反应一定不是氧化还原反应

C. 置换反应一定是氧化还原反应

D. 复分解反应不一定是氧化还原反应

3. 下列有关实验室制取气体的反应中，其原理不属于氧化还原反应的是（　　）。

A. 用稀硫酸与锌粒反应制取 H_2

B. 用高锰酸钾加热分解制取 O_2

C. 制取 Cl_2：$MnO_2 + 4HCl \xlongequal{\triangle} MnCl_2 + 2H_2O + Cl_2\uparrow$

D. 用稀盐酸与石灰石反应制取 CO_2

4. 某元素在化学反应中由化合态变为游离态（单质），则该元素（　　）。

A. 一定被氧化　　B. 一定被还原

C. 既可能被氧化又可能被还原　　D. 以上都不是

5. 下列化学反应中，属于氧化还原反应的是（　　）。

A. $Na_2CO_3 + CaCl_2 \xlongequal{} CaCO_3\downarrow + 2NaCl$

B. $Fe + CuSO_4 \xlongequal{} Cu + FeSO_4$

C. $2NaHCO_3 \xlongequal{\triangle} Na_2CO_3 + CO_2\uparrow + H_2O$

D. $CaO + H_2O \xlongequal{} Ca(OH)_2$

6. 氧化还原反应在生产、生活中具有广泛的用途。下列生产、生活中的事例不属于氧化还原反应的是(　　)。

A. 金属冶炼　　B. 燃放鞭炮

C. 食物腐败　　D. 点制豆腐

7. 氧化还原反应发生在同种元素之间的是(　　)。

A. $Zn + 2HCl = ZnCl_2 + H_2\uparrow$　　B. $2H_2S + SO_2 = 3S\downarrow + 2H_2O$

C. $H_2 + CuO \xlongequal{\triangle} Cu + H_2O$　　D. $2H_2O \xlongequal{电解} 2H_2\uparrow + O_2\uparrow$

8. 下列反应中，氯元素被氧化的是(　　)。

A. $2KClO_3 \xlongequal[\triangle]{MnO_2} 2KCl + 3O_2\uparrow$

B. $2P + 5Cl_2 \xlongequal{点燃} 2PCl_5$

C. $MnO_2 + 4HCl$（浓）$\xlongequal{\triangle} MnCl_2 + 2H_2O + Cl_2\uparrow$

D. $H_2 + Cl_2 \xlongequal{点燃} 2HCl$

9. 下列说法正确的是(　　)。

A. 氧化还原反应的本质是元素化合价发生变化

B. 物质所含元素化合价升高，物质本身被还原

C. 物质所含元素化合价升高的反应是还原反应

D. 氧化反应和还原反应是同时发生的

★10. 离子反应、复分解反应、置换反应和氧化还原反应之间可用集合关系表示，以下选项正确的是(　　)。

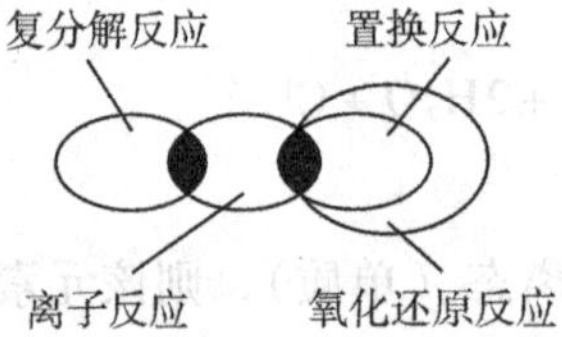

A

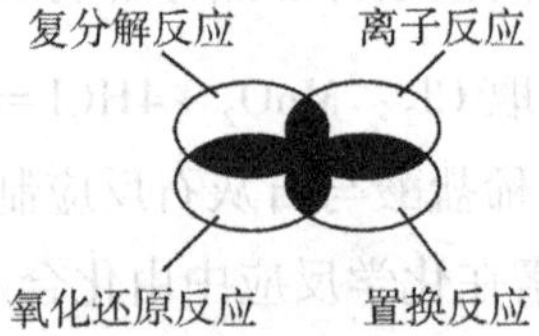

B

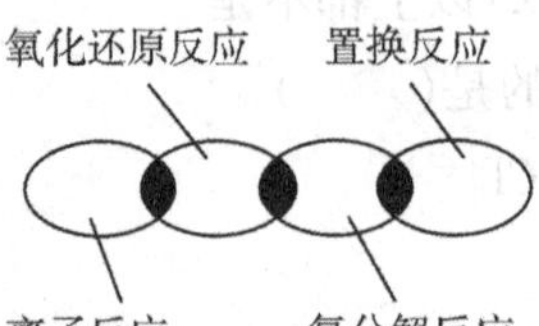

C

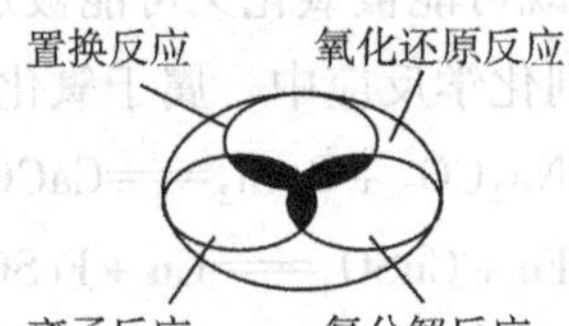

D

二、填空题

11. 在黑火药的爆炸反应 $2KNO_3 + S + 3C \xlongequal{} K_2S + N_2\uparrow + 3CO_2\uparrow$ 中，化合价升高的元素是________，得电子的原子是________，被还原的元素是________，发生氧化反应的物质是____________。

12. 下列反应中氯元素全部被氧化的是______，全部被还原的是________，部分被氧化的是________，部分被还原的是________。

A. $4HCl + MnO_2 \xlongequal{\triangle} MnCl_2 + 2H_2O + Cl_2\uparrow$

B. $2NaCl$（熔融）$\xlongequal{\text{通电}} 2Na + Cl_2\uparrow$

C. $2KClO_3 \xlongequal[\triangle]{MnO_2} 2KCl + 3O_2\uparrow$

D. $Cl_2 + H_2O \xlongequal{} HCl + HClO$

★13. 分别用双线桥法、单线桥法分析下列氧化还原反应，标出电子转移的方向和数目。

$2KClO_3 \xlongequal[\triangle]{MnO_2} 2KCl + 3O_2\uparrow$　　　　$2KClO_3 \xlongequal[\triangle]{MnO_2} 2KCl + 3O_2\uparrow$

【学后反思】

【参考答案】

1. C　2. C　3. D　4. C　5. B　6. D　7. B　8. C　9. D　10. A

11. C，N　S，N　S，C

12. B　C　A　D

13. 略

氧化剂和还原剂（2）

【学习目标】

1. 理解氧化剂、还原剂，了解常见的氧化剂和还原剂。
2. 学会用双线桥、单线桥标示氧化还原反应。
3. 了解氧化还原反应在日常生产、生活中的应用。

【导学过程】

温故知新

1. 判断下列反应属于哪种基本反应类型，是否属于氧化还原反应？

化学反应	基本反应类型	是否是氧化还原反应
$2Na + Cl_2 \xlongequal{点燃} 2NaCl$		
$Fe + CuSO_4 = FeSO_4 + Cu$		
$CaCO_3 \xlongequal{高温} CaO + CO_2\uparrow$		
$BaCl_2 + H_2SO_4 = BaSO_4\downarrow + 2HCl$		
$CaO + H_2O = Ca(OH)_2$		
$2CuO + H_2 \xlongequal{\triangle} Cu + H_2O$		
$2HgO \xlongequal{\triangle} 2Hg + O_2\uparrow$		

2. 在反应 $2Na + Cl_2 \xlongequal{点燃} 2NaCl$ 中钠元素的化合价由________价升高到________价，升高总价数是________，每个钠原子失去________个电子，带________个单位正电荷，失电子总数是________，被________，金属钠发生了________反应；在反应中氯元素的化合价由________价降低到________价，降低总价数是________，每个氯原子得到________个电子，带________个单位负电荷，得电子总数是________，被________，氯气发生了________反应。

一、氧化剂和还原剂

1. 氧化剂

（1）物质中元素的化合价________，________电子（或电子对________），这种物质称为氧化剂。

（2）氧化剂在化学反应中被________，发生________反应。

（3）常见的氧化剂：O_2，Cl_2，浓硫酸，HNO_3，$KMnO_4$，$FeCl_3$ 等。

2. 还原剂

（1）物质中元素的化合价________，________电子（或电子对________），这种物质称为还原剂。

（2）还原剂在化学反应中被________，发生________反应。

（3）常见的还原剂：活泼的金属单质如 Al、Zn、Fe，以及 C、H_2、CO 等。

3. 氧化产物和还原产物

氧化产物是________被________后的产物；还原产物是________被________后的产物。

氧化还原反应中概念之间的关系

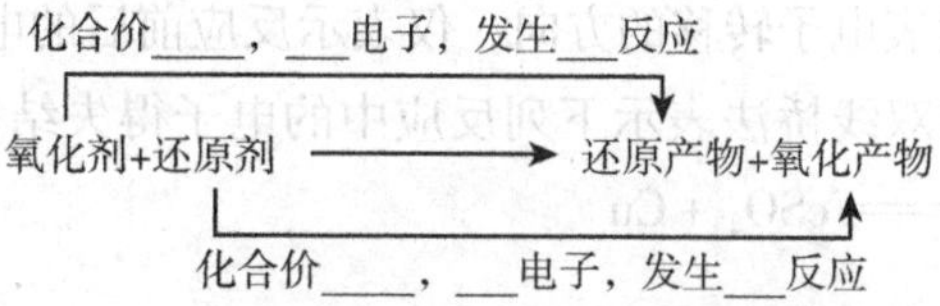

讨论思考：下列物质哪些既可以做氧化剂又可以做还原剂？为什么。

S　　　　SO_2　　　　H_2SO_3　　　　H_2O_2　　　　$FeCl_2$

原因：____。

4. 物质的氧化性和还原性

物质的氧化性是指________电子（电子对偏________）的能力，氧化剂具有________性；

物质的还原性是指________电子（电子对偏________）的能力，还原剂具有________性。

例：描述反应 Fe + $CuSO_4$ ══ $FeSO_4$ + Cu 中各概念之间的关系。

Fe：铁元素化合价________（填“升高”或“降低”），________电子（填“获得”或“失去”），被________（填“氧化”或“还原”），发生________（填“氧化反应”或“还原反应”），生成物 $FeSO_4$ 是________（填“氧化产物”或“还原产物”)；Fe 单质是________（填“氧化剂”或“还原剂”)，具有________（填“氧化性”或“还原性”)。

$CuSO_4$：铜元素化合价________（填“升高”或“降低”)，________电子（填“获得”或“失去”)，被________（填“氧化”或“还原”)，发生______（填“氧化反应”或“还原反应”)，生成物 Cu 是________（填“氧化产物”或“还原产物”)；$CuSO_4$ 是________（填“氧化剂”或“还原剂”)，具有________（填“氧化性”或“还原性”)。

二、氧化还原反应中电子转移的表示方法

1. 双线桥法——表示电子得失结果

步骤：①箭头须由反应物指向生成物，且两端指向同种元素，箭头一定在等号两端；②在桥上标明电子“得到”与“失去”，且得到与失去的电子总数必须相等，电子对的偏移也按得失处理；③得失电子数以形式 abe^- 表示，a 表示发生氧化还原反应的原子个数，b 表示每个电子得到或失去的电子数，当 $a=1$ 或 $b=1$ 时，将 1 省略；④箭头方向不代表电子转移的方向，仅表示反应前后的电子得失结果。

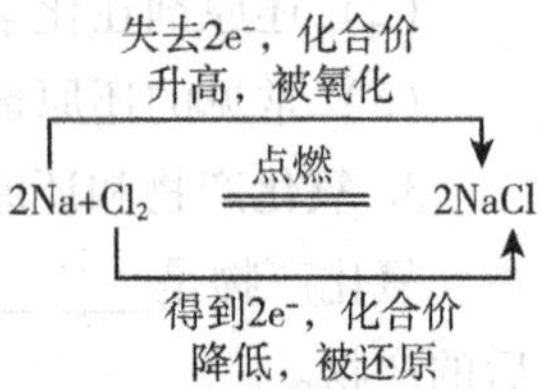

【跟踪训练】用双线桥法表示下列反应中的电子得失结果。

① $Fe+CuSO_4 \xlongequal{} FeSO_4+Cu$

② $CuO+H_2 \xlongequal{\triangle} Cu+H_2O$

③ $2HgO \xlongequal{\triangle} 2Hg+O_2\uparrow$

④ MnO_2+4HCl（浓）$\xlongequal{} MnCl_2+2H_2O+Cl_2\uparrow$

2. 单线桥——表示电子转移方向。

步骤：①单线桥必须画在反应物中，箭头一定在等号左边；②箭头始于失电子元素，止于得电子元素；③不需要标注“失去”“得到”字样。

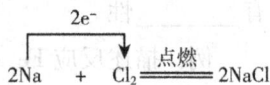

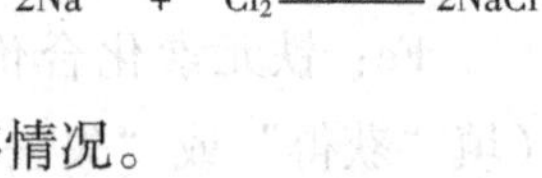

【跟踪训练】用单线桥法表示下列反应中的电子转移情况。

① $3H_2+Fe_2O_3 \xlongequal{高温} 3H_2O+2Fe$

② $2KClO_3 \xrightarrow[\triangle]{MnO_2} 2KCl + 3O_2 \uparrow$

③ $2H_2S + SO_2 = 3S \downarrow + 2H_2O$

④ $MnO_2 + 4HCl$（浓）$= MnCl_2 + 2H_2O + Cl_2 \uparrow$

3. 守恒规律

（1）得失电子守恒。

分析：找出氧化剂和还原剂，指出反应中的得失电子数目。

$3CO + Fe_2O_3 \xrightarrow{高温} 2Fe + 3CO_2$，　　结论：________________

（2）化合价升降守恒。

分析：找出氧化剂和还原剂，指出反应中化合价升降的数目。

$3CO + Fe_2O_3 \xrightarrow{高温} 2Fe + 3CO_2$，　　结论：________________

三、物质氧化性或还原性相对强弱判断

1. 可依据金属活动顺序表判断

在金属活动顺序表中，排位越靠后的金属，其原子的还原性越弱，而金属阳离子的氧化性越强。即易失电子（还原性强）的物质被氧化后，氧化产物的氧化能力弱，易得电子（氧化性强）的物质被还原变成阴离子后，难以失去电子，还原性弱。

2. 可依据反应条件差异判断

条件越容易，反应速率越快，物质氧化性（或还原性）越强。

如反应：

$MnO_2 + 4HCl \xrightarrow{\triangle} MnCl_2 + 2H_2O + Cl_2 \uparrow$；

$2KMnO_4 + 16HCl = 2KCl + 2MnCl_2 + 8H_2O + 5Cl_2 \uparrow$；

$4HCl + O_2 \xrightarrow{CuCl_2} 2H_2O + 2Cl_2 \uparrow$；

氧化能力：$KMnO_4 > MnO_2 > O_2$。

3. 可依据具体反应进行判断

在氧化还原反应中，一般有如下强弱关系存在：氧化性较强的物质与还原性较强的物质反应生成还原性较弱的物质和氧化性较弱的物质。

物质氧化性：氧化剂 > 氧化产物；还原性：还原剂 > 还原产物

【课外练习】

一、选择题（只有一个正确选项）

1. 还原剂在反应中(　　)。

A. 得电子　　B. 失电子　　C. 被还原　　D. 化合价降低

2. 下列说法正确的是(　　)。

A. 氧化剂本身发生氧化反应

B. 氧化还原反应一定有氧元素参加

C. 氧化剂在反应中得电子，还原剂失电子

D. 氧化反应一定先于还原反应发生

3. 下列物质的用途中，利用了物质的氧化性的是(　　)。

A. 用漂白粉漂白游泳池中的水　　B. 用稀盐酸除去热水瓶中的水垢

C. 用食盐腌制食物　　D. 用小苏打治疗胃酸

4. 苹果汁是人们喜爱的一种饮料，其中含 Fe^{2+}，现榨的苹果汁在空气中会由淡绿色变为棕黄色。若加入维生素 C，可以有效防止这种现象发生，这说明维生素 C 具有(　　)。

A. 氧化性　　B. 还原性　　C. 酸性　　D. 碱性

5. 亚硝酸既可以做氧化剂又可做还原剂，当它在反应中做氧化剂时，可能生成的物质是(　　)。

A. N_2　　B. N_2O_3　　C. HNO_3　　D. NO_2

6. 下列反应中，划线物质是还原剂的是(　　)。

A. $Zn + H_2SO_4 = ZnSO_4 + \underline{H_2}\uparrow$　　B. $Cl_2 + 2NaBr = 2\,\underline{NaCl} + Br_2$

C. $C + \underline{CO_2} = 2CO$　　D. $Fe_2O_3 + 2\,\underline{Al} = 2Fe + Al_2O_3$

7. 在反应 $2KMnO_4 \xlongequal{\triangle} K_2MnO_4 + MnO_2 + O_2\uparrow$ 中，还原产物是(　　)。

①$KMnO_4$　②K_2MnO_4　③MnO_2　④O_2

A. ①②　　B. ②③　　C. ④　　D. ③

8. 下列微粒不具有还原性的是(　　)。

A. H_2　　B. H^+　　C. Na　　D. CO

9. 有四种物质，已知它们能发生下列变化：

①$A^{2+} + B = B^{2+} + A$；②$A^{2+} + C = C^{2+} + A$；

③$B^{2+} + C = C^{2+} + B$；④$C^{2+} + D = D^{2+} + C$。

由此可知，各物质的氧化性、还原性强弱顺序正确的是(　　)。

A. 氧化性：$A^{2+}>B^{2+}>C^{2+}>D^{2+}$　B. 氧化性：$D^{2+}>C^{2+}>B^{2+}>A^{2+}$

C. 还原性：$A>B>C>D$　D. 还原性：$D>B>A>C$

10. 在泡沫制作过程中，有反应 $2H_2O_2 = 2H_2O + O_2\uparrow$，下列说法正确的是(　　)。

A. H_2O_2 既是氧化剂又是还原剂　B. H_2O_2 是氧化剂

C. O_2 既是氧化产物又是还原产物　D. 该反应转移 4 mol e^-

11. 关于氧化还原反应，下列说法正确的是(　　)。

A. 被氧化的物质是还原剂

B. 氧化剂被氧化，还原剂被还原

C. 失去电子，化合价降低的物质是还原剂

D. 氧化剂失去电子，化合价升高

12. 下列转化，需要加入氧化剂才能完成的是(　　)。

A. $H^+\rightarrow H_2$　B. $MnO_4^-\rightarrow Mn^{2+}$　C. $CO_2\rightarrow CO_3^{2-}$　D. $S^{2-}\rightarrow SO_4^{2-}$

13. 下列反应中属于氧化反应的是(　　)。

A. $Fe\rightarrow FeSO_4$　B. $P\rightarrow PH_3$　C. $NaCl\rightarrow AgCl$　D. $Cu(NO_3)_2\rightarrow Cu$

14. 下列叙述正确的是(　　)。

A. 由 X 变为 X^{2-} 的反应是氧化反应

B. 金属阳离子被还原不一定得到金属单质

C. 有单质参加的化学反应一定是氧化还原反应

D. 某元素从化合态变为游离态，一定被还原

15. 单质 X_2 和 Y_2 发生反应生成化合物的分子式是 XY，已知 X 是正价，下列叙述正确的是(　　)。

A. X_2 被还原，X_2 是还原剂　B. Y_2 被氧化，Y_2 是氧化剂

C. X_2 被氧化，X_2 是还原剂　D. Y_2 被氧化，Y_2 是还原剂

二、填空题

16. 用单线桥法和双线桥法表示下列反应中的电子转移情况：

$3Cu + 8HNO_3 = 3Cu(NO_3)_2 + 2NO\uparrow + 4H_2O$。

【学后反思】

【参考答案】

1. B　2. C　3. A　4. B　5. A　6. D　7. B　8. B　9. A　10. A　11. A　12. D
13. A　14. B　15. C　16. 略

“原子结构”导学案

原子结构（1）

【学习目标】

1. 认识原子核的结构，懂得质量数和 $^{A}_{Z}X$ 的含义，掌握构成原子的微粒间的关系。

2. 知道元素、核素、同位素的含义。

3. 感受人类探索原子结构的历史，了解假说、模型等科学研究方法，培养科学态度和科学精神。

【导学过程】

原子核　核素

1. 原子核的构成。

（1）原子核中，质子数、中子数、质量数（用符号________表示）之间的关系为________________。

（2）对于原子来说，核电荷数、质子数、核外电子数之间的关系为________________。

（3）$^{A}_{Z}X$ 中 Z 表示________，中子数（N）＝________，$^{A}_{Z}X$ 的含义是____________。

某原子的元素符号为 Na，核外有 11 个 e^-，原子核内里有 12 个中子，写出该原子的表示符号：______。

（4）$^{A}_{Z}R^{n+}$ 的质子数为______，质量数为______，中子数为______，核外电子数为________。

$^{A}_{Z}R^{m-}$的质子数为________，质量数为________，中子数为________，核外电子数为________________。

2. 核素。

（1）元素是具有__________________的________________的总称，元素的种类是由原子核内的________决定的。

（2）核素具有__________________。核素的种类____（填“>”“<”或“=”）元素的种类，如氢元素有三种核素，分别为________、________、________。月球土壤含较丰富的核聚变重要原料——质量数为3的氦，该种核素应表示为________________。

（3）同位素：______________________________。同位素原子间物理性质________、化学性质基本________。^{16}O，^{17}O，^{18}O是三种不同的________，它们互为________，它们都属于______。下列各微粒关系为同位素的是________。

①H_2，D_2，T_2　②^{14}C，^{14}N　③^{35}Cl，$^{37}Cl^-$　④^{16}O，^{17}O，^{18}O　⑤H_2O，D_2O，T_2O

3. 组成原子的基本微粒的特点。

①质子数；②中子数；③核外电子数；④最外层电子数；⑤电子层数。

用序号填写下列空白。

（1）原子种类由________决定。

（2）元素种类由________决定。

（3）相对原子质量由________决定。

（4）元素的化合价主要由________决定。

（5）元素的化学性质主要由________决定。

（6）价电子通常指________。

（7）核电荷数由________决定。

★（8）元素的原子半径大小由________决定。

【课堂达标】

1. ^{13}C－NMR（核磁共振）、^{15}N－NMR可用于测定蛋白质、核酸等生物大分子的空间结构。下面有关^{13}C、^{15}N的叙述正确的是（　　）。

A. ^{13}C与^{15}N有相同的中子数

B. ^{13}C与C_{60}互为同素异形体

C. ^{15}N与^{14}N互为同位素

D. ^{15}N的核外电子数＝中子数

2. 某元素二价阴离子的核外有 18 个电子，质量数为 32。该元素原子的原子核中的中子数为(　　)。

A. 12　　B. 14　　C. 16　　D. 18

3. 下列关于原子的几种描述中，不正确的是(　　)。

A. ^{18}O 与 ^{19}F 具有相同的中子数　　B. ^{16}O 与 ^{17}O 具有相同的电子数

C. ^{12}C 与 ^{13}C 具有相同的质量数　　D. ^{15}N 与 ^{14}N 具有相同的质子数

4. 已知 R^{2+} 核外有 a 个电子，b 个中子，R 原子符号表示正确的是(　　)。

A. $^{b}_{a}R$　　B. $^{a+b-2}_{a-2}R$　　C. $^{a+b+2}_{a+2}R$　　D. $^{a+b}_{a-2}R$

★5. 已知碳有三种常见的同位素：^{12}C、^{13}C、^{14}C，氧也有三种同位素：^{16}O、^{17}O、^{18}O，则这六种微粒构成的二氧化碳分子中，其相对分子质量最多有(　　)。

A. 6 种　　B. 7 种　　C. 12 种　　D. 18 种

【课外练习】

一、选择题（只有一个正确选项）

1. 我国著名化学家张青莲于 1991 年准确测得 In 的相对原子质量为 114.818，被国际相对原子质量委员会作为新的标准值采用。下列关于 In 的说法中，错误的是(　　)。

A. $^{115}_{49}In$ 原子核外有 49 个电子

B. $^{115}_{49}In$ 原子核内有 49 个中子

C. $^{115}_{49}In$ 原子核内质子数和中子数之和等于其质量数，为 115

D. $^{115}_{49}In$ 是 In 元素的一种核素

2. 2007 年诺贝尔化学奖得主 Gerhard Ertl 对金属 Pt 表面催化 CO 氧化反应的模型进行了深入研究。下列关于 $^{202}_{78}Pt$ 的说法正确的是(　　)。

A. $^{202}_{78}Pt$ 和 $^{198}_{78}Pt$ 的质子数相同，互称为同位素

B. $^{202}_{78}Pt$ 和 $^{198}_{78}Pt$ 的中子数相同，互称为同位素

C. $^{202}_{78}Pt$ 和 $^{198}_{78}Pt$ 的核外电子数相同，是同一种核素

D. $^{202}_{78}Pt$ 和 $^{198}_{78}Pt$ 的质量数不同，不能互称为同位素

3. 月球土壤中吸附着数百万吨的 $^{3}_{2}He$，每百吨 $^{3}_{2}He$ 核聚变所释放出的能量相当于目前人类一年消耗的能量。在地球上，氦元素主要以 $^{4}_{2}He$ 的形式存在。下列说法正确的是(　　)。

A. $^{4}_{2}He$ 原子核内 4 个质子

B. $^{3}_{2}He$ 和 $^{4}_{2}He$ 互为同位素

C. $^{3}_{2}He$ 原子核内含有 3 个中子

D. $^{3}_{2}He$ 代表原子核内有 2 个质子和 3 个中子的氦原子

4. 下列互为同位素的是(　　)。

A. D（重氢）、T（超重氢）　　B. O_2、O_3

C. 红磷、白磷　　D. H_2O、D_2O

5. 科学家制造出第 112 号新元素，其原子的质量数为 277，这是迄今为止已知元素中最重的原子。关于该新元素的下列叙述不正确的是(　　)。

A. 其原子核内质子数和核外电子数都是 112

B. 其原子核内中子数为 165，核外电子数为 112

C. 其原子的相对原子质量取近似值 277

D. 其原子质量是 ^{12}C 原子质量的 277 倍

6. $^{1}_{1}H$、$^{2}_{1}H$、$^{3}_{1}H$、H^+、H_2是(　　)。

A. 氢的五种同位素　　B. 五种氢元素

C. 氢的五种同素异形体　　D. 氢元素的五种不同微粒

二、选择题（只有两个正确选项）

7. 下列符号中，既能表示一种元素，又能表示一个原子，还能表示一种单质的是(　　)。

A. O_2　　B. Fe　　C. Cl　　D. Ne

8. Se 是人体必需的微量元素，下列关于 $^{78}_{34}Se$ 和 $^{80}_{34}Se$ 的说法正确的是(　　)。

A. $^{78}_{34}Se$ 和 $^{80}_{34}Se$ 是硒元素的两种核素

B. $^{78}_{34}Se$ 和 $^{80}_{34}Se$ 互为同位素

C. $^{78}_{34}Se$ 和 $^{80}_{34}Se$ 分别含 44 个质子和 46 个质子

D. $^{78}_{34}Se$ 和 $^{80}_{34}Se$ 都含 34 个中子

9. 据报道，1994 年 12 月科学家发现了一种新元素，它的原子核内有 161 个中子，质量数为 272。该元素的原子序数为(　　)，它的近似相对原子质量为(　　)。

A. 111　　B. 161　　C. 272　　D. 433

10. 下列离子中，电子数大于质子数，且质子数大于中子数的是(　　)。

A. D_3O^+　　B. Li^+　　C. OH^-　　D. NH_2^-

三、填空题

11. 下列 5 种粒子：①$^{1}_{1}H$；②$^{40}_{19}K^+$；③$^{40}_{20}Ca$；④$^{2}_{1}D$；⑤$^{39}_{18}Ar$

（1）属于同种元素的是________（填编号，下同）。

（2）质量数相等的是________。

（3）所含电子数相等的是________。

（4）所含中子数相等的是________。

12. 用$^{A}_{Z}X$表示原子：

（1）中性原子的中子数：$N=$________。

（2）阳离子的中子数：$^{A}X^{n+}$共有x个电子，则$N=$________________。

（3）阴离子的中子数：$^{A}X^{n-}$共有x个电子，则$N=$________________。

（4）中性分子或原子团的中子数：$^{12}C^{16}O_2$分子中，$N=$____________。

（5）A^{2-}原子核内有x个中子，其质量数为m，则n g A^{2-}所含电子的物质的量为________________mol。

★13. 1911年物理学家卢瑟福把一束变速运动的α粒子（质量数为4的带两个正电荷的质子粒），射向一片极薄的金箔。他惊奇地发现，过去一直认为由“实心球”紧密排列而成的金箔，竟能让大多数α粒子畅通无阻地通过，就像金箔不在那儿似的。但也有极少数α粒子发生偏转，或被笔直地弹回。根据以上实验现象能得出关于金箔中Au原子结构的一些结论，试写出其中的三点：

（1）____。

（2）____。

（3）____。

【学后反思】

【参考答案】

1. B　2. A　3. B　4. A　5. D　6. D　7. BD　8. AB　9. AC　10. CD

11. （1）①④　（2）②③　（3）①④；②⑤　（4）②⑤

12. (1) $A-Z$ (2) $A-x-n$ (3) $A-x+n$ (4) 22 (5) $\frac{n}{m}(m-x+2)$

13. 略 提示：大多数α粒子畅通无阻地通过由这种“实心球”紧密排列而成的金箔，说明原子并不是无法穿越实心球，而是有隙可乘的。也有极少数的α粒子发生偏转，或被笔直地弹回，由于α粒子带正电荷，说明原子中阻挡α粒子的微粒带正电荷，这个微粒就是原子核。α粒子被笔直地弹回，说明Au原子核的质量远大于α粒子。

原子结构（2）

【学习目标】

1. 以1~18号元素为例，了解原子核外电子的排布规律；会画1~18号元素的原子结构示意图。

2. 了解原子的最外层电子排布与元素的原子得、失电子能力和化合价的关系。

【导学过程】

一、核外电子的排布

1. 电子层表示法。

电子层数（n）	1	2	3	4	5	6	7
符号							
每层最多容纳的电子数					________		
能量高低							
离核远近							

2. 能量最低原理：电子总是最先排布在能量最________的电子层里，能量________的电子越稳定。

3. 原子核外电子的排布规律。

（1）第n电子层最多能容纳的电子数为________。

（2）最外层电子数最多不超过________个；K层为最外层时，最多不超过

________个。

（3）次外层最多能容纳的电子数为________个。

（4）倒数第三层最多能容纳的电子数为________个。

4. 原子结构的表示方法——原子结构示意图或离子结构示意图（要求会画）。

5. 关于1~18号元素原子的电子层结构特征。

（1）最外层电子数为1的原子有________。

（2）最外层电子数为2的原子有________。

（3）最外层跟次外层电子数相等的原子有________。

（4）最外层是次外层电子数2倍的原子有________。

（5）最外层是次外层电子数3倍的原子有________。

（6）最外层是次外层电子数4倍的原子有________。

（7）次外层电子数是最外层电子数2倍的原子有________。

（8）电子层数跟最外层电子数相等的原子有________。

（9）电子层数是最外层电子数2倍的原子有________。

（10）核外电子总数是最外层电子数2倍的原子有________。

（11）最外层电子数是电子层数2倍的原子有________。

（12）最外层电子数是电子层数3倍的原子有________。

6. 关于1~20号元素离子的电子层结构特征

（1）与He的电子层结构相同的阴、阳离子有________________。

（2）与Ne的电子层结构相同的阴、阳离子有________________。

（3）与Ar的电子层结构相同的阴、阳离子有________________。

二、元素性质与原子最外层电子排布的关系

1. 稀有气体原子的最外层有________个电子（K层为最外层时为2个电子），是________结构。既不容易________电子，又不容易________电子，因而常温下，稀有气体性质________________。常温下，稀有气体元素的化合价为________________。

2. 最外层电子数≥4，一般为________元素，相对而言易________电子，难________电子。因而，非金属单质通常体现________性。其化合价与最外层电子数的关系为________________。

3. 最外层电子数≤3，一般为________元素，相对而言易________电子，难________电子。因而，金属单质通常体现________性。金属元素一般显________价。

其化合价为________________。

【课堂达标】

1. 下列四种物质中，两种分子不具有相同核外电子总数的是(　　)。

A. H_2O_2和CH_3OH　　B. HNO_2和HClO

C. H_2O和CH_4　　D. H_2S和F_2

2. 具有相同质子数的两种微粒，它们（提示：微粒有三种情况，即分子、原子、离子）(　　)。

A. 一定是同一种元素　　B. 一定是不同的分子

C. 一定是一种分子和一种离子　　D. 无法确定

3. 有A、B、C、D四种核电荷数小于20的元素，A原子最外层电子数是次外层的2倍；B原子核外K层比M层电子数多1；C原子最外层电子数是其电子层数的3倍；D能形成D^{2-}，D^{2-}的M层为最外层。写出A、B、C、D四种元素的元素符号：A为________、B为________、C为________、D为________。

【课外练习】

一、选择题（只有一个正确选项）

1. 下列叙述中，正确的是(　　)。

A. 在多电子的原子里，能量高的电子通常在离核近的区域内活动

B. 核外电子总是先排在能量低的电子层上，如只有排满了L层后才排M层

C. 原子核外每个电子层最多容纳的电子数是n^2个

D. 微粒的最外层只能是8个电子才稳定

2. 下列叙述中，正确的是(　　)。

A. 两种微粒，若核外电子排布完全相同，则其化学性质一定相同

B. 凡单原子形成的离子，一定具有稀有气体元素原子的核外电子排布方式

C. 两个原子，如果核外电子排布相同，则一定属于同种元素

D. 任何原子都具有的粒子是质子、中子和电子

3. 下列说法中，一定错误的是(　　)。

A. 某原子在K层上只有一个电子

B. 某原子M层上电子数为L层上电子数的4倍

C. 某离子M层上和L层上的电子数均为K层的4倍

D. 某离子的核电荷数与最外层电子数相等

4. X 元素的阳离子与 Y 元素的阴离子都具有与氩原子相同的电子层结构，下列叙述中正确的是(　　)。

A. X 的原子序数比 Y 小

B. X 的原子的最外层电子数比 Y 多

C. X 的原子半径比 Y 大

D. X 元素的最高正价比 Y 高

5. 在第 n 电子层中，当它作为原子的最外电子层时，容纳电子的数目最多与（$n-1$）层相同；当它作为原子的次外电子层时，最多容纳的电子数比（$n+1$）层最多能多 10 个。则此电子层是(　　)。

A. L 层　　B. M 层

C. N 层　　D. O 层

6. 下列各组粒子，核外电子总数相等的是(　　)。

A. F^-、Cl^-、Br^-、I^-　　B. S^{2-}、Cl^-、Ca^{2+}、Ar

C. Na^+、K^+、Mg^{2+}、Al^{3+}　　D. Mg^{2+}、Mg、Al^{3+}、Al

二、选择题（只有两个正确选项）

7. 电子数相等的粒子叫等电子体，下列各组粒子属于等电子体的是(　　)。

A. N_2O_4和 NO_2　　B. CH_4和 NH_4^+

C. CO_2和 NO_2　　D. N_2和 C_2H_2

8. 已知 A^{2-}、B^-、C^+、D^{2+}、E^{3+}5 种简单离子的核外电子数相等，则它们对应的核电荷数由大到小的顺序是(　　)，它们对应的最外层电子数由大到小的顺序是(　　)。

A. A > B > C > D > E　　B. B > A > E > D > C

C. C > D > E > A > B　　D. E > D > C > B > A

9. 有 A 和 B 两种元素的原子，A 元素原子的 M 层比 B 元素原子的 M 层少 3 个电子，B 元素原子的 L 层电子数恰好是 A 元素原子 L 层电子数的 2 倍。A、B 两元素分别是(　　)，它们形成的化合物可能为(　　)。

A. C 和 Cl　　B. C 和 Al

C. C_3Al_4　　D. Al_4C_3

10. 科学家最近发现两种粒子：第一种是只由四个中子构成的粒子，这种粒子被称为“四中子”，也有人称之为“零号元素”；第二种是由四个氧原子构成的分子。下列有关这两种粒子的说法不正确的是(　　)。

A. “四中子”不显电性

B. “四中子”的质量数为4，其质量比氢原子小

C. 第二种粒子是氧元素的另一种同位素

D. 第二种粒子的化学式为O_4，与O_2互为同素异形体

三、填空题

11. 根据下列条件写出元素名称和元素符号，并画出原子结构示意图，把结果填在表中。

(1) A元素原子核外M层电子数是L层电子数的$\frac{1}{2}$。

(2) B元素原子的最外层电子数是次外层电子数的1.5倍。

(3) C元素原子的L层电子数与K层电子数之差是电子层数的2.5倍。

(4) D元素原子的次外层电子数是最外层电子数的$\frac{1}{4}$。

编号	A	B	C	D
元素符号				
元素名称				
原子结构示意图				

12. 有V、W、X、Y、Z 5种元素，它们的核电荷数依次增大，且都小于20。其中，只有X、Z是金属元素；V和Z元素的原子最外层都只有1个电子；W和Y的最外层电子数相同，且W元素的原子的L层电子数是K层电子数的3倍；X元素的原子的最外层电子数是Y元素的原子的最外层电子数的一半。请回答下列问题。

(1) 写出5种元素的元素符号：V为________、W为________、X为________、Y为________、Z为________。

(2) 写原子结构示意图：V为________、W为________、X为______；

写离子结构示意图：Y为______、Z为________。

13. 有若干克某金属，其原子核内共有$3.5\times6.02\times10^{23}$个中子，同质量的该金属和稀硫酸反应共有0.2 mol电子发生转移，生成6.02×10^{22}个阳离子，这些阳离子共有$3.0\times6.02\times10^{23}$个质子。则该金属的摩尔质量是________，原子核内有________个质子和________个中子。

【学后反思】

【参考答案】

1. B　2. C　3. B　4. C　5. B　6. B　7. BD　8. D　B　9. B　D　10. AD

11.

编号	A	B	C	D
元素符号	Si	B	F	Ne
元素名称	硅	硼	氟	氖
原子结构示意图	略	略	略	略

12. (1) H　O　Al　S　K

(2) 略

13. 65 g/mol　30　35

“元素周期律和元素周期表”导学案

元素周期律和元素周期表（1）

【学习目标】

1. 会画 1～18 号元素原子及简单离子的结构示意图，能理解元素性质呈周期性规律的内容和实质，会比较微粒半径的大小。

2. 通过观察、分析、讨论等活动发现元素周期律，体会图表分析、数据处理等方法在化学学习和科学研究中的应用。通过活动培养学生处理数据的能力和根据数据总结结论的意识。

【导学过程】

元素周期律的探究

1. 元素周期律。

课前预习：完成鲁科版化学必修二的表格内容。

活动探究：比较、分析表中的数据，寻找其中的规律，并进行数据处理：最外层电子数做直方图，原子半径、化合价做折线图。（提示：每隔一定数量，又重现前面出现过的情况的变化称为“周期性变化”。）

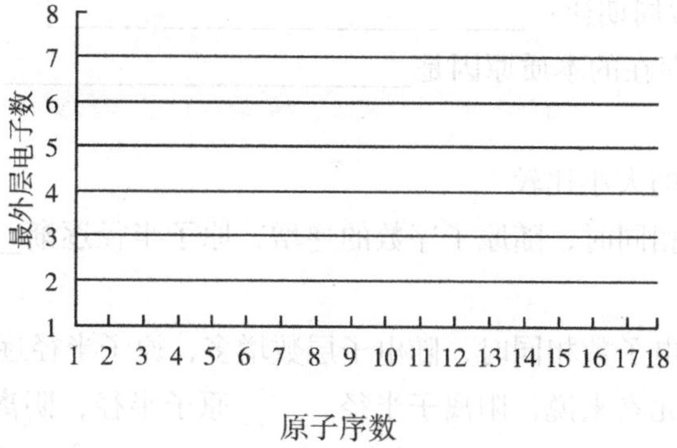

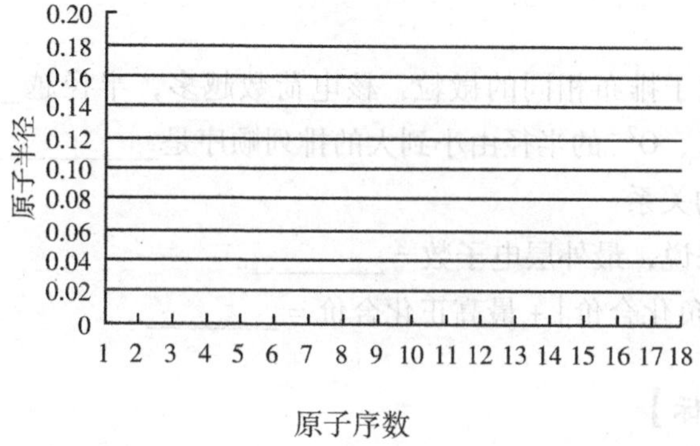

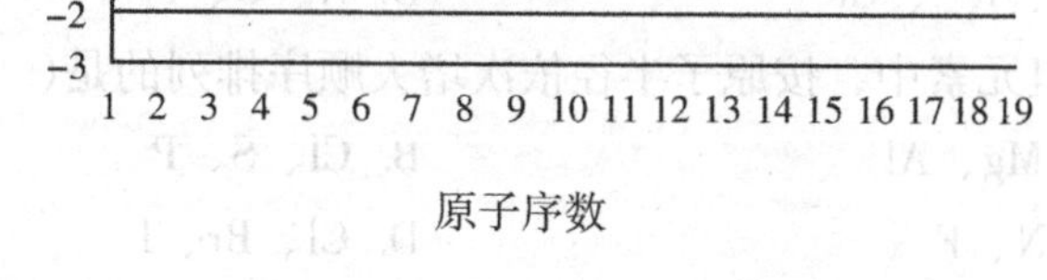

交流总结：

结论 1：随原子序数的递增，元素原子的最外层电子数呈现从________→________的________周期性变化。

结论 2：随原子序数的递增，元素的原子半径呈现从________→________的______周期性变化。

结论 3：随原子序数的递增，元素主要化合价呈现正价从________→________，负价从________→________的________周期性变化。

结论4：元素周期律：________________________。

元素周期律存在的本质原因是____________________。

拓展提高：

1. 微粒半径的大小比较

（1）电子层相同时，随原子序数的递增，原子半径逐渐________（稀有气体除外）。

（2）最外层电子数相同时，随电子层数增多，原子半径逐渐________。

（3）对同一元素来说，阳离子半径______原子半径，阴离子半径________原子半径。例如，Na ________ Na^+，Mg ________ Mg^{2+}，Cl ________ Cl^-，S ________ S^{2-}。

（4）核外电子排布相同的微粒，核电荷数越多，半径越________。例如，Na^+、Mg^{2+}、F^-、O^{2-}的半径由小到大的排列顺序是______________。

2. 几种量的关系

（1）一般来说，最外层电子数 = ________。

（2）|最低负化合价| + 最高正化合价 = ________。

【课堂达标】

1. 元素周期律的内容和实质是什么？

2. 下列元素原子半径最大的是(　　)。

A. Li　　B. F　　C. Na　　D. Cl

3. 下列各组元素中按微粒半径递增顺序排列的是(　　)。

A. Li、Na、K　　B. Ba^{2+}、Ca^{2+}、Mg^{2+}

C. Ca^{2+}、K^+、Cl^-　　D. N、O、F

4. 下列各组元素中，按原子半径依次增大顺序排列的是(　　)。

A. Na、Mg、Al　　B. Cl、S、P

C. Be、N、F　　D. Cl、Br、I

5. 下列粒子半径之比大于1的是(　　)。

A. $\frac{K^+}{K}$　　B. $\frac{Ca}{Mg}$　　C. $\frac{P}{S}$　　D. $\frac{Cl}{Cl^-}$

6. 下列各组元素中，按最高正价递增的顺序排列的是(　　)。

A. C、N、O、F　　B. K、Mg、C、S

C. F、Cl、Br、I　　D. Li、Na、K、Rb

7. 某元素气态氢化物的分子式为H_2R，该元素的最高价氧化物的分子式为

________________。

8. 元素 R 的最高价含氧酸的化学式为 H_nRO_{2n-2}，则在气态氢化物中 R 元素的化合价为________。

【课外练习】

一、选择题（只有一个正确选项）

1. 在下列元素中，原子半径最小的是(　　)。

A. N　　B. F　　C. Mg　　D. Cl

2. 在下列元素中，最高正化合价数值最大的是(　　)。

A. Na　　B. P　　C. Cl　　D. Ar

3. 某元素最高正价氧化物对应的水化物的化学式是 H_2XO_4，这种元素的气态氢化物的化学式为(　　)。

A. HX　　B. H_2X　　C. XH_3　　D. XH_4

4. 元素的下列性质中，随着核电荷数的递增不呈现周期性变化的是(　　)。

A. 相对原子质量　　B. 元素的金属性和非金属性

C. 原子半径　　D. 化合价

5. 元素 X 原子的最外层有 3 个电子，元素 Y 原子的最外层有 6 个电子，这两种元素形成的化合物的化学式可能是(　　)。

A. XY_2　　B. X_2Y_3　　C. X_3Y_2　　D. X_2Y

6. 某元素 R 的最高价氧化物化学式为 RO_2，且 R 的气态氢化物中氢的质量分数为 25%，此元素是(　　)。(已知相对原子质量：C－12、N－14、Si－28、S－32)

A. C　　B. N　　C. Si　　D. S

二、选择题（只有两个正确选项）

7. 下列说法中正确的是(　　)。

A. 并非所有的原子核内质子数都比中子数多

B. 氢离子（H^+）实质上是一个裸露的质子

C. 核外电子排布相同的粒子，其化学性质也相同

D. 非金属元素原子最外层电子数都大于 4

8. 放射性原子在人类生活中的很多地方都有特殊的作用，对人类的科学研究有很大的帮助，其中最主要的作用是作为示踪原子。最近医学界通过用放射性 ^{14}C 的羧酸衍生物在特定条件下可通过断裂 DNA 来杀死细胞，

从而抑制艾滋病。

(1) 下面有关^{14}C的叙述正确的是(　　)。

A. ^{14}C与^{14}N有相同的中子数

B. ^{14}C与C_{60}互为同位素

C. ^{14}C与C_{60}中普通碳原子的化学性质不同

D. ^{14}C与^{12}C互为同位素

(2) 自然界中存在很多像^{14}C之类的放射性原子，这些天然放射现象的发现说明了什么问题？(　　)

A. 原子不可以再分　　B. 原子的核式结构

C. 原子核还可以再分　　D. 原子核由质子和中子构成

9. 已知X，Y均为1到18号之间的元素，X，Y可形成化合物X_2Y和X_2Y_2。

(1) 已知Y的原子序数小于X的原子序数，则两种元素的原子序数之和为(　　)。

A. 19　　B. 18　　C. 27　　D. 9

(2) 若Y的原子序数大于X的原子序数，则两种元素的原子序数之和为(　　)。

A. 19　　B. 18　　C. 27　　D. 9

10. 简单原子的原子结构可用下图形象地表示：①  ② 

③  其中，●表示质子或电子，○表示中子，则下列有关①②③的叙述正确的是(　　)。

A. ①②③互为同位素　　B. ①②③为同素异形体

C. ①②③为同种原子　　D. ①②③具有相同的化学性质

三、填空题

11. 按核电荷数从1~18的顺序将元素排列成下表：

1							2
3	4	5	6	7	8	9	10
11	12	13	14	15	16	17	18

从核外电子层数和最外层电子数分析：

核电荷数为 6 和 14 的一组原子，它们的________相同，________不相同；核电荷数为 15 和 16 的一组原子，它们的________相同，________不相同；核电荷数为 10 和 18 的一组原子，它们的最外层电子数为________，它们是________元素的原子，一般情况下化学性质________。

★12. 已知元素的电负性和原子半径等内容一样，也是元素的一种基本性质，下面给出 14 种元素的电负性，试结合元素周期律知识完成下列问题：

元素	Al	B	Be	C	Cl	F	Li	Mg	N	Na	O	P	S	Si
电负性	1.5	2.0	1.5	2.5	2.8	4.0	1.0	1.2	3.0	0.9	3.5	2.1	2.5	1.7

根据上表给出的数据，可推知元素的电负性具有的变化规律：________________________________。

★13. 36 g H_2O 与 80 g D_2O 的物质的量之比是__________，分子中所含质子数之比是__________，所含中子数之比是__________，它们分别与 Na 反应时，所放出气体体积之比（同条件）是__________，质量之比是__________。

【学后反思】

【参考答案】

1. B　2. C　3. B　4. A　5. B　6. A　7. AB

8. （1）D　（2）C

9. （1）A　（2）D

10. AD

11. 最外层电子数　电子层数　电子层　最外层电子数　8　稀有气体　不活泼

12. 随着元素原子序数的递增，元素的电负性呈周期性变化

13. 1∶2　1∶2　2∶5　1∶2　1∶4

元素周期律和元素周期表（2）

【学习目标】

1. 能描述元素周期表的结构：理解周期和族的概念，了解元素周期表有几个周期、几个族以及每个周期中所含元素的种类，能根据原子的结构说出该元素在周期表中的位置。

2. 通过认识元素周期律的发展史，体验科学研究的艰辛和喜悦，感受化学世界的奇妙与和谐。

【导学过程】

元素周期表的结构

1. 活动探究：用彩色笔画周期表（标出各主族及零族的位置及其元素符号）。

2. 元素周期表的结构（________个周期，________个族）。

横的方面（____个横行）：____个周期（________、________、________）

纵的方面：
- ____个主族（由______和______共同构成的族，用______表示）
- ____个副族（由________构成的族，用______表示）
- Ⅷ族：____纵行
- 零族：________________元素

3. 元素周期表与原子结构之间的关系

（1）周期序数 = ____________。

（2）主族序数 = ____________ = ____________ = ____________。

（3）原子序数 = ____________。

（4）元素最高正价 + |最低负价| = ____________。

例："1998 中国十大科技成果"之一是合成纳米氮化镓（镓—Ga：第四周期，ⅢA 族），氮化镓的化学式为________。

4. 元素周期表与主族元素位置的关系

（1）原子序数递减法推主族元素位置。

例：原子序数为 34 的元素位置：

例：原子序数为 56 的元素位置：

例：2003 年国际应用化学联合会将原子序数为 110 的元素定为 Ds，以纪念其发现地德国。下列关于 Ds 的说法不正确的是（　　）。

A. Ds 原子的电子层数为 7　　B. Ds 是超铀元素

C. Ds 原子的质量数为 110　　D. Ds 为金属元素

（2）同主族元素序数差推原子序数。

例：甲、乙是周期表同主族元素，甲的原子序数为 x，则乙的原子序数不可能是(　　)。

A. $x+2$　　B. $x+4$　　C. $x+8$　　D. $x+18$

例：同一主族的两种元素的原子序数之差不可能是(　　)。

A. 16　　B. 26　　C. 36　　D. 46

（3）周期表的相对位置推同周期主族原子序数。

例：某周期ⅡA 族元素的原子序数为 x，则同周期的ⅢA 族元素的原子序数是(　　)。

A. 只有 $x+1$　　B. 可能是 $x+8$ 或 $x+18$

C. 可能是 $x+2$　　D. 可能是 $x+1$ 或 $x+11$ 或 $x+25$

（4）微粒半径推元素位置。

规律：同周期元素原子半径左→右______，同主族元素原子半径从上到下______。阴前阳下______同周期序大径小。

（5）化合价推元素位置。

例：两种短周期元素 X 和 Y，可以组成化合物 XY_3，当 Y 的原子序数为 m 时，X 的原子序数为(　　)。

①$m-4$　②$m+4$　③$m+8$　④$m-2$　⑤$m+6$

A. ①②④⑤　　B. ①②③⑤　　C. ①②③④　　D. ①②③④⑤

【课堂达标】

1. 1999 年 1 月，俄美科学家联合小组宣布合成出 114 号元素的一种同位素，该同位素原子的质量数为 298，以下叙述不正确的是(　　)。

A. 该元素属于第七周期

B. 该元素位于ⅢA 族

C. 该元素为金属元素，性质与 $_{82}Pb$ 相似

D. 该同位素原子有 114 个电子和 184 个中子

2. 原子序数为 z 的元素 R，在周期表中位于 A、B、C、D 四种元素的中间，A、B、C、D 四种元素的原子序数之和为下列数据，其中不可能的是(　　)。

	C	
A	R	B
	D	

A. $4z$　　B. $4z+10$　　C. $4z+5$　　D. $4z+14$

【课外练习】

一、选择题（只有一个正确选项）

1. 下列说法中正确的是(　　)。

A. 原子及其离子的核外电子层数等于该元素所在的周期数

B. 元素周期表中从ⅢB 族到ⅡB 族 10 个纵行的元素都是金属元素

C. 稀有气体原子的最外层电子数都是 8

D. 同一元素的各种同位素的物理性质、化学性质均相同

2. 短周期元素 X、Y 的原子序数相差 2，下列有关叙述正确的是(　　)。

A. X 与 Y 不可能位于同一主族

B. X 与 Y 一定位于同一周期

C. X 与 Y 可能形成化合物 XY

D. X 与 Y 不可能形成化合物

3. X 元素的阳离子和 Y 元素的阴离子具有相同的核外电子层结构，下列叙述正确的是(　　)。

A. 原子序数 X < Y　　B. 原子半径 X < Y

C. 离子半径 X > Y　　D. 原子最外层电子数 X≤Y

4. 在周期表中，第三、四、五、六周期元素的数目分别是(　　)。

A. 8，18，32，32　　B. 8，18，18，32

C. 8，18，18，18　　D. 8，8，18，18

5. 核磁共振（NMR）技术已广泛应用于复杂分子结构的测定和医学诊断等高科技领域。已知只有质子数或中子数为奇数的原子核有 NMR 现象。试判断下列哪组原子均可产生 NMR 现象(　　)。

A. ^{18}O，^{31}P，^{119}Sn

B. ^{27}Al，^{19}F，^{12}C

C. 元素周期表中 VA 族所有元素的原子

D. 元素周期表中第 1 周期所有元素的原子

6. 紧接在氡下面有待发现的零族元素的原子序数可能是(　　)。

A. 109　　B. 118　　C. 136　　D. 137

二、选择题（只有两个正确选项）

7. 下列各图为元素周期表的一部分，表中的数字为原子序数，其中 M 的原子序数为 38 或 37 的是(　　)。

A. 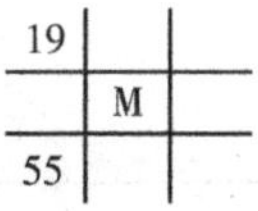

B. 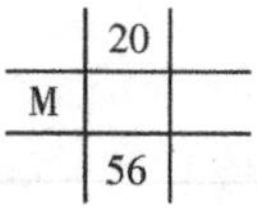

C. 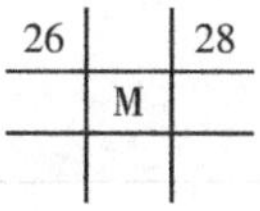

D. 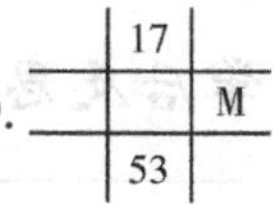

8. 已知元素砷（As）的原子序数为33，下列叙述正确的是(　　)。

A. 砷元素的最高化合价为 +5 价

B. 砷元素是第四周期的副族元素

C. 砷原子的第三电子层有 18 个电子

D. 砷的最高价氧化物的水化物属碱类

9. 1999 年 1 月，俄美科学家联合小组宣布合成 114 号元素中的一种同位素，该同位素原子的质量数为 298。以下叙述不正确的是(　　)。

A. 该元素位于第七周期

B. 该元素位于第ⅢA族

C. 该元素为非金属元素

D. 该元素原子有 114 个电子和 184 个中子

10. 在长式元素周期表中，元素 A、B 位于同周期，A 在ⅡA 族，B 在ⅢA 族。A 的原子序数为 X，B 的原子序数为 Y，Y 不可能的是(　　)。

A. $X+1$　　B. $X+10$　　C. $X+11$　　D. $X+27$

三、填空题

11. 填写下列空白：

（1）写出表示有 8 个质子、10 个中子的原子的化学符号：________。

（2）周期表中位于第 8 纵行的铁元素属于第________族。

（3）周期表中最活泼的非金属元素位于第________纵行。

（4）所含元素超过 18 种的周期是第________、________周期。

★12. 假定元素的种类是有限的，那么周期表也是有限的。根据元素周期律做出一些假说和预测。

（1）由每周期最后一种金属元素出现的族序数，预测元素周期表中的原子序数最大的金属元素将在第________周期________族（把 0 族看作Ⅷ族），周期表中元素在填满第________周期后将结束。

（2）由周期表中每周期非金属元素的种数（把稀有气体也看作非金属元素）预测周期表中应该有_____种非金属元素，还有_____种未发现，未发现的非金属元素应处在周期表中第_____周期_____族。

（3）预测第八周期最多可能含有________种元素。

【学后反思】

【参考答案】

1. B　2. C　3. D　4. B　5. C　6. B　7. AB　8. AC　9. BC　10. BD

11. （1）$^{18}_{8}O$　（2）VIII　（3）17　（4）6　7

12. （1）八　ⅧA　八　（2）23　1　七　ⅧA　（3）50

"元素周期表的应用"导学案

元素周期表的应用（1）

【学习目标】

1. 掌握同周期元素性质的递变规律，能运用原子结构理论解释这些递变规律。

2. 初步学会运用元素周期表。

3. 通过对第三周期元素得失电子能力递变规律的探究，体验实验探究、调查探究等多种学习方式。

【导学过程】

认识同周期元素性质的递变

1. 同周期元素金属性（元素原子失电子）递变规律——第三周期元素（Na，Mg，Al）性质递变。

活动探究1：钠、镁、铝与水的反应。

元素	钠	镁	铝
单质与冷水反应			
单质与热水反应	——		

活动探究2：镁、铝与盐酸的反应。

Mg + 2 ml/2 mol/L 稀盐酸	
Al + 2 ml/2 mol/L 稀盐酸	

活动探究3：最高价氧化物对应水化物的性质——$Mg(OH)_2$、$Al(OH)_3$性质。

最高价氧化物对应水化物		加入3 mol/L NaOH溶液	加入3 mol/L稀盐酸
$Mg(OH)_2$	类别：		
$Al(OH)_3$	类别：		

交流总结：

结论1：Na与冷水______反应，Mg易与______反应，Al与水______反应；Mg、Al都能与盐酸反应放出气体，但Al较Mg ________；$Mg(OH)_2$碱性____ $Al(OH)_3$碱性；金属性：________________。

化学方程式或离子方程式：

结论2：

元素金属性（元素原子失电子能力）强弱判断依据：

2. 同周期元素非金属性（元素原子得电子）递变规律——第三周期元素（Si，P，S，Cl）性质递变。

阅读探究：

元　素		硅	磷	硫	氯
单质与氢气反应难易（反应条件）					
气态氢化物	化学式				
	稳定性				
最高价氧化物对应水化物	化学式				
	酸　性				
结论	第三周期元素非金属性（原子得电子能力）：Si___P___S___Cl				

迁移结论：

元素非金属性（元素原子得电子能力）强弱判断依据：

【规律总结】同一周期元素，从左到右，随着核电荷数的递增，原子半径逐渐________，元素原子失电子能力逐渐________，得电子能力逐渐________，元素金属性____________，元素非金属性____________。

【课堂达标】

某同学做同周期元素性质递变规律实验时，自己设计了一套实验方案，并记录了有关实验现象（见下表，表中的“实验现象”部分未填上）。

实验步骤	实验现象
①用砂纸擦后的镁条与沸水反应，再滴加酚酞	有气体产生，溶液变成浅红色
②向新制的 Na_2S 溶液中滴加少量新制氯水	
③将一小块金属钠放入滴有酚酞的冷水中	
④将镁条投入稀盐酸中	剧烈反应，迅速产生大量无色气体
⑤将铝条投入稀盐酸中	反应不十分剧烈，产生无色气体
⑥向 $AlCl_3$ 中滴加 NaOH 至过量	

请你帮助该同学整理并完成实验报告。

（1）实验目的：____________。

（2）实验用品：

试剂：金属钠、镁条、铝条、稀盐酸、新制氯水、新制 Na_2S 溶液等。

仪器：________、________、________、试管夹、镊子、小刀、玻璃片、砂纸、滤纸等。

（3）实验内容：（请你帮该同学补充完整实验现象，并写出第②③⑥三步反应的离子反应方程式。）

②________________________________。

③________________________________。

⑥________________________________。

（4）实验结论：________________________________。

（5）用原子结构的理论解释你的结论________________________________。

【课外练习】

一、选择题（只有一个正确选项）

1.（1）下列气态氢化物最不稳定的是(　　)。

A. SiH_4　　B. PH_3　　C. H_2S　　D. HF

(2) 下列元素的最高价氧化物对应水化物酸性最强的是(　　)。

A. Mg　　B. S　　C. Cl　　D. Si

2. 电子层数相同的三元素 X、Y、Z，它们最高价氧化物对应水化物的酸性由强到弱顺序为：$HXO_4 > H_2YO_4 > H_3ZO_4$，下列判断错误的是(　　)。

A. 原子半径 X > Y > Z

B. 气态氢化物稳定性 X > Y > Z

C. 元素原子得电子能力 X > Y > Z

D. 单质与氢气反应由易到难 X > Y > Z

3. 甲、乙两种非金属：①甲的最高价氧化物对应的水化物酸性比乙的最高价氧化物对应的水化物酸性强；②甲比乙更容易与氢气化合；③甲单质能与乙阴离子发生氧化还原反应；④与金属反应时，甲原子得电子数目比乙的多；⑤甲的单质熔沸点比乙的低，其中能说明甲比乙的非金属性强的是(　　)。

A. ①②③④　　B. ①②③④⑤　　C. ①②③　　D. ②③④⑤

4. 下列叙述正确的是(　　)。

A. 按 C、N、O、F 的顺序，最高正化合价逐渐增大

B. 同周期元素核电荷数越大，其离子半径越大

C. 同周期非金属元素的原子半径越大，其气态氢化物越稳定

D. 同周期主族元素的原子半径越大，其原子越易失电子

5. 下列 4 种元素中，其单质氧化性最强的是（　　）。

A. 最外电子层上有 5 个电子的第二周期元素

B. 位于周期表中第三周期ⅢA 族的元素

C. 原子序数为 10 的元素

D. 原子序数为 17 的元素

6. 下列变化规律正确的是(　　)。

A. Na，Mg，Al 的还原性依次增强

B. HF，HCl，H_2S 的稳定性依次增强

C. O，S，Na 的原子半径依次增大

D. KOH，$Mg(OH)_2$，$Al(OH)_3$的碱性依次增强

二、选择题（只有两个正确选项）

7. 关于 Na，Mg，Al 的性质叙述正确的是(　　)。

A. 碱性：$NaOH > Mg(OH)_2 > Al(OH)_3$

B. 原子半径：$Na < Mg < Al$

C. 离子半径：$Na^{+} > Mg^{2+} > Al^{3+}$

D. 单质的还原性：$Al > Mg > Na$

8. 关于 Si，P，S，Cl 的性质叙述正确的是(　　)。

A. 稳定性：$HCl > H_2S > PH_3$

B. 酸性：$HClO_4 < H_2SO_4 < H_3PO_4$

C. 氧化性：$P < S < Cl_2$

D. 还原性：$HCl > H_2S > PH_3$

9. 下列各组物质的性质比较，不正确的是(　　)。

A. 稳定性：$CH_4 < NH_3$　　B. 酸性：$HNO_3 < H_2CO_3$

C. 碱性：$LiOH > Be(OH)_2$　　D. 金属性：$Ca < Mg$

10. a，b，c，d，e 是同一周期的 5 种主族元素，a 和 b 的最高价氧化物对应的水化物均呈碱性，且碱性 b > a；c 和 d 的气态氢化物的稳定性 c > d；e 是这 5 种元素中原子半径最小的元素，则它们的原子序数由小到大的顺序是(　　)，最外层电子数由大到小的顺序是(　　)。

A. a，b，c，d，e　　B. e，c，d，a，b

C. b，a，d，c，e　　D. c，d，a，b，e

三、填空题

★11. A，B，C，D，E 5 种元素中，A 是所有元素中原子半径最小的；B 是同周期中除惰性元素外半径最大的元素；11.5 g 的 B 单质与水反应产生氢气在标态下体积为5.6 升；C 是地壳里含量最多的元素，能与 B 形成 B_2C、B_2C_2，也能与 A 形成 A_2C、A_2C_2 型化合物；D 与 C 同一周期，原子半径比 C 大，能形成的化合物种类最多；E 与 C 同一周期，且原子序数比 D 大但比 C 小。

(1) 写出各元素的符号：A 为______，B 为________，C 为________，D 为________，E 为________。

(2) B 单质与水反应的化学方程式为________________________。

(3) 比较 D、E 最高价氧化物的水化物的酸性：______ < ______（填化学式）。

(4) 比较 C、E 气态氢化物的稳定性：______ < ______（填化学式）。

★12. 实验室有下列试剂：稀盐酸、碳酸钠溶液、稀硫酸、高氯酸溶液、石蕊试剂、食盐溶液。请你从中选择适当的试剂，设计一个简单的实验，以比较碳和氯的得电子能力强弱，写出简要的实验方法、现象、结论。

实验方法	实验现象	结论及化学方程式

【学后反思】

【参考答案】

1. （1）A （2）C 2. A 3. C 4. D 5. D 6. C

7. AC 8. AC 9. BD 10. CB

11. （1）H Na O C N

（2）$2Na + 2H_2O = 2NaOH + H_2\uparrow$

（3）H_2CO_3 HNO_3

（4）NH_3 H_2O

12.

实验方法	实验现象	结论及化学方程式
取少量 Na_2CO_3 溶液于试管中，并滴加适量 $HClO_4$ 溶液	有气泡冒出	由 $HClO_4$ 能制得 H_2CO_3，即前者酸性强于后者，Cl 的得电子能力强于 C。$Na_2CO_3 + 2HClO_4 = 2NaClO_4 + CO_2\uparrow + H_2O$

元素周期表的应用（2）

【学习目标】

1. 掌握同主族元素的性质，能够利用同主族元素性质的相似性和递变性预测某元素及其化合物的性质。

2. 通过对第 VIIA 族元素得失电子能力递变规律的探究，初步了解以原子结构、元素周期律为理论指导的元素周期表的应用。

【导学过程】

同主族元素性质的探究

1. 同主族元素性质的相似性。

完成下列表格：

元素	氟（F）	氯（Cl）	溴（Br）	碘（I）
最外层电子数				
最高化合价	——			
最低化合价				
气态氢化物				
最高价含氧酸	——			

在元素周期表中位于同主族元素的原子__________相同，因此同主族元素的性质具有__________。

2. 同主族元素性质的递变规律。

完成下列表格：

元素	F	Cl	Br	I
电子层数				
原子半径				
原子得电子能力（非金属性）				
单质与 H_2 反应条件				
氢化物（HX）的稳定性				
单质相互间置换关系（方程式）				

同主族元素原子从上到下，电子层数依次______，原子半径逐渐______，失电子能力逐渐______，得电子能力逐渐______，从而引起同主族元素的单质及化合物有关性质的______。

3. 根据同主族元素性质的递变规律，预测 IA 族其他金属元素的性质。

IA 族元素原子结构
- 相同点：最外层______个电子
- 不同点：电子层数______，原子半径______

ⅠA 族元素的性质	相似性：	都是活泼____，____价，单质都能与____、____等物质反应，氧化物对应的水化物一般有强____
	递变性：	从锂到铯，原子失电子能力____，金属性____，表现在单质与______和______的反应剧烈程度上

【归纳】结合周期表，以ⅠA，ⅦA 等各个族为例，按从上到下的顺序，分析各主族元素原子结构、原子得失电子能力、金属性或非金属性、单质或化合物性质的相似性、递变性及特性（量变引起质变）。

【课堂达标】

1. 运用元素周期律分析下面的推断，其中错误的是(　　)。

①铍（Be）的氧化物的水化物可能具有两性　②铊（Tl）类似于铝，既能与盐酸作用产生 H_2，又能跟 NaOH 溶液反应放出 H_2　③砹（At_2）为有色固体，HAt 不稳定，AgAt不溶于水也不溶于稀酸　④锂（Li）在氧气中剧烈燃烧的产物是 Li_2O_2　⑤硫酸锶（$SrSO_4$）是难溶于水的白色固体　⑥硒化氢（H_2Se）是比 H_2S 稳定的气体

A. ①②③④　　B. ②④⑥　　C. ①③⑤　　D. ②④⑤

2. 下列各族或各周期元素或化合物的递变情况错误的是(　　)。

A. Li，Be，B 最外层电子数依次增多

B. P，S，Cl 元素最高化合价依次升高

C. Li，Na，K，Rb 金属性依次增强

D. HF，HCl，HBr，HI 的沸点依次升高

【课外练习】

一、选择题（只有一个正确选项）

1. 主族元素的化学性质主要取决于(　　)。

A. 元素的化合价　　B. 原子的质量数

C. 原子的最外层电子数　　D. 原子半径

2. 下列比较正确的是(　　)。

A. 稳定性：HI > HBr　　B. 碱性：NaOH > KOH

C. 酸性：$HClO_4 > HBrO_4$　　D. 还原性：$Cl^- > Br^- > I^-$

3. 对氮族（ⅤA）元素性质的描述正确的是(　　)。

A. 在气态氢化物里化合价均为 +3 价

B. 气态氢化物的稳定性依次增强

C. 元素非金属性依次增强

D. 非金属性比同周期的氧族（ⅥA）元素弱

4. 铊在周期表中位于第六周期，与铝是同族元素，元素符号是 Tl，以下对铊的性质的推断不正确的是(　　)。

A. 铊是易导电的银白色金属　　B. 能生成 +3 价离子化合物

C. $Tl(OH)_3$是两性氢氧化物　　D. 与酸反应比铝剧烈

5. “北大富硒康”含微量元素硒（Se），对人体有保健作用。已知硒为第四周期第ⅥA 族元素，根据它在周期表中的位置推测，硒不可能具有的性质为(　　)。

A. 硒化氢很稳定

B. 硒化氢的水溶液显弱酸性

C. 非金属性弱于硫

D. 其最高价氧化物的水化物酸性强于砷，弱于溴

6. 砹是原子序数最大的卤族元素，推测砹和砹的化合物不可能具有的性质是(　　)。

A. 砹是有色固体　　B. 砹易溶于有机溶剂

C. 砹化氢很稳定　　D. 砹化银不溶于水

二、选择题（只有两个正确选项）

7. 某主族元素 R 的最高正价与最低负化合价的代数和为 4，由此可以判断(　　)。

A. R 一定是第四周期元素

B. R 一定不是ⅣA 族元素

C. R 的气态氢化物比同周期其他元素气态氢化物稳定

D. R 气态氢化物化学式为 H_2R

8. 下列各组中的性质比较正确的是(　　)。

A. 稳定性：$NH_3 < PH_3 < SiH_4$

B. 酸性：$HClO_4 > H_2SO_4 > H_3PO_4$

C. 碱性：$KOH < NaOH < Mg(OH)_2$

D. 还原性：$F^- < Cl^- < Br^-$

9. 第四周期某主族元素的原子，它的最外电子层上有 2 个电子，下列关于此元素的叙述正确的是(　　)。

A. 原子半径比钾的原子半径大　　B. 氯化物难溶于水

C. 原子半径比镁的原子半径大　　D. 碳酸盐不易溶于水

10. 已知铍（Be）的原子序数为4。下列对铍及其化合物的叙述中，正确的是(　　)。

A. 铍的原子半径小于硼的原子半径

B. 离子半径：$Be^{2+} < H^-$

C. 氢氧化铍的碱性比氢氧化钙的弱

D. 单质铍跟冷水反应产生氢气

三、填空题

★11. 验证周期表中元素性质的变化规律：（1）同一周期内从左到右元素的金属性逐渐减弱；（2）同一主族内从上到下元素的非金属性逐渐减弱。从下表（Ⅰ）中选择实验方法，从（Ⅱ）中选择相应的实验现象，上下对应地填写在答案的空格中。（不一定全选）

实验方法（Ⅰ）	实验现象（Ⅱ）
A. 钠与冷水反应	a. 溶液呈红色
B. 向 NaOH 溶液中滴加酚酞	b. 产生白烟
C. 点燃 H_2S	c. 反应不十分剧烈，产生的气体能燃烧
D. 蘸浓氨水与浓盐酸的两玻璃棒接近	d. 浮于水面，熔成小球，迅速向四处游动
E. NaI 溶液中加入溴水	e. 生成白色胶状沉淀，后又溶解
F. 镁带与沸水反应	f. 产生大量气泡、气体可以点燃
G. $AlCl_3$溶液中加入 NaOH 溶液	g. 溶液变棕黄色
H. NaCl 溶液中加入溴水	h. 发出耀眼的强光，生成白色物质
I. 镁带在空气中燃烧	i. 发出淡蓝色火焰
J. NaBr 溶液中加入氯水	j. 观察不出什么现象
K. 铝片与 2 mol/L 盐酸反应	k. 溶液呈橙色

答案：

	（1）同周期	（2）同主族
Ⅰ		
Ⅱ		

解释在同一周期内从左到右金属性逐渐减弱的原因：________________

________________________________。

【学后反思】

【参考答案】

1. C　2. C　3. D　4. C　5. A　6. C　7. BD　8. BD　9. CD　10. BC

11.

	（1）同周期	（2）同主族
Ⅰ	A，F，K	E，H，J
Ⅱ	d，c，f	g，j，k

同周期元素随着核电荷数增大，半径减小，原子核对核外电子的引力越来越大，原子失电子能力逐渐减弱，故对应元素的金属性逐渐减弱。

元素周期表的应用（3 ~4）

【学习目标】

1. 初步学会运用元素周期表，理解“构、性、位”三者的关系。

2. 通过应用所学理论解决简单的实际问题，培养将化学知识应用于生产、生活实践的意识。

【导学过程】

元素周期表的应用

1. 常见元素在周期表的位置。

a																	
													h	i		k	
b	c											f			n	j	m
	d						e						g			l	

2. 同周期主族元素性质的递变规律。

元素		Na	Mg	Al	Si	P	S	Cl
所在周期表纵行位置（族）								
金属性或非金属性（左→右）		金属性逐渐(　　)，非金属性逐渐(　　)						
单质的还原性或氧化性（左→右）		还原性(　　)，氧化性(　　)						
离子氧化性或还原性（左→右）		阳离子氧化性逐渐(　　)，阴离子还原性逐渐(　　)						
最高化合价与最低负化合价								
最高价氧化物化学式								
气态氢化物	化学式	——	——	——				
	稳定性	——	——	——				
	形成难易	——						
最高价氧化物的水化物	化学式							
	酸碱性强弱							

3. 同主族元素性质的递变规律——ⅠA族，ⅦA族元素。

	金属性逐渐		IA	IIA	IIIA	IVA	VA	VIA	VIIA		非金属性逐渐	0
1												
2												
3												
4												
5												
6												
7												

4. 元素周期表的应用。

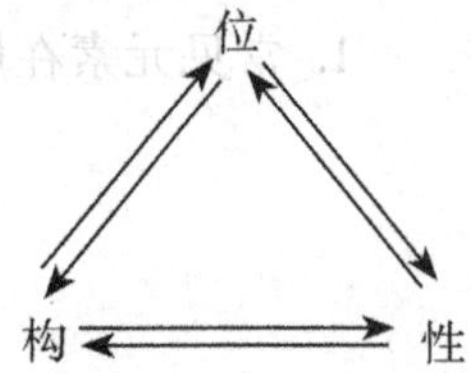

（1）根据原子结构、元素性质及表中位置的关系预测元素的性质。

（2）比较同主族元素的金属性、非金属性、最高价氧化物的水化物的酸、碱性，氢化物的稳定性等。

（3）比较同周期元素及其化合物的性质。

（4）借助参照物比较不同周期、不同主族元素及其化合物的性质。

（5）利用性质的递变规律预测未学过的元素的某些性质。

（6）启发人们在一定范围内寻找某些物质——催化剂、半导体、农药的常用元素。

（7）学以致用、创新发展。

【课堂达标】

1. 某同学设计了同周期元素性质递变规律的一套实验方案，并记录了有关实验现象见下表。

实验方案	实验现象
① 用砂纸擦后的镁带与沸水反应，后滴加酚酞；	A. 浮于水面，熔成小球，四处游动消失，溶液变红色；
② 向新制的 H_2S 饱和溶液中滴加新制的氯水；	B. 产生大量气体，气体可燃，溶液变浅红色；
③ 钠与滴有酚酞试液的冷水反应；	C. 反应不十分强烈，产生的气体可燃；
④ 镁带与 2 mol/L 的盐酸反应；	D. 剧烈反应，产生的气体可燃；
⑤ 铝条与 2 mol/L 的盐酸反应；	E. 生成白色絮状沉淀，继而沉淀消失；
⑥ 向 $AlCl_3$ 溶液中滴加 NaOH 溶液至过量	F. 生成淡黄色沉淀

请你帮助该同学整理并完成实验报告探究同周期元素金属性、非金属性性质的递变规律。

（1）实验目的：________________。

（2）实验用品：仪器、材料、药品（均略）。

（3）实验内容：（填写题给信息表中的序号或大写英文字母，并写出有空格处的离子方程式。）

实验方案	实验现象	有关离子方程式
3		
1		不　　填
5		不　　填
4		不　　填
6		
2		

（4）实验结论：________________。

（5）问题与讨论：

① 请从原子结构理论上简单说明具有上述结论的原因________。

② 请你补充一组实验方案（简单易行），证明此周期中另两种主族元素的性质递变规律：________________________。

2. 元素周期表对指导科研和生产实践具有十分重要的意义，请将下表中 A，B 两栏描述的内容对应起来。

A	B	A	B
①制半导体的元素	（a）ⅢB 至ⅥB 的过渡元素	①	
②制催化剂的元素	（b）F，Cl，Br，N，S“三角地带”	②	
③制耐高温材料的元素	（c）金属与非金属元素分界线附近	③	
④制冷剂的元素	（d）相对原子质量较小的元素	④	
⑤地壳中含量较多的元素	（e）过渡元素	⑤	

3. 根据“稳定岛假说”，元素周期表最终界限可能在 175 号左右，1999 年是人造元素丰收年，一年间得到第 114、116 和 118 号 3 种新元素，118 号应是第七周期第 O 族元素，它的单质在常温常压下最有可能呈现的状态是（填“气”“液”或“固”）______态，预测 116 号元素（　　）。

A. 它的最外层有 6 个电子

B. 它是金属

C. 它具有 −2，+4，+6 价

D. 它是一种非金属性很强的元素。传闻俄国合成了第 166 号元素，若已知原子结构规律不变，该元素应是第八周期第ⅥA 族元素

4. 归纳整理是科学学习的重要方法之一。在学习了元素周期表之后，有关 VIA 族元素的各种性质，可归纳整理为下表（部分）。

性质 \ 元素	氧（O）	硫（S）	硒（Se）	碲（Te）
单质熔点（℃）	−218.4	113		450
单质沸点（℃）	−183	444.6	685	1390
主要化合价	−2	−2，+4，+6	−2，+4，+6	
原子半径	逐渐增大			
单质与 H_2 反应情况	点燃时易化合	加热化合	加热难化合	不能直接化合

请根据上表回答下列问题：

（1）硒的熔点范围可能是________________。

（2）碲的主要化合价可能有________________。

（3）硫、硒、碲的氢化物的稳定性由强至弱的顺序是________________（填氢化物的化学式）。

（4）氢硒酸有较强的________（填“氧化性”或“还原性”），因此在空气中存放时易变质，其可能的反应化学方程式为________________________。

5. 制冷剂是一种易被压缩、液化的气体，液化后在管内循环，蒸发时吸收热量，使环境温度降低达到制冷目的。人们曾采用过乙醚、NH_3、CH_3Cl 等做制冷剂，但它们不是有毒，就是易燃。先让我们一起来探究以下物质的一些性质。

（1）氢化物的易燃性：第二周期________ > ________ > H_2O > HF；第三周期 SiH_4 > PH_3 > ________ > ________。

（2）化合物的毒性：PH_3 > NH_3；H_2S ________ H_2O；CS_2 ________ CO_2；CCl_4 > CF_4，于是科学家们开始把注意力集中在含 F、Cl 的化合物上。

（3）已知 CCl_4 的沸点为 76.8 ℃，CF_4 的沸点为 −128 ℃，新制冷剂的沸点范围应介于其间。经过较长时间的反复实验，一种新的制冷剂氟利昂 CF_2Cl_2 终于诞生了，其他类似的还可以是________________。

（4）然而，这种制冷剂造成了当今的某一环境问题即________________。但求助于周期表中的元素及其化合物的________（填字母）变化趋势来开发制冷剂的科学思维方法是值得借鉴的。

①毒性　②沸点　③易燃性　④水溶性　⑤颜色

A. ①②③　　　B. ②④⑤　　　C. ②③④

6. 现有下列短周期元素性质的一部分数据，请你当一回研究员，编排小小元素周期表。

编号		①	②	③	④	⑤	⑥	⑦	⑧
原子半径（10^{-10} m）		0.66	1.36	1.23	1.10	0.99	1.57	0.70	0.88
常见化合价	最高正价		+2	+1			+1		+3
	最低负价	−2			−3	−1		−3	

请确定以上 8 种元素在周期表中的位置，将元素的编号填入下表中：

族 周期	ⅠA	ⅡA	ⅢA	ⅣA	ⅤA	ⅥA	ⅦA	0
1								
2								
3								

7. 下表是元素周期表的一部分，表中所列的字母分别代表某一化学元素。

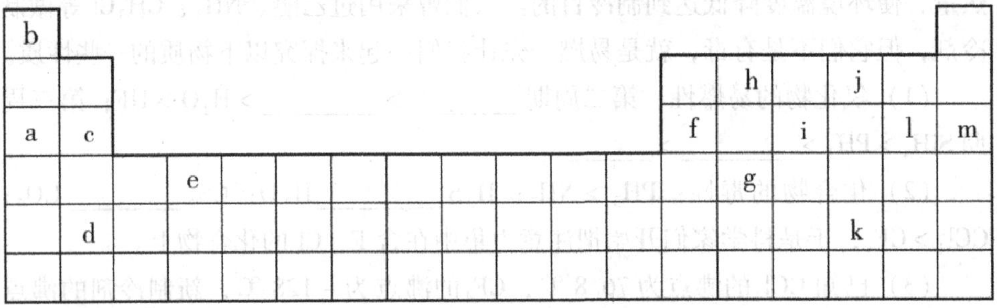

（1）下列____（填写编号）组元素的单质可能都是电的良导体。

①a，c，h；②b，g，k；③c，h，1；④d，e，f

（2）如果给核外电子足够的能量，这些电子便会摆脱原子核的束缚而离去。核外电子离开该原子或离子所需要的能量主要受两大因素的影响：①原子核对核外电子的吸引力；②形成稳定结构的倾向。

下表是一些气态原子失去核外不同电子所需的能量（kJ/mol^{-1}）：

	锂	X	Y
失去第一个电子	519	502	580
失去第二个电子	7296	4570	1820
失去第三个电子	11799	6920	2750
失去第四个电子	—	9550	11600

a. 通过上述信息和表中的数据分析为什么锂原子失去核外第二个电子时所需的能量要远远大于失去第一个电子所需的能量。____________________。

b. 表中 X 可能为以上 13 种元素中的________（填写字母）元素。用元素符号表示 X 和 j 形成化合物的化学式____________。

c. Y 是周期表中________族元素。

d. 以上 13 种元素中，________（填写字母）元素原子失去核外第一电子需要的能量最多。

【课外练习】

一、选择题（只有一个正确选项）

1. 下列各组顺序的排列不正确的是(　　)。

   A. 原子半径：$Na < Mg < Cl$

   B. 热稳定性：$HCl > H_2S > PH_3$

   C. 酸性强弱：$H_2SiO_3 < H_2CO_3 < H_3PO_4$

   D. 碱性强弱：$Be(OH)_2 < LiOH < KOH$

2. 下列结论是从某学生的作业本上摘录下来的，你认为肯定正确的是(　　)。

   ①微粒半径 $S^{2-} > Cl^- > S > F$　②氢化物的稳定性 $HF > HCl > H_2S > H_2Se$

   ③还原性 $S^{2-} > Cl^- > Br^- > I^-$　④氧化性 $Cl_2 > S > Se > Te$

   ⑤酸性 $H_2SO_4 > HClO_4 > H_2SeO_4$　⑥得电子能力 $F > Cl > S > Se$

   A. 只有①　　B. ①③④

   C. ②④⑥　　D. 只有⑥

3. 下列叙述正确的是(　　)。

   A. 同周期元素中，Ⅶ$_A$族元素的原子半径最大

   B. Ⅵ$_A$族元素的原子，其半径越大，越容易得到电子

   C. 室温时，零族元素的单质都是气体

   D. 对于所有主族元素的原子，形成单原子离子时的化合价和它的族序数相等

4. 运用元素周期律分析下面的推断，其中错误的是(　　)。

   A. 铍（Be）的氧化物对应的水化物可能具有两性

   B. 砹（At）为白色固体，HAt 不稳定，AgAt 感光性很强，且不溶于水也不溶于酸

   C. 硫酸锶（$SrSO_4$）是难溶于水的白色固体

   D. 硒化氢（H_2Se）是无色、有毒且没有硫化氢稳定的气体

二、选择题（只有两个正确选项）

5. X 元素的阳离子与 Y 元素的阴离子都具有与氩原子相同的电子层结构，下列叙述正确的是(　　)。

   A. X 的原子序数比 Y 小

B. X 的原子的最外层电子数比 Y 少

C. X 的原子半径比 Y 大

D. X 元素的最高正价比 Y 高

6. 银在周期表中的表示如右图所示，下列叙述不正确的是(　　)。

$_{47}Ag$ 银 $4d^{10}5S^1$ 107.9

A. 银的原子序数为 47

B. 银的摩尔质量为 107.9

C. 银为过渡金属元素

D. 银原子的最外层有 11 个电子

7. 已知短周期元素 X、Y、Z，其中 X 原子最外层电子数比次外层多 3，Y 原子最外层电子数比次外层电子数少 3，Z 原子最外层电子数是次外层的 3 倍。下列有关叙述正确的是(　　)。

A. 原子半径：Z > Y

B. 原子序数：X > Z

C. 氢化物稳定性：X < Z

D. 最高价氧化物对应水化物的酸性：X > Y

8. a、b、c、d、e 是同周期的五种元素，a 和 b 的最高价氧化物的水化物显碱性，且碱性 b > a，c 和 d 的气态氢化物的还原性 d > c，五种元素的原子得失电子后所形成的简单离子中，e 的离子半径最大，则它们的原子序数由小到大的顺序是(　　)，离子半径由小到大的顺序是(　　)。

A. b，a，e，d，c　　　　B. e，d，a，b，c

C. a，b，c，d，e　　　　D. c，d，e，a，b

三、填空题

9. 有下列两组单质，试将每组单质从三个不同角度进行“分类”，每种“分类”都可分别挑选出一种单质，它跟其他三种单质属于不同“类”。将挑选出的单质（写化学符号）和挑选依据（写编码）列在下面相应的表格内。

两组单质为：（Ⅰ）O_2，F_2，S，N_2；　　（Ⅱ）Fe，Na，Al，Si。

“挑选依据”仅限于以下 6 种，该被挑选出的单质跟其他 3 种单质不同，是由于：

A. 其组成元素不属于金属（或非金属）

B. 其组成元素不属于周期表中的同一族

C. 其组成元素不属于周期表中的同一周期

D. 其组成元素不属于主族（或副族）元素

E. 在常温、常压下呈不同物态

F. 在常温下遇水能（或不能）放出气体

组　别	第（Ⅰ）组			第（Ⅱ）组		
被挑选了的单质（写化学式）						
挑选依据（写编码字母）						

10. 铯的原子序数为55，是第六周期IA族元素，试推断下列内容。

（1）铯的原子核外共有________层电子，最外层有________个电子。

（2）铯能跟水起反应，对应的化学方程式为____________________；反应剧烈程度比钠________，原因是__________________________。

（3）同位素^{138}Cs原子核里有________________个中子。

（4）原子序数为54的元素位于元素周期表中第________周期________族，因为从原子结构来看，________________________。

【学后反思】

【参考答案】

1. A　2. C　3. C　4. B　5. BC　6. BD　7. CD　8. AC

9.

组　别	第（Ⅰ）组			第（Ⅱ）组		
被挑选了的单质（写化学式）	S	S	F_2	Fe	Si	Fe
挑选依据（写编码字母）	C	E	F	D	A	C

10.（1）6　1

（2）$2Cs + 2H_2O = 2CsOH + H_2\uparrow$　更剧烈　因为同主族的元素，随着原子序数的递增金属性增强

（3）83

（4）5　0　共有5个电子层，最外层电子数为8个电子

“化学键与化学反应”导学案

化学键与化学反应（1）

【学习目标】

1. 正确理解和掌握化学键、共价键、离子键、离子化合物、共价化合物等概念。

2. 了解几种常见的离子化合物和共价化合物的形成过程。

3. 学会从微观角度认识化学反应中物质变化的实质，培养想象力和分析推理能力。

【导学过程】

化学键与化学反应中的物质变化

1. 化学键：水在通电条件时能够发生分解，通电提供能量，用以破坏水分子中氢原子和氧原子之间存在的强烈相互作用，我们把像这种＿＿＿＿＿＿＿＿＿＿＿＿＿＿＿＿＿＿＿＿＿＿称为化学键。

要点：＿＿＿＿＿＿＿＿＿＿＿＿＿＿＿＿＿＿＿＿＿＿＿＿＿＿＿＿＿＿＿＿＿＿。

2. 化学反应的实质——填表

化学反应	断裂的键	形成的键
$2H_2 + O_2 \xlongequal{点燃} 2H_2O$		
$H_2 + Cl_2 \xlongequal{点燃} 2HCl$		

续 表

化学反应	断裂的键	形成的键
$N_2+3H_2\xrightarrow[\text{高温高压}]{\text{催化剂}}2NH_3$		
规律：化学反应中物质变化的实质是：________________。		

3. 化学键分类

共价键：________________。

离子键：________________。

比较离子键与共价键的异同。

键型	离子键	共价键
成键原因		
成键方式		
成键微粒		
成键元素		
存在物质	离子化合物	绝大多数非金属单质、共价化合物、某些离子化合物

例：指出构成下列物质的微粒和键型。

物质	形成化学键的微粒	化学键类型	物质	形成化学键的微粒	化学键类型
H_2O			NaF		
CH_4			$MgCl_2$		
NH_3			CaO		
CO_2			KCl		

4. 离子化合物：________含离子键的化合物，如________；

共价化合物：只含共价键的化合物，如________。

要点：________________。

例：指出下列化合物内部的键型和化合物的分类（离子化合物、共价化合物）。

化合物	内部的键型	分类	化合物	内部的键型	分类
H_2O			NaCl		
NaOH			$CaCl_2$		
KNO_3			H_2SO_4		

【课堂达标】

1. 判断下列说法是否正确，若错误，请指出错误部分并找出驳斥其结论的反例。

① 化学键只存在于分子之间。

② 化学键是相邻原子之间强烈的相互吸引。

③ 化学键是相邻分子之间强烈的相互作用。

④ 化学键是一种静电作用。

⑤ 离子化合物可能含共价键。

⑥ 共价化合物可能含离子键。

⑦ 离子化合物只含离子键。

⑧ 共价化合物不含离子键。

⑨ 非金属原子间形成的化学键一定是共价键。

⑩ 由分子组成的物质中一定存在共价键。

⑪ 只要有化学键断裂的变化一定是化学变化。

2. 下列物质中只含共价键的是（　　）。

A. $BaCl_2$　　B. NaOH　　C. $(NH_4)_2SO_4$　　D. H_2SO_4

3. 下列变化不需要破坏化学键的是（　　）。

A. 加热分解氯化铵　　B. 干冰汽化

C. 水通电分解　　D. 氯化钠溶于水

【课外练习】

一、选择题（只有一个正确选项）

1. 下列说法正确的是(　　)。

A. 两个原子或多个原子之间的相互作用叫化学键

B. 阴、阳离子通过静电引力而形成的化学键叫离子键

C. 只有金属原子和非金属原子化合时才能形成离子键

D. 绝大多数的盐、碱和低价金属氧化物含离子键

2. 下列原子序数所对应的元素中，彼此之间能形成离子键的是(　　)。

A. 1 和 16　　B. 6 和 8　　C. 9 和 11　　D. 1 和 17

3. 下列变化过程中，共价键被破坏的是(　　)。

A. 冰变成水　　B. 氯化氢气体溶于水

C. 乙醇溶于水　　D. 溴蒸气被木炭吸附

4. 下列物质中含自由移动的氯离子的是(　　)。

A. 氯酸钾　　B. 液态氯化氢

C. 熔融的氯化钾　　D. 液氯

5. 下列各组化合物，化学键类型不同的是(　　)。

A. NH_3 和 H_2O　　B. HCl 和 HNO_3

C. H_2S 和 Na_2S　　D. $CaCl_2$ 和 NaCl

6. 下列物质中，不存在化学键的是(　　)。

A. 食盐　　B. 氯气　　C. 氦气　　D. 氨气

7. 下列元素的原子在形成不同物质时，既能形成离子键，又能形成共价键的是(　　)。

A. K　　B. Ca　　C. I　　D. Ne

8. 现有如下说法：①在水中氢、氧原子间均以化学键相结合；②金属和非金属化合形成离子键，非金属之间只形成共价键；③离子键是阳离子、阴离子的相互吸引；④根据电离方程式 $HCl = H^+ + Cl^-$，判断 HCl 分子里存在离子键；⑤H_2分子和 Cl_2分子的反应过程是 H_2，Cl_2分子里共价键发生断裂生成 H、Cl 原子，而后 H，Cl 原子形成离子键的过程。上述各种说法正确的是(　　)。

A. ①②⑤正确　　B. ④正确，其他不正确

C. 仅①不正确　　D. 都不正确

9. 下列说法正确的是(　　)。

A. 含金属元素的化合物一定是离子化合物

B. ⅠA 族和ⅦA 族原子化合时，一定生成离子键

C. 由非金属元素形成的化合物一定不是离子化合物

D. 活泼金属与非金属化合时，能形成离子键

10. 下列叙述错误的是(　　)。

A. 离子化合物可能含有共价键

B. 含有共价键的化合物不一定是共价化合物

C. 非金属之间形成的化学键一定是共价键

D. 共价化合物不含离子键

★11. 根据化学反应的实质是旧键断裂、新键形成这一事实，下列变化不属于化学反应的是(　　)。

①白磷在 260 ℃时转化为红磷　②石墨在高温下转化为金刚石　③NaCl 熔化　④五氧化二磷吸水　⑤冰融化　⑥蔗糖溶于水

A. ③⑤⑥　B. ①②④　C. ③④⑤⑥　D. ①③④⑥

二、填空题

12. 下列变化：①碘的升华；②烧碱熔化；③氯化钠溶于水；④氯化氢溶于水；⑤氧气溶于水；⑥氯化铵受热分解。未发生化学键破坏的是________；仅发生离子键破坏的是________；仅发生共价键破坏的是________；既发生离子键破坏又发生共价键破坏的是________。

★13. 白磷（P_4）分子空间结构如右图所示，P—P 键易断开，若一个白磷分子中每个 P—P 键均插入一个氧原子，则一共可结合____________个氧原子，其分子式为____________。

14. 下列五种物质中：①Ar，②CO_2，③SiO_2，④NaOH，⑤K_2S，只存在共价键的是________，只存在离子键的是________，既存在离子键又存在共价键的是________，不存在化学键的是________。（填序号）

【学后反思】

【参考答案】

1. D　2. C　3. B　4. C　5. C　6. C　7. C　8. D　9. D　10. C　11. A

12. ①⑤　②③　④　⑥

13. 6　P_4O_6

14. ②③　⑤　④　①

化学键与化学反应（2）

【学习目标】

1. 了解电子式的基本概念和书写原则。

2. 能用电子式表示几种常见的离子化合物和共价化合物的形成过程。

【导学过程】

1. 电子式是在元素符号周围用小黑点（或×）来表示该元素原子的______电子的式子。

2. 填空。

（1）原子的电子式：

Na 的为________，Mg 的为________，Al 的为________，Si 的为________，P 的为________，S 的为________，Cl 的为________，Ar 的为________。

（2）离子的电子式：

Na^+的为________，Mg^{2+} 的为________，NH_4^+ 的为________，S^{2-} 的为________，Cl^- 的为________，OH^- 的为________，O^{2-} 的为________。

（3）单质分子的电子式：

He 的为________，H_2的为________，Cl_2的为________，O_2的为________，N_2的为________。

（4）化合物的电子式：

CH_4的为________，NH_3 的为________，H_2O 的为________，HCl 的为________，NaCl 的为________，$CaCl_2$的为________，K_2S 的为______，CO_2的为______，Na_2O_2的为______，NH_4Cl 的为______。

3. 用电子式表示化合物的形成过程。

HCl：____；

NaCl：____。

4. 结构式。

物质	HCl	Cl_2	H_2O	NH_3	CH_4
电子式					
结构式					

【课堂达标】

1. 下列分子中，所有原子最外层都符合 8 电子稳定结构的是（　　）。

A. H_2　　B. H_2O　　C. CO_2　　D. CH_4

2. 下列电子式书写错误的是（　　）。

A. $\mathrm{H:\overset{..}{\underset{..}{O}}:H}$　　B. $\mathrm{N\vdots\vdots N}$　　D. $[\mathrm{:\overset{..}{O}:H}]^-$　　D. $[\mathrm{:\overset{..}{\underset{..}{S}}:}\ ]^{2-}$

3. 用电子式表示由 NH_3 和 H^+ 生成 $NH_4{}^+$ 的过程：________。

【课外练习】

一、选择题（只有一个正确选项）

1. 下列电子式书写正确的是(　　)。

A. $\mathrm{Na:\overset{..}{\underset{..}{Br}}:}$　　B. $Mg^{2+}\ [\mathrm{:\overset{..}{\underset{..}{Cl}}:}]_2^-$

C. $\mathrm{H:\overset{..}{\underset{..}{O}}:\overset{..}{\underset{..}{Cl}}:}$　　D. $\mathrm{:\overset{..}{O}:C:\overset{..}{\underset{..}{O}}:}$

2. 下列物质全部以共用电子对成键的是(　　)。

A. HF　　B. $Ca(OH)_2$　　C. $CaCl_2$　　D. NH_4NO_3

3. M 元素的一个原子失去 2 个电子，这 2 个电子转移到 Y 元素的 2 个原子中去，形成离子化合物 Z，下列说法中，正确的是(　　)。

A. Z 的电子式为 $\mathrm{:\overset{..}{\underset{..}{Y}}:M:\overset{..}{\underset{..}{Y}}:}$　　B. Z 可表示为 M_2Y

C. Z 一定溶于水中　　D. M 形成 +2 价阳离子

4. 下列分子中，所有原子最外层均符合 8 电子稳定结构的是(　　)。

A. $BeCl_2$　　B. H_2S　　C. CS_2　　D. BF_3

5. 用电子式表示物质形成过程，正确的是(　　)。

A. $\mathrm{H+:\overset{..}{Cl}:\ \rightarrow H^+\ [:\overset{..}{Cl}:]^-}$

B. $\mathrm{Na+:\overset{..}{\underset{..}{Cl}}:\ \rightarrow Na\ :\overset{..}{\underset{..}{Cl}}:}$

C. $\mathrm{Mg^{+2}\ :\overset{..}{\underset{..}{Cl}}:\ \rightarrow Mg^{2+}\ [:\overset{..}{Cl}:]_2{}^-}$

D. $\mathrm{\overset{..}{\underset{..}{O}}+:\dot{C}:+\overset{..}{\underset{..}{O}}\rightarrow :\overset{..}{\underset{..}{O}}:\ :C:\ :\overset{..}{\underset{..}{O}}:}$

6. 下列表达方式错误的是(　　)。

A. 氯化氢分子的电子式：$\mathrm{H^+\ [:\overset{..}{Cl}:\ ]^-}$

B. S^{2-}的结构示意图：

C. O－18 的原子符号：$^{18}_{8}O$

D. CO_2分子的结构式：O＝C＝O

7. 碳与它非相邻的短周期元素以极性键形成的化合物中，各元素最外层都达到了 8 电子稳定结构，满足这种关系的元素共有(　　)。

A. 3 种　　B. 4 种　　C. 5 种　　D. 6 种

8. 下列各组原子序数所表示的两种元素，能形成 AB_2 型离子化合物的是(　　)。

A. 6 和 8　　B. 11 和 13　　C. 11 和 16　　D. 12 和 17

9. 下列化合物中阳离子半径与阴离子半径之比最小的是(　　)。

A. NaF　　B. MgI_2　　C. BaI_2　　D. KBr

10. 下列物质中含有共价键的离子化合物是(　　)。

A. $Ba(OH)_2$　　B. $CaCl_2$　　C. H_2O　　D. H_2

二、填空题

11. 按要求填写。

(1) 一核 10 电子的原子的电子式：________________。

(2) 一核 10 电子的阴离子的电子式：________________。

(3) 一核 10 电子的阳离子的符号：________________。

(4) 两核 10 电子的共价化合物的电子式：________________。

(5) 三核 10 电子的共价化合物的电子式：________________。

(6) 四核 10 电子的共价化合物的电子式：________________。

(7) 五核 10 电子的共价化合物的电子式：________________。

12. 分析下列化学式中的元素，按要求填序号：①NH_3；②H_2O；③HCl；④CH_4。

(1) 所有最外层电子都能参与形成共价键的是________________。

(2) 只有一个最外层电子参与形成共价键的是________________。

(3) 只有两个最外层电子参与形成共价键的是________________。

(4) 最外层含一对未成键电子的是________________。

13. A、B、C 三种常见的短周期元素可以形成 AB_2、C_2A、AB_3、C_2B_2、B_2 等物质。已知 B 离子和 C 离子有相同的电子层结构，A 离子比 B 离子多一个电子层，请回答：

（1）A 元素的名称是__________，B 元素的符号是__________，C 离子的电子式是__________。

（2）用电子式表示 C_2B 的形成过程____________________。

（3）AB_3常温下为________态，AB_3的水化物在低温下跟 C_2B_2反应生成一种稳定性较差的过氧化物，该反应的化学方程式是________。

（4）AB_3的水化物溶液跟 C_2B 溶液反应的离子方程式是________，此反应物之一跟 AB_2反应的化学方程式是________。

【学后反思】

【参考答案】

1. C　2. A　3. D　4. C　5. D　6. A　7. B　8. D　9. B　10. A

11.（1）$:\overset{\cdot\cdot}{\underset{\cdot\cdot}{Ne}}:$

（2）$[:\overset{\cdot\cdot}{\underset{\cdot\cdot}{F}}:]^-$，$[:\overset{\cdot\cdot}{\underset{\cdot\cdot}{O}}:]^{2-}$，$[:\overset{\cdot\cdot}{\underset{\cdot\cdot}{N}}:]^{3-}$

（3）Na^+，Mg^{2+}　Al^{3+}

（4）～（7）略

12.（1）④　（2）③　（3）②　（4）①

13.（1）硫　O　Na^+

（2）$Na\cdot + \overset{\cdot\cdot}{\underset{\cdot\cdot}{O}} + Na\cdot \rightarrow Na^+ [:\overset{\cdot\cdot}{\underset{\cdot\cdot}{O}}:]^{2-} Na^+$

（3）固　$H_2SO_4 + Na_2O_2 = Na_2SO_4 + H_2O_2$

（4）$2H^+ + S^{2-} = H_2S\uparrow$　$2H_2S + SO_2 = 3S\downarrow + 2H_2O$

化学键与化学反应（3）

【学习目标】

1. 能够从化学键的角度分析化学反应中能量变化的实质。
2. 能够判断一些常见化学反应是放热反应还是吸热反应。
3. 掌握先通过实验感受，再进行理论分析的研究方法。

【导学过程】

化学键与化学反应中的能量变化

1. 感知能量变化。

实验内容	实验现象	结论
① NaOH 溶液与盐酸反应		
② 镁与盐酸反应		
③ 熟石灰与氯化铵固体反应		

总结：以上反应_____是放热反应，_____是吸热反应；哪些类型的反应一般为放热反应：____________________；举出几个吸热反应的例子：________________________。

2. 实例分析（填“吸收”或“释放”）。

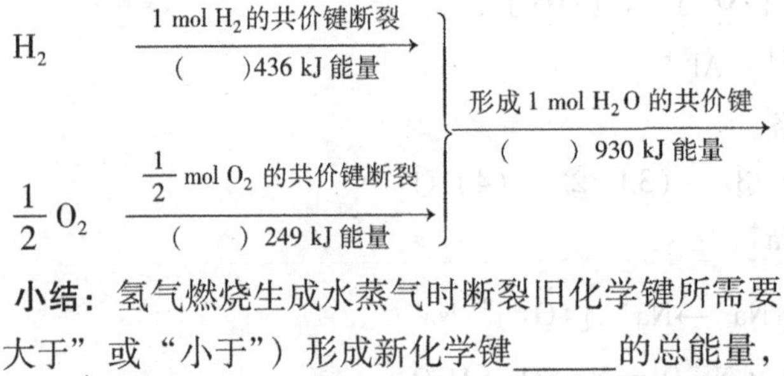

小结：氢气燃烧生成水蒸气时断裂旧化学键所需要______的总能量______（“大于”或“小于”）形成新化学键______的总能量，故该反应为______（填“吸热”或“放热”）反应。

3. 知识归纳：

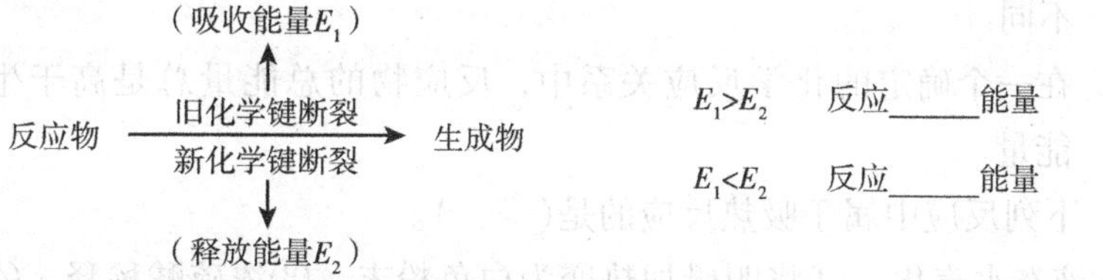

化学反应过程中的能量变化形式为：化学能 ⇌ ______能、______能或______能

（1）化学键与能量变化。

从能量的角度看，化学反应过程中，断开旧化学键需要________，形成新化学键要______。因此，化学反应中，有新物质生成，同时伴随着能量变化（其能量类型有____能、____能或____能）。化学反应是释放能量还是吸收能量取决于________________________________，当反应物的总能量高于生成物时，该反应为________反应；当反应物的总能量低于生成物时，该反应为________反应。

（2）放热反应与吸热反应。

① 放热反应：____________。常见放热反应：________反应、__________反应、____________反应、氧化反应。一般的化合反应是（C 与 CO_2 反应等除外）放热反应。

② 吸热反应：________________________。常见吸热反应：铵盐与碱的反应、一般的分解反应、持续加热的反应等。

（3）从多角度认识化学反应过程。

① 从原子与分子角度：____。

② 从化学键的角度：____。

③ 从能量变化的角度：____。

（4）认识物质变化的过程。

① 化学反应中既有______变化又有______变化。

② 化学键与化学反应中的物质变化和能量变化密切相关。

【课堂达标】

1. 下列说法中正确的是(　　)。

A. 物质发生化学反应都伴随着能量变化

B. 伴有能量变化的物质变化都是化学变化

C. 在一个确定的化学反应关系中，反应物的总能量与生成物的总能量一定不同

D. 在一个确定的化学反应关系中，反应物的总能量总是高于生成物的总能量

2. 下列反应中属于吸热反应的是(　　)。

①液态水汽化　②将明矾加热变为白色粉末　③浓硫酸稀释　④氯酸钾分解制氧气　⑤生石灰跟水反应生成熟石灰

A. ①④　　B. ②③　　C. ①④⑤　　D. ②④

3. 如反应物的总能量大于生成物的总能量，那么该反应为放热反应，反之为吸热反应。

Ⅰ. 请你列举三个不同基本反应类型的放热反应的例子，是离子反应的用离子方程式表示：①___________；②___________；③___________。

Ⅱ. 再列举三个不同基本反应类型的吸热反应的例子，用化学方程式表示：①___________；②___________；③___________。

【课外练习】

一、选择题（只有一个正确选项）

1. 将下列物质放入水中，显著放热的是(　　)。

A. 生石灰　　B. 固体 NaCl　　C. 无水乙醇　　D. 固体硝酸铵

2. 下列说法正确的是(　　)。

A. 需加热才能发生的化学反应一定是吸热反应

B. 任何放热反应在常温下一定能发生

C. 反应物和生成物所具有的总能量的相对大小决定了反应放热还是吸热

D. 吸热反应在一定条件下（如高温、加压等）才能发生反应

3. 下列说法正确的是(　　)。

A. 凡是化学变化都伴随着能量变化

B. 凡是伴随着能量变化的物质变化都是化学变化

C. 凡是吸热反应都需要加热

D. 由石墨转化为金刚石的变化是吸热反应，说明石墨的能量比金刚石高

4. 下列反应中属吸热反应的是(　　)。

A. 镁与盐酸反应放出氢气　　B. 氢氧化钠与盐酸的反应

C. 硫在空气或氧气中燃烧　　D. $Ba(OH)_2 \cdot 8H_2O$ 与 NH_4Cl 反应

5. 下列说法正确的是(　　)。

A. 需要加热才能发生的反应一定是吸热反应

B. 任何放热反应在常温条件下一定能发生反应

C. 反应物的总能量高于生成物的总能量的反应一定是吸热反应

D. 吸热反应在一定条件下（如常温、不加热时）也可能发生反应

6. 下列过程一定释放能量的是(　　)。

A. 化合反应　　B. 分解反应

C. 分子拆成原子　　D. 原子组成分子

7. 下列反应中，生成物的总能量大于反应物的总能量的是(　　)。

A. 氢气在氧气中燃烧　　B. 焦炭在高温下与水蒸气反应

C. 铝热反应　　D. 锌与盐酸反应

8. 金刚石和石墨都是碳的单质，石墨在一定条件下可以转化为金刚石。已知12 g石墨完全转化为金刚石时，要吸收E kJ的能量，下列说法正确的是(　　)。

A. 金刚石与石墨互为同位素

B. 石墨不如金刚石稳定

C. 金刚石不如石墨稳定

D. 等质量的石墨与金刚石完全燃烧，石墨释放出的能量多

9. 有下列物质：①NaOH 固体；②浓硫酸；③NH_4NO_3晶体；④CaO固体。现将它们分别装入有水的锥形瓶里，立即塞紧带 U 形管的塞子，发现 U 形管内的滴有红墨水的水面呈现如右图所示的状态，加入的物质可能是(　　)。

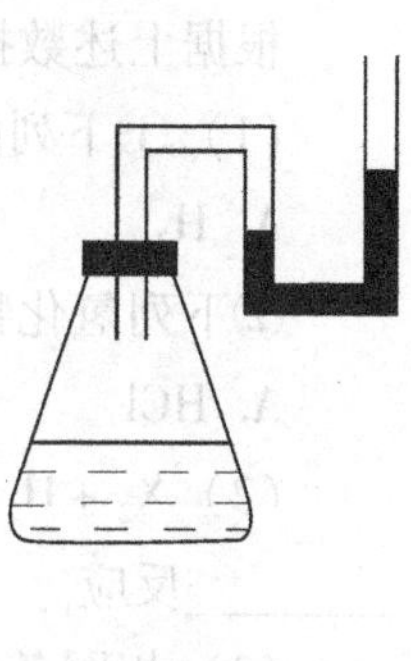

A. ①②③④　　B. ①②④

C. ②③④　　D. ①②③

10. 下列说法正确的是(　　)。

A. 汽油车在行驶过程中，热能首先转化为化学能，化学能再转化为动能

B. 炸药发生爆炸时化学能完全转化为热能

C. 高温下用炭和铁矿石冶炼金属铁时，热能完全转化为化学能

D. 柴草燃烧时，部分化学能转化为热能

11. 氢气是一种很有前途的能源物质，以水为原料大量制取氢气的最理想的

途径是(　　)。

A. 利用太阳能直接使水分解产生氢气

B. 以焦炭和水制取水煤气分离出氢气

C. 用铁和盐酸反应放出氢气

D. 由热电站提供电力电解水产生氢气

二、填空题

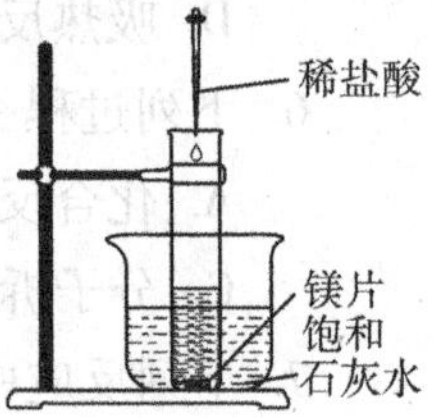

12. 如右图所示，把试管放入盛有 25 ℃的饱和石灰水的烧杯中，向试管中开始放入几小块镁片，再用滴管滴入 5 mL 盐酸于试管中，试回答下列问题[提示：$Ca(OH)_2$的溶解度随温度的升高而下降]：

(1) 实验中观察到的现象是________________。

(2) 产生上述现象的原因是________________。

(3) 写出有关反应的离子方程式：________________。

(4) 由实验推知，$MgCl_2$溶液和H_2的总能量______（填“大于”“小于”或“等于”）镁片和盐酸的总能量。

★13. 下表中的数据是破坏 1 mol 物质中的化学键所消耗的能量。

物质	Cl_2	Br_2	I_2	HCl	HBr	HI	H_2
能量（kJ）	243	193	151	432	366	298	436

根据上述数据回答：

(1) ①下列能量最低的物质是______。

A. H_2　　B. Cl_2　　C. Br_2　　D. I_2

②下列氢化物最稳定的是______。

A. HCl　　B. HBr　　C. HI

(2) $X_2+H_2=2HX$（X 代表 Cl，Br，I）的反应是吸热反应还是放热反应？________反应。

(3) 相同条件下，X_2（X 代表 Cl，Br，I）分别与氢气反应，当消耗等物质的量的氢气时，放出或吸收的热量最多的是________。预测 1 mol H_2在足量F_2中燃烧比在Cl_2中放热________（填“多”或“少”）。

(4) 若无上表中的数据，你能否正确回答问题（3）？________，原因是________________。

【学后反思】

【参考答案】

1. A 2. C 3. A 4. D 5. D 6. D 7. B 8. C 9. B 10. D 11. A

12. （1）试管中有大量气泡产生，镁片逐渐溶解，烧杯中的溶液变浑浊

（2）镁与盐酸反应产生氢气，该反应为放热反应，$Ca(OH)_2$在水中的溶解度随温度升高而减小，故析出$Ca(OH)_2$固体

（3）$Mg + 2H^+ = Mg^{2+} + H_2\uparrow$

（4）小于

13. （1）A A （2）放热 （3）Cl_2 多

（4）可以 I、Br、Cl、F 非金属性越来越强，形成对应的氢化物 HX 越来越稳定，故释放的能量越来越多

参考文献

[1] 何贵明．高中化学优秀教学案例：化学核心素养教学实践［M］．长春：东北师范大学出版社，2018.

[2] 彭笑刚．物理化学讲义［M］．北京：高等教育出版社，2012.

[3] 郑长龙．化学课程与教学论［M］．长春：东北师范大学出版社，2005.

[4] 郑长龙．化学新课程教学法·初中化学［M］．长春：东北师范大学出版社，2004.

[5] 郑长龙．2017 年版普通高中化学课程标准的重大变化及解析［J］．化学教育（中英文），2018，39（9）.

[6] 刘红云．创设问题情境 培养探究能力［J］．中学化学教学参考，2006（6）.

[7] 经雪茜．新课程化学教学中问题情境创设的切入点探析［J］．化学教与学，2011（5）.

[8] 王后雄．高中化学新课程教学中问题情境创设策略研究［J］．化学教学，2008（7）.

[9] 辛涛，姜宇，刘霞．我国义务教育阶段学生核心素养模型的构建［J］．北京师范大学学报（社会科学版），2013（1）.

[10] 林小驹，李跃，沈晓红．高中化学学科核心素养体系的构成和特点[J]．教育导刊，2015（5）.

[11] 毕华林，万延岚．化学的魅力与化学教育的挑战［J］．化学教学，2015（5）.

[12] 王宝斌．学科观念建构：基于化学史和问题链［J］．教育研究与评论（中学教育学），2015（2）.

[13] 管家元，王伟群．高中化学教学中自主学习模式的构建［J］．中学化学教学参考，2004（7）.

[14] 吕杨．高中化学教学中学生自学能力现状调查及教学对策研究［J］．辽宁师范大学，2012（3）.

[15] 杨天碧．高中化学自主学习教学模式探索［J］．四川教育，2004（8）.

[16] 朱雪梅．高中化学自主学习的探索与实践［D］．江西师范大学，2005.
[17] 顾文飞．从预设和生成之间体现教师的教学智慧［J］．中小学信息技术教育，2008（9）．
[18] 肖劲虹．“对话”在课堂中的预设与生成［J］．教育，2008（18）．
[19] 田亮．有效预设：生成性课堂的智慧投资［J］．现代中小学教育，2008（8）．
[20] 古书奇．自主学习视角下的高中化学实验教学探析［J］．化工管理，2015（35）．
[21] 李鹏．高中化学教学中引发我们自主提问的策略分析［J］．求知导刊，2016（6）．
[22] 龚龙生，冯福良，王铮，等．基于自主学习的高中化学课堂教学策略研究［J］．福建教育学院学报，2016（2）．
[23] 董丽丽．高中化学教师在培养我们自主学习能力过程中的角色转变［J］．读与写（教育教学刊），2016（6）．
[24] 中华人民共和国教育部．普通高中化学课程标准（2017 年版）［M］．北京：人民教育出版社，2018.
[25] 王磊．基于学生核心素养的化学学科能力研究［M］．北京：北京师范大学出版社，2018.